Reiseerlebnisse in Französisch-Polynesien

GERHARD DROKUR

REISEERLEBNISSE IN FRANZÖSISCH-POLYNESIEN

DRAUPADI VERLAG

Gerhard Drokur:
Reiseerlebnisse in Französisch-Polynesien

Heidelberg: Draupadi Verlag, 2019
ISBN 978-3-945191-38-5

Draupadi Verlag
Dossenheimer Landstr. 103
69121 Heidelberg

info@draupadi-verlag.de
www.draupadi-verlag.de

Grafische Gestaltung: Reinhard Sick, Heidelberg

Inhalt

Vorwort

Liebe Leserin, lieber Leser,

die Südsee euphorisiert, weckt Sehnsüchte, Gelüste und Träume. Die großen Entdecker berichteten ab dem 18. Jahrhundert über Dinge, die auf Europäer im postmediävalen Zeitalter übernatürlich oder wie eine Droge wirkten. Schriftsteller erweiterten damit die Weltliteratur, Abenteurer und Künstler versuchten, diesen Traum Wirklichkeit werden zu lassen – den Südseetraum.

Warum gerade diesen Teil der Welt, wo es doch andere tropische Inselreiche gibt? Seychellen, Malediven, Südostasien, die Karibik, um nur einige zu nennen. Alle bieten sie Traumstrände, dampfende tropische Natur mit Blumen und Blüten ohne Zahl. Die Südsee übertrifft sie an Größe und sprengt unsere räumliche Vorstellungskraft in ihrer schier nicht enden wollenden Ausdehnung, welche 35 Prozent der Erdoberfläche oder die Hälfte der gesamten Meeresfläche einnimmt. Korallenriffe brechen die heranwogenden Wellen und sorgen innerhalb der Atolle und in den Lagunen für ruhiges Wasser und ungeahntes Schnorchel-Vergnügen mit einer atemberaubenden Vielfalt an Meeresbewohnern.

Als meine Frau Rita in der Rhein-Neckar-Zeitung zum zweiten Mal einen Bericht über die Kreuzfahrt der ARANUI las, wurde ein Feuer in ihr entfacht. Marquesas, Tuamotus, Gesellschaftsinseln – das liegt in der Südsee, aber wo genau? Die Vorgehensweise bei Interesse besteht bei (fast) allen grundsätzlich entweder durch Surfen im Internet, im Griff zum Atlas, dem Blick auf einen Globus oder die Wand-Weltkarte. Der Zeigefinger rutscht über Karten, überquert in Sekunden tausende von Kilometern, die Brille wird hochgeschoben oder enger umfasst, zusammengekniffene Augen beginnen mit der Suche. Aha, da also, hatte ich mir gleich gedacht.

Kreuzfahrten sind eigentlich nicht unser Ding und wenn überhaupt, hatten wir uns eine solche für den Anfang unseres achten Lebensjahrzehnts aufgespart, wenn wir es denn erleben. Zu klotzig, zu steril, zu steif und mit „all you can eat and drink" zu überzogen.

Die ARANUI aber bot mit ihrer kombinierten Fracht-Kreuzfahrt und dem damit einhergehenden lockeren Umgang zwischen Crew und Passagieren in legerer Kleidung für unseren Gusto eine andere Qualität. Die maximale Kapazität von 254 Passagieren auf der ARANUI 5 ist zudem überschaubar und sorgt eher für ein funktionierendes Zusammengehörigkeitsgefühl. Zur Beruhigung des ökologischen Gewissens greift bei der ARANUI das Argument „Die würde auch ohne uns fahren" tatsächlich, da sie als reines Frachtschiff begonnen hat und auch ohne Passagiere die Archipele Marquesas und Tuamotu weiterhin anlaufen würde. Heute ist sie für diese Insulaner lebensnotwendig.

Die Marquesas, aus Feuer geboren, aus 4.000 Metern Tiefe emporschießend, den Wellen trotzend wie Tolkiens Festung Barad-dûr, vielleicht der entlegenste Archipel unserer Welt, fingen an, Rita zu faszinieren. Attribute wie „Die wilden Inseln", „Am Ende der Welt", schaffen zudem einen geheimnisvollen Nimbus. Mit Grauen denke ich an die etlichen Stunden, welche ich mit Internet-Antiquariat-Recherche verbrachte, um ein gutes Dutzend uralter Schinken, die über diesen entlegenen Erdteil und die anderen polynesischen Archipele berichten, für das Christkind 2015 ausfindig zu machen.

Für vierzehn Tage Urlaub fliegen wir aber nicht auf die andere Seite des Erdballs. Gute zwanzig Stunden Flug sind keine Erholung. Darin enthalten sind elf Stunden in *einem* Flugzeug, eingepfercht mit hunderten von Menschen, zum Sitzen oder Halbliegen verurteilt, die an der Vitalität kratzen. Aus meinen drei Monaten und Ritas vier Wochen wurden salomonische zwei Monate. Zwei Monate Urlaub, die wir natürlich zusammen auch dazu nutzen wollten, die Menschen, ihre Gesellschaft und Werte zu ergründen. Dazu gehörte auch, die Informationen aus Reiseberichten und Reiseführern kritisch auf ihren Inhalt zu überprüfen.

Im Gegensatz zur ARANUI war die zehntägige Exkursion mit zehn Passagieren auf der DREAM YACHT CHARTER eine ganz andere, intensivere Erfahrung. Die Gesellschaftsinseln sind dank ihrer schützenden Riffe regelrecht zahm gegenüber den „wilden" Marquesas, die kein schützendes Riff umsäumt. Wir waren näher an den Inseln und Elementen, wo für Letzteres aufgrund der Größe der DREAM YACHT insbesondere die zwanzigstündige Überfahrt von Raiatea nach Moorea bei starkem Südostpassat sorgte.

Unser vierwöchiger Aufenthalt im Hotel Les Tipaniers auf Moorea vermittelte uns den Eindruck, praktisch zur Familie zu gehören. Anhand unserer häufigen Unternehmungen und Fragen erkannte das Hotelpersonal unser reges Interesse an Natur und Gesellschaft, was uns durch freundschaftliches Entgegenkommen und informative Auskünfte gedankt wurde. Wir verabschiedeten uns als Freunde.

Ich würde es als egoistisch betrachten, wenn ich unsere Eindrücke, all das, was wir gesehen, erlebt und erfahren haben, nicht an interessierte Personen weitergeben würde. Um die Lektüre aufzulockern, habe ich mir einige Texte ausgedacht, die Fachwissen auszugsweise leicht und verständlich als Kurzgeschichte vermitteln sollen.

Auf Fachwissen wollte ich dennoch nicht verzichten, da ich es als essenziell betrachte. Um eine bessere Verständlichkeit im Zusammenhang zu erreichen, ließ es sich leider nicht vermeiden, dass hier manche Dinge, die bereits im Reiseteil beschrieben sind, wiederholt werden. Hinweise in Klammern reduzieren diese Notwendigkeit.

Und nun nehme ich Sie mit auf unsere Reise zur anderen Seite der Welt und wünsche Ihnen anregende und spannende Unterhaltung.

Heidelberg, im Januar 2019

Gerhard Drokur

Der aus der Tiefe kam

Kurzgeschichte

Langsam schraubte er sich nach oben, schweißte sich förmlich voran und durchschlug die Pazifische Platte. Hier, unter dem Meer, war es einfacher als unter dem Land. Er brauchte nur rund sechs Kilometer nach oben; unter dem Festland, dem Kontinent, hätte er mindestens 30 Kilometer durchdringen müssen. Seine Kollegen weiter nördlich, so um die 4.000 Kilometer entfernt, hatten es ihm vor rund 70 Millionen Jahren vorgemacht. Sie hatten den Archipel Hawaii entstehen lassen.

Aber nun war er dran, etwas Neues zu schaffen: Fast in die Mitte dieses Dreiecks, das sich Polynesien nennt, bestehend aus Hawaii im Norden, Neuseeland im Süden und der Osterinsel im Osten, setzte er Französisch-Polynesien. In ein unvorstellbar großes Terrain inmitten des Pazifiks, das doch wiederum nur einen Teil dieses größten Weltmeeres einnimmt – ein Superlativ jagt den anderen und sprengt die Vorstellungskraft.

Satanisches Grollen, Röhren, ein Inferno aus glühendrotem Magma durchbrach die Meeresoberfläche, spuckte den todbringenden flüssigen Erdinhalt, aus der Tiefe zwischen Erdkern und Erdmantel stammend, in den azurblauen Himmel, als wolle er ihn entzünden. Als ob er die gleißende Sonne herausfordern wollte, ihr zeigen, was zu schaffen er imstande wäre. Das Werk des Hotspots!

Als Hotspot war er gewissermaßen ein Sonderling unter den Vulkanen, da er sich nicht wie die meisten Kollegen an den Rändern der Erdplatten, entlang der Kontinente aufhielt, um sich dort zu erbrechen, so wie diejenigen am Pazifischen Feuerring. Hotspots wie er tanzen aus der Reihe und kriechen mitten unter die Erdplatten und loten deren Schwachstellen aus, um genau dort ihr Teufelswerk zu betreiben. Er wurde fündig und schmolz mit der ihm zur Verfügung stehenden ungeheuren Hitze die Erdplatte auf. An der Oberfläche angekommen, durfte er wieder den Namen Vulkan tragen – so wie die anderen am Rand der Erdplatten.

Er spuckte unentwegt, über einen langen Zeitraum hinweg. Manchmal innehaltend, wenn ihm die Puste ausging, der Nachschub stockte. Er bewegte sich nicht, ganz im Gegensatz zur Erdplatte, die mit konstanter Geschwindigkeit in nordwestlicher Richtung über ihn hinwegschrappte. Vielleicht halfen unserem Hotspot noch ein paar Kollegen, die sich wie er von der Herde entfernt hatten. Funktionierte die Logistik wieder, streckte er erneut seine rotglühende Zunge heraus – herauskatapultiert wie die eines Chamäleons beim Fliegenfang. Als er sein gesamtes Arsenal verfeuert hatte, besah er sich zufrieden sein Werk und tauchte wieder unter. Schließlich hatte auch der liebe Gott eine Pause eingelegt. Sollten die da oben, welche auf der Erdoberfläche herumwieselten, das Beste aus dem neugeschaffenen Land machen. Seinesgleichen sorgten doch nicht nur für Tod und Verderben, sie schufen auch neues, fruchtbares Land.

Es dauerte aber (in seiner Zeitrechnung) gar nicht so lange – für ihn bedeuten 10.000 Jahre vielleicht ein paar Sekunden –, als er in einer Magmakammer einen leichten Druck von oben registrierte. Herrjeh, sein Werk war dabei, sich zu senken. Er hatte sich verkalkuliert, hatte sich beim Pusten zu stark ins Zeug gelegt. Die Aufschüttung war zu schwer für die dünne Erdplatte, die nun nachgab. Er hatte mit seinen 3.000 Metern übertrieben; 1.000 Meter hätten doch auch gereicht. Die echten Vulkane witzelten: „Zuerst unerlaubt von der Truppe entfernen und dann noch Scheiß bauen – hättest besser Mathe nicht so oft geschwänzt."

„Ach ihr…", grummelte er, und dann fiel ihm ein: „Ich zieh' nach Hawaii ab, dort läuft's doch genauso. Was aber dort westlich absackt, wird östlich wieder aufgebaut. Muss mal nachfragen, ob die Hottis noch einen Kumpel brauchen."

Dass da oben auf einem Teil schon alles abgesackt war, ärgerte ihn dennoch. Die Ooohs und Aaahs dieser Zweibeiner, die aussahen wie Frösche und sich am fulminanten Meeresleben in der Lagune nicht sattsehen konnten, ließen ihn kalt, nein, nicht kalt, um Himmels Willen – kümmerten ihn dabei wenig, wollte er meinen.

„Mist, die ganze Plackerei umsonst!"

Entstehung

So entstand Französisch-Polynesien mit seinen fünf Archipelen (die Gambier- und Australinseln klammern wir aus). Die Tuamotus sind die ältesten; sie entstanden vor 6 bis 10 Millionen Jahren. Die Marquesas liegen altersmäßig zwischen gut einer Million und über vier Millionen Jahren. Wegen der Erdplattenbewegung in nordwestlicher Richtung liegen die jüngsten Inseln im Südosten (vergleichbar mit Hawaii). Unser Hotspot war nicht allein. Andere suchten dieselbe Insel wieder heim. Sie wollten sich eben mit einem Ausbruch nicht zufriedengeben. Daher hat zum Beispiel Hiva Oa ein Alter zwischen 1,6 und 4,3 Millionen Jahren – und weist heute immer noch vulkanische Tätigkeit in Form von Schlammtöpfen oder Solfataren (heiße Gase) auf. Das Alter der Gesellschaftsinseln liegt zwischen einer halben und zwei Millionen Jahren.

Auf den Tuamotus wird die Vergänglichkeit sprichwörtlich. Die Vulkane versanken aufgrund ihres Eigengewichtes und der hier dünnen Erdkruste wieder im Meer. Nichts erinnert an die einstigen Basaltkolosse. Nur die ringförmigen Riffe lassen die gewaltigen Ausmaße noch erkennen und bilden die Atolle. Die Natur lässt sich auch hier nicht kleinkriegen und bedeckt und bewohnt die einstigen Kraterränder in Form von Korallen. Obwohl diese nicht als „Schnellwachser“ bekannt sind, können sie mit der Geschwindigkeit des Versinkens dennoch problemlos Schritt halten. Absterben und Aufwachsen bestimmt den Zyklus unzähliger Generationen über die Jahrtausende hinweg. Die toten Korallen werden zu Sand und bilden das Fundament für die lebenden. Harter Kalk und pulveriger, blendend weißer Sand ergötzen unsere Augen mit diesen Traumstränden. Für unsere Sinne entsteht daraus ein paradiesisches Flair. Vögel, die Meister der Lüfte, brachten Samen in ihrem Gefieder, Kokosnüsse können schwimmen und widerstehen dem Salzwasser sogar über längere Zeiträume. So wurden die Atolle grün. Nur das Trinkwasser fehlt, es gibt keine Flüsse auf den nur mehrere hundert Meter breiten Landstreifen. Auf Gedeih und Verderb hängen sie vom Regen ab, aber auch von der Anpassungsfähigkeit an diese Umstände. Kokospalmen runden die fikti-

ve Idylle, die Vorstellung vom Paradies, mit ihren sanft sich unablässig im Winde wiegenden, langen Blattkronen ab. Weiß, Grün und helles Blau-Türkis, glasklares Wasser mit unvorstellbarer Artenvielfalt berauschen unsere Sinne.

Beim Versinken reden wir von fünf- oder sechsstelligen Jahres-Zeiträumen, wenn es sich um fünf oder fünfzig Meter handelt. Die Erosion zerrte, schliff und kratzte mithilfe der Gesellen Wind, Regen und Wellen eifrig an den Felsformationen, machte sie dünner, ließ sie zusammenstürzen. Gewaltige Explosionen aus der Tiefe, erneute Vulkantätigkeit, schufen kein neues Land, sondern ließen ganze Calderen (Vulkantrichter) zusammenstürzen, katapultierten riesige Gebirgsteile in die Weite des stahlblauen Meeres oder ließen sie an den Flanken der Vulkankessel abrutschen. Die gezackten Silhouetten – gerade auf den Marquesas – stellen dies anschaulich dar.

Bora Bora, die traumhafteste Lagune überhaupt, verdankt ihre Einzigartigkeit einem solchen Versinkenden. Er ist zwar noch da, ragt mit seiner Spitze, dem Mont Otemanu, 727 Meter über den Meeresspiegel auf, versinkt aber dennoch. Das einstige Land unterhalb dieser 727 Meter, seine Ausläufer bildend, ist bereits versunken. Das Riff entstand aus dem äußersten Kraterrand dieses einstigen Riesen und schützt die Lagune vor den Brechern des offenen, stahl- bis ultramarinblauen Meeres. Die Lagune schillert wegen der unterschiedlich tiefen Wasserstände und verschiedenen Böden in allen erdenklichen Blau- und Türkistönen und beraubt uns fast unserer Sinne.

BILDTEIL:

ANKUNFT IN PAPEETE

Der große Salzsee (Utah, USA) aus 10.000 m Höhe

Blütenketten als Willkommensgruß

Bild Mitte rechts:

Die Markthalle in Papeete

Das Rathaus von Papeete im Kolonialstil

Bild links:

Die Kathedrale „Notre Dame“, erbaut 1875

Bild rechts:

Marquesanische Holzschnitzkunst

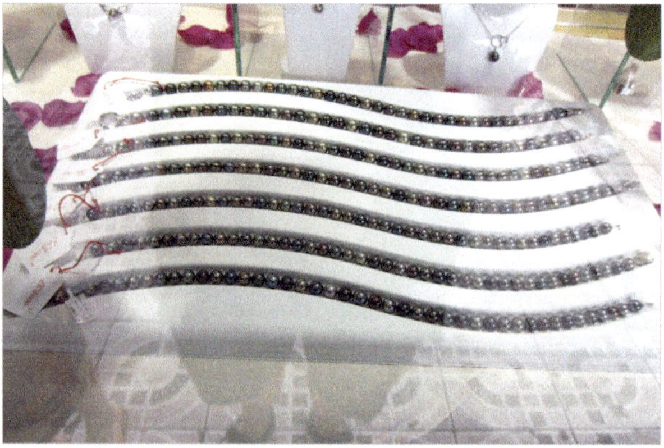

Schwarze Perlen

Kirche in Matavai

Das Kircheninnere

Typischer Friedhof mit Plastikblumen

Bild unten links:

Kasuarinen im Park an der Pointe Venus

Bild unten rechts:

Leuchtturm an der Pointe Venus, im Wahlkampf mit den Konterfeis von Politikern bestückt

Die Jungs genießen Baguettes mit Pommes Frites und sonstwas

Beliebter Freizeitstrand an der Pointe Venus

Bild unten links:

Blick auf unsere Hotelanlage

Bild unten rechts:

Die Tanzlehrerin hat ihre Schülerinnen wohl nicht im Griff

Unsere Erlebnisse in Französisch-Polynesien

Reisevorbereitung und Flugverlauf

Endlich ist es soweit. Vor zwei Jahren setzte sich bei meiner Frau Rita der Gedanke fest, in die Südsee, speziell Französisch-Polynesien, zu reisen. Das Ei einer Vision wurde gelegt, ausgebrütet und das Ergebnis piept nun in unseren Köpfen. Fast dreißig Bücher hat sie verschlungen: von Stevenson bis Melville, von Heyerdahls Leben auf Fatu Hiva zu William Blighs Bounty, über Dirk C. Flecks Maeva-Trilogie bis zum unvergleichlichen Somerset Maugham, von der Aussteigerin Claudia Gacek bis zu dem mehr als tragischen Ereignis um Heike Dorsch (Blauwasserleben); letztlich von etlichen Bildbänden zu einigen Reiseführern. Die Abteilung Südsee in unserer Bibliothek wurde mehrfach erweitert und platzt dennoch aus allen Nähten.

Ich hielt mich da raus, widmete mich meinem zweiten Krimi „Drachen über Heidelberg“ sowie dem Radreiseführer „[Renn-]Radeln für Genießer“. Als Controller a. D. und Zahlenmensch oblag mir aber das Finanzielle: Preisvergleiche, Überprüfung der Angebote, Excel-Tabellen und Budgetierung. Dem kompetenten, freundlichen und erfahrenen Herrn Richter vom Reisebüro Düsentrieb in Heidelberg überreichte ich eine ebensolche Excel-Tabelle mit nur noch wenigen offenen Punkten. Nach kurzer Besprechung konnte er sofort zielgerichtet loslegen.

Mein Neffe Marc und seine Partnerin Valerie sind so nett, uns am Vorabend des 28.04.2017 zu besuchen, um am folgenden Morgen als Privattaxi zu fungieren. Wir laden sie natürlich zum Italiener „Il Pescatore“ in Wieblingen ein und verbringen einen schönen Abend, wobei Marc und ich den Ouzo-Verzehr, der eigentlich immer bei unseren Treffen dazugehört, stark einschränken.

Sie beschwören uns, an Fotos nicht zu sparen. Das werden wir auch nicht, wissen wir doch ganz genau, dass wir tausende Fotos machen werden. Valerie kommt auf die Idee, aus Sicherheits- und Kapazitätsgründen (wir haben das iPhone mit 5 Gigabyte Foto- und Videospeicher und unsere ältere Digitalkamera mit zwei und vier Gigabyte Speicherkarte) die App „Dropbox“ auf unser iPhone zu installieren. Ein Wahnsinnsspeicher mit schier (zumindest für uns) unvorstellbaren 100 Gigabyte (geschätzte 400.000 Fotos!) oder – noch schrecklicher – ein Terabyte (zehnmal so viel), fast zum selben Preis. Drunter läuft nix. Verrückt! Natürlich „appen“ wir die zweite Variante – noch verrückter. Ich könnte damit ganze Filme drehen! Kostet (vorab) 25 Euro – Valerie meint es ja gut! Auf das kommt es auch an! Fortsetzung folgt.

Wir starten um zehn nach acht nach Frankfurt, Ankunft staufrei um neun Uhr. Emotionsgeladene Verabschiedung. Um zehn erscheint unser Flug LH906 auf der Übersichtstafel. Nachdem wir eingecheckt haben und uns bereits auf Gate B20 befinden, wird mitgeteilt, dass das vorgesehene Flugzeug aufgrund eines technischen Defekts nicht starten kann. Unweigerlich fällt mir die Deutsche Bahn ein. Wenn die Wahrscheinlichkeitsrechnung nicht so komplex wäre und mein Studium nicht so weit zurückläge, würde ich unter dem Motto „…nun reisen wir ein einziges Mal in x,x Jahren mit dem Flugzeug…“ Berechnungen anstellen. Abmarsch zum Gate B31 und Start mit einer guten Stunde Verspätung. Der Blick eines Adlers könnte nicht schärfer sein als der, mit dem wir vorher geschaut haben, ob da ein Koffer-Container mit Aufschrift LA für Los Angeles verladen wird. Hoffentlich laden die den jetzt wieder richtig um. Für uns Wenigflieger der reinste Nervenkitzel.

In London sehen wir unruhig auf unsere Uhren und stellen Zeitnot fest. Dann der erlösende Hinweis eines jungen Mannes, dass die Uhrzeit nicht vor-, sondern zurückgestellt werden muss. Ein Blick auf die Weltuhr im iPhone beruhigt uns gänzlich – passt. Wir haben also noch genügend Zeit! Am *Customer Service Desk*, Schalter Air New Zealand, können die von Air New Zealand falsch belegten Plätze 56 H/J in 59 A/B umgebucht werden. Wir sitzen nun in der letzten Reihe und haben im Vergleich zu den vorletzten Plätzen noch zusätzlichen Stauraum hinter unseren Sitzen.

Wie bringt man nur den gut elfstündigen Flug einigermaßen unzerknittert über die Bühne? An einen gepflegten Schlaf ist trotz der bequemen Sitze nicht zu denken – im Sitzen schläft es sich eben schlecht, ebenso im Halb-Liegen. Lesen, Schreiben, Denken, aus dem Fenster oder nur ungern auf die Glotze schauen. Der Touchscreen des Bordbildschirms reagiert zwar mit der Geschwindigkeit eines sprichwörtlichen Beamten, aber mit Whitney Houstons *I will always love you* und dem Blick auf eine vom Sonnenschein glitzernde, weißgraue, unendlich erscheinende Wolkenmasse lässt es sich aushalten. Weiter folgt *Polynesia the Best of,* um sich auf das noch weit entfernte Urlaubsziel auch musikalisch einzustimmen. Die meisten Passagiere ziehen den Sichtschutz gleich nach dem Erreichen der maximalen Flughöhe nach unten, um vor sich hin zu dösen oder auf den Bildschirm zu starren.

Das Essen dünkt uns in Gullivers Welt. Ritas Vergleich mit dem früheren Hantieren im Kinderkaufladen ist durchaus zutreffend. Wenigstens das *Blackcurrants in clotted Cream*-Eis führt uns in die Erwachsenenwelt zurück. Glücklich preist sich, wer annähernd die Geschicklichkeit eines Jongleurs erreicht, damit das Geschiebe der Schüsselchen auf dem Tischchen mit den zerbrechlichen Besteckchen ohne Abstürze und zwangsläufige Flecken auf der Kleidung erfolgt. Um viertel vor sieben befinden wir uns über Island. Löcher in der Wolkendecke bieten dem Blick mit Eiszacken bedeckte braune Gebirgszüge und graugrüne, agrarische Flächen mit wenigen Gehöften. Um acht Uhr – zuhause würde nun die Dämmerung einsetzen – fliegen wir über Grönland, der mit Abstand größten Insel der Welt. Fast 2,2 Millionen km^2 Fläche. Im Verhältnis dazu ist unser „Little old Germany“ mit seinen 0,36 Millionen km^2 ein Zwerg. Französisch-Polynesien ist aber fast zweimal so groß – *damit wir mal eine Vorstellung haben!*

Die Sonne gleißt über nebeligen Wolkenfetzen, die die Strahlen, fast in den Augen brennend, zurückwerfen.

Zwei Akademiker, die eben noch in London dachten, ihnen würden die Felle in Form eines ohne sie startenden Airbus‘ der neuseeländischen Flotte davonfliegen, weil sie die einstündige Zeitverschiebung (zur koordinierten Weltzeit – Greenwich) nach vorne katapultierten, anstatt sie sachgerecht zurückzudrehen.

Daher die mir verständlichste Erklärung: Gen Westen fliegen wir mit der Erde, ihrer Umdrehung um sich selbst, da die Sonne bekanntlich im Westen untergeht. Wir jetten mit annähernd 1.000 km/h, sie mit 1.667 km/h (40.000/24). Wir bräuchten für die 40.000 Kilometer Erdumfang

40 Stunden. Die Erde ist somit um das 1,7fache schneller. Für die Entfernung von rund 8.800 Kilometern zwischen London und Los Angeles braucht Mutter Erde rund 5,3 Stunden, unser Airbus 11 Stunden; macht also runde sechs Stunden Zeitdifferenz. Die restlichen zwei Stunden (offizielle acht abzüglich der errechneten sechs) gehen auf das Konto der Flughöhe in zehn Kilometern und der leicht gekrümmten Flugbahn. Könnte also irgendwie stimmen. Die Physiker, Astrologen und Astronomen unter Ihnen lesen bitte schnell weiter.

Das Eismeer, welches wir überfliegen, weist nun, Ende April, großflächig mehr oder weniger starke Risse auf. Flüssen gleich durchziehen sie die Eiswüste, weswegen von durchgängigem, permanentem Eis nicht mehr gesprochen werden kann.

The Best of … Abba …Bob Marley – so lässt es sich gut die Zeit vertreiben. Die Prosa-Ader kommt in Fluss, ich notiere eifrig in meine Kladde!

Landung in Los Angeles um 18:50 Uhr anstatt um 19:25 Uhr nach Plan – wir waren wohl recht zügig unterwegs. Aussteigen aber erst um 19:15 Uhr – immer noch Zeit eingeflogen. Es folgt der „Spießrutenlauf" aufgrund der „America First-nine-eleven-Phobie", dieser isolationistischen, sozial antiinterventionistischen US-Krankheit.

Er beginnt mit der ESTA-Registrierung am Automaten, dann nochmal persönlich. Zusätzlich werden wir in die falsche Richtung geschickt. Dann zum Baggage Claim; nach Einchecken Gepäck- und Körperdurchleuchtung, zwischendrin zum dritten Mal ESTA-Kontrolle inklusive zweimal Fingerscan.

Nachdem wir diesen *Hoch*hürdenlauf heil an Körper und Seele überstanden haben, genehmigen wir uns zum Auffüllen der geistigen und körperlichen Energie, und auch der inneren Ruhe, jeweils einen halben Liter Bier – und bezahlen 27,19 $ (!). In Euro: 25,03. *Das würde ich allen Person gönnen, die in Reiseführern oder anderen Beiträgen behaupten, Französisch-Polynesien gehöre zu den teuersten Urlaubsregionen der Welt! Es trifft immer die Falschen.*

Sogar im Sofitel***** auf Moorea kostet ein halber Liter Bier nur runde sieben Euro! Genehmigen Sie sich mal ein Bierchen auf dem Boulevard Saint Germain in Paris. Die Tropfen werden Ihnen im Halse steckenbleiben.

Der Flugkapitän von Air Tahiti rrrollt bei der Begrüßung, typisch für einen Polynesier, das „R“ gleich so vehement, dass sich manch echter Franke regelrecht minderwertig vorkäme. Um 7:15 Uhr rauschen wir in stockdunkler Nacht über Rangiroa (Tuamotu Archipel), da es, nachdem die Uhr um drei Stunden zurückgedreht wurde, erst viertel nach vier ist.

Gesellschaftsinseln

Von den 280.000 Einwohnern Französisch-Polynesiens (Landfläche 4.167 km², Gesamtfläche 4.000.000 km²) leben 240.000 auf den Gesellschaftsinseln, davon allein 180.000 auf Tahiti.

Die Inseln teilen sich auf in die „Inseln über dem Wind“ – Îles du Vent (Tahiti, Moorea) und die „Inseln unter dem Wind“ – Îles sous le Vent (Bora Bora, Huahine, Maupiti, Raiatea, Taha'a). Insgesamt 14 Inseln/Atolle verteilen sich auf eine Landfläche von 1.593 km².

Entdeckt wurden die Inseln 1767 von Samuel Wallis und 1777 von James Cook genau kartiert.

Tahiti

Sie ist die wirtschaftlich wichtigste und flächenmäßig größte (1.042 km²) Insel Französisch-Polynesiens. Die Insel- und Landeshauptstadt Papeete hat 60.000 Einwohner.

Als Doppelinsel besteht sie aus der größeren Tahiti Nui und Tahiti Iti, welche durch den Isthmus von Taravao verbunden sind. Der höchste Berg ist der Mont Orohena mit 2.241 m Höhe.

Da der ältere Teil Tahiti Nui ein recht junges geologisches Alter von nur rund 2 Mio. Jahren aufweist, ist die Riffbildung um die gesamte Insel noch nicht gänzlich abgeschlossen.

Meine Augen kleben förmlich am Fenster, obwohl es um fünf Uhr morgens noch recht dunkel ist. Mir genügen bereits die Positionslichter des Hafens und Flughafens sowie die Stadtbeleuchtung der größten und Hauptstadt von Französisch-Polynesien. Der Blickwinkel wird zu meiner Freude durch den 360°-Bogen, den das Flugzeug zum Anflug auf die Landebahn beschreibt, noch vergrößert. Wir schauen uns gespannt und erwartungsvoll an. Nach 21 Flugstunden und 33 Stunden Reisezeit haben wir die Erde nach 16.000 Kilometern halb umrundet.

Sobald wir auf der Gangway zum Flugfeld hinuntergehen, treibt das tropische Klima die gefühlte Temperatur um mindestens fünf Grad Celsius in die Höhe. Als Auslöser fungiert die höhere Luftfeuchtigkeit. Das bedeutet auch, dass die morgendlichen Temperaturen um 20° C wie 25° C empfunden werden.

Es wird hier immer warm sein; das ist uns jetzt klar.

Vor dem Korridor zur Eingangshalle des Flughafens spielt eine Drei-Mann-Band zur Begrüßung der Ankömmlinge. Eine Frau tanzt dazu. Die Ukulele, diese kleine Gitarre, darf nicht fehlen. Wir werden von einer Frau begrüßt, die uns Blütenketten aus herrlich duftenden Tiaré-Blüten umhängt und gleich nach unserem Bestimmungsort fragt. Bald sitzen wir mit ein paar anderen Touristen im Kleinbus, dessen Fahrer uns bereits einiges über Tahiti und Papeete erzählt. Er erklärt uns auch, dass es auf Moorea keine Stadt gibt. Ich runzele zwar etwas die Stirn, unterlasse aber jegliche Diskussion. 18.000 Einwohner und keine Stadt? Er wird Recht behalten.

Obwohl wir keine unbedarften Touristen darstellen und uns durch unser Studium von Romanen, Reiseführern und Bildbänden sowie manche TV-Sendung bereits sehr viel Wissen angeeignet haben, besteht in der nächsten Zeit immer noch diese Diskrepanz zwischen dem ersten Eindruck und dem tatsächlichen Erleben.

Was uns als Externe jetzt überrascht, fremdartig anmutet, ergötzt oder leicht enttäuscht, wird uns Tage oder Wochen später als Interne sehr wahrscheinlich ganz anders vorkommen. Dafür werden der reichere Erfahrungsschatz und die größere Menge an Vergleichsmöglichkeiten sorgen. Obwohl wir später vielleicht über unsere anfängliche Unwissenheit, Falschinterpretation oder Fehleinschätzung schmunzeln werden, soll uns dies nicht daran hindern, den Augenblick zu genießen und die ersten Eindrücke emotional und sehr subjektiv aufzunehmen.

Daran halte ich mich, schaue nach rechts und links, erkundige mich bei unserem Chauffeur über das, was mir gerade einfällt oder was mir diese ersten Eindrücke vermitteln. Ich will diese meine neue Welt begreifen und verstehen. Unser größtes Juwel wird dabei dieser Zeitraum von zwei Monaten sein. Mir bleibt, dünkt mir, eine unfassbar lange Zeit, was mich glücklich macht.

Kurz vor sieben Uhr betreten wir die Rezeption des *Tahiti Pearl Beach Resort*****. Uns ist klar, dass der Bezug eines Zimmers üblicherweise um fünfzehn Uhr erfolgt. Vielleicht kommen sie uns entgegen. Wir betrachten derweil die Anlage, wollen so viel wie möglich in Augenschein nehmen – und sind hocherfreut, als wir bereits eine Stunde später unser Zimmer beziehen dürfen. Zimmer? Wohnung, würde ich sagen. Mindestens 70 m^2 Wohnfläche, zwei Toiletten, ein Wohnzimmer, zwei Fernseher, ein Kühlschrank, zwei Balkone auf zwei Etagen. Wir wurden upgegradet, aber den Unterschied zu unserer gebuchten „Suite Meerblick" stellen nur die zwei Etagen und Balkone und immerhin circa 100 € dar, nicht aber die Einrichtung oder Fläche. Unsere Bewunderung beschränkt sich nicht nur auf die fürstliche Wohnung mit ebensolcher Einrichtung, sondern überträgt sich auf den gesamten Hotelkomplex. Eine großzügige Grünanlage mit Rückzugsgebieten, gepflegt, blumig bunt, lässt unsere Herzen mindestens so hoch schlagen wie die Wellen, die sich, nicht durch ein Riff gebremst, auf dem feinen schwarzen Sandstrand brechen.

Vielleicht ist es die Tropenwelt selbst, welche die Strapazen der Anreise wie Staub von unserer Kleidung bläst. Wir packen flott aus, räumen geschwind ein und sitzen kurze Zeit später voller Tatendrang, mit einem Stadtplan versehen, im kostenfreien Hotelshuttle, das uns zur City von Papeete bringt. Im Stadtzentrum steigen wir in der Rue Jeanne d'Arc aus, direkt am Boulevard Pomare gelegen (genau: Boulevard de la Reine Pomare IV), der Flaniermeile von Papeete. Pomare IV. war die letzte Königin, die 1844 den Erlass unterzeichnete, der Französisch-Polynesien als französisches Protektorat auswies. Dabei finde ich die Bezeichnung *Protektorat* (*Schutz*herrschaft) an sich schon sarkastisch, da die Insulaner keines Schutzes bedurften und wenn ja, dann eher *vor* den Franzosen und sonstigen Kolonialisten.

Uns bleiben gut zwei Stunden Zeit, bevor uns ein Shuttle wieder zum

Hotel zurückbringt. Unser erster Besuch gilt der Markthalle, die nur einen Steinwurf entfernt ist. Sie eignet sich hervorragend dazu, einen ersten Überblick über die Produkte und Preise zu erhalten. Ich will genau schauen, wie hoch nun die Preise für alle möglichen Artikel wirklich sind, da Französisch-Polynesien nach der vorherrschenden Meinung von Reiseführern und Zeitungsberichten als extrem hochpreisiges Urlaubsland angeprangert wird. Dazu dienen mir Preisvergleiche mit unserer heimatlichen Region als Gradmesser.

Nicht jede(r) ist in der glücklichen Situation wie meine Frau, einen exzellenten Kopfrechner ihr Eigen nennen zu dürfen. Wer es mit dem Rechnen nicht so hat, sollte zumindest die 12er-Reihe (mit einer Null als Zugabe) aus dem Effeff beherrschen.

Gehandelt wird nämlich seit 1945 in CFP (Comptoirs Français du Pacifique) oder XPF (ISO-Code). Der feste Wechselkurs zu einem Euro beträgt 119,332. Wer nicht daran denkt, wird schon bei den Preisen der billigsten Artikel einen Schwächeanfall erleiden, da diese bereits im dreistelligen Bereich liegen. In diesem Zusammenhang könnte dann tatsächlich vom teuersten Urlaubsland der Welt gesprochen werden.

Blumensträuße, Obst und Gemüse aller Art, auch unser europäisches, Fische und Meeresfrüchte, Kleidung, handwerkliche Produkte, touristische Waren und Fastfood sowie sonstige Speisen zum Mitnehmen, bilden das nur schwer überschaubare Angebot in der großen, zweistöckigen Halle.

Die ersten Preisvergleiche bestätigen meine Annahme. Die verschiedenen Waren sind nicht überteuert, manche Obstsorten sogar günstiger als bei uns. Gemüse ist etwas teurer. Dafür betragen die Preise für Curcuma und Ingwer nur einen Bruchteil der unsrigen. Kleidung liegt auf unserem Level. Ich erstehe eine Riesenportion (Maßstab wohl nach polynesischem Appetit) gebratener Hühnchenteile mit Reis in süßsaurer, pikanter Sauce für 800 XPF (6,70 €). Einzig der Wein ist sehr teuer, aber auch von hervorragender Qualität (Bordeaux, Côtes du Rhône – alles, was Rang und Namen besitzt). Der Einstieg liegt bei zehn Euro pro Flasche. Die 0,5 l-Flasche Bier kostet im Supermarkt ab zwei Euro und ist somit gut doppelt so teuer wie zuhause. Die 1,5 l-Flasche Wasser ist ab 80 Cent zu erstehen. In der Gastronomie bewegen sich die Preise für Getränke und Essen in der Größenordnung unserer Restaurants. Die Billigheimer bei uns sind mit ihren Tiefpreisen natürlich nicht zu schlagen.

Nach der Markthalle laufen wir durch die wenigen Straßenschluchten. Die City von Papeete ist nicht besonders groß. Die vier- bis fünfstöckigen Häuser sind teilweise in die Jahre gekommen. Die meisten Betonplatten sind schmutziggrau; Farbe, wenn vorhanden, blättert ab. Daneben stehen auch mehrfarbige Häuser. Boutiquen, kleine Discounter und Kaufhäuser bieten ebenfalls keine überteuerten Waren an (Jeans zu 30 €).

Wir besichtigen die Kathedrale „Notre Dame", die älteste katholische Kirche Tahitis aus dem Jahre 1875, mit ihren sehenswerten Glasfenstern neuerer Kunst. Eine große Holzstatue am Eingang links zeigt die Madonna mit dem Kinde, das eine Brotfrucht in seinen Händchen hält. Die meisterliche Arbeit stammt von den Marquesas und macht bereits hier auf die hohe Holzschnitzkunst der „wilden Inseln" aufmerksam. Künstlerisch hervorragend gearbeitet sind auch die Darstellungen des Kreuzwegs mit polynesischen Menschen.

Am Samstag herrscht sehr viel Betrieb. Etliche dickleibige Menschen bevölkern die Stadt. Bei zahlreichen, auch jüngeren Frauen ist das Sitzorgan extrem stark ausgeprägt. Keine Aggressivität ist spürbar, das Verhalten normal, auch bei den sozial schwächeren Menschen.

In einer schönen, gepflegten Grünanlage gelegen, bestaunen wir das sehenswerte, im Kolonialstil erbaute Rathaus, dessen weiße Farbe leider ebenfalls abblättert. In einem Nebengebäude begegnen wir mehreren jungen Menschen, die offensichtlich Drogen konsumieren. Sie sind freundlich und fragen: „How are you?" Ich entgegne „I'm feeling fine." „That's good."

Nachdenklich gehen wir weiter und trinken in einer Straßen-Gaststätte einen halben Liter Hinano-Bier und stark gezuckerten Ananassaft aus der Dose für knapp zehn Euro. Das hätten wir zuhause auch bezahlt.

Hinano ist nicht nur ein Frauenname, sondern auch der Name der Blüte des vielseitig genutzten Pandanusbaumes (s. Flora). Hinano ist das „Nationalbier" Französisch-Polynesiens und schmeckt richtig gut. Kein Wunder, ist doch der Braumeister Elsässer. Als Werbelogo hat sich diese Kultmarke eine sitzende Inselschönheit im roten Pareo mit weißen Blüten ausgedacht, die eine rote Pandanus-Blüte – natürlich hinter dem linken Ohr – trägt. Als weiteres Markenzeichen hat sie nur vier Zehen.

Die Frauen tragen tatsächlich Tiaré-Blütenkränze oder anderen Blütenschmuck im Haar (Hibiskus, Bougainvillea, gelbe Blüten). Steckt die

Tiaréblüte hinter dem rechten Ohr, ist die Dame bereits vergeben. Steckt sie links, kann sie ihr Herz noch verschenken und ergreift auch selbst gern die Initiative. Das ist ihre Lebensart! Sind keine frischen Blüten zur Hand, tut es auch künstlicher Blüten-Haarschmuck.

Wie von Polynesien-Reisenden geschildert, haben viele Männer tatsächlich sehr breite Füße, etliche laufen barfuß. Das Wetter ist schwül und heiß mit einigen Regengüssen am Nachmittag.

Wieder im Hotel angekommen, muss ich natürlich den schwarzen Strand erkunden und laufe den starken Wellen entgegen, vor denen offiziell gewarnt wird. Trotzdem gebe ich für die ersten 50 Meter Entwarnung, da für geübte Schwimmer keine Gefahr besteht. Wer weiter hinaus will, sei aber vor dem Sog unter Wasser gewarnt. Kinder tollen unter Aufsicht gefahrlos im seichteren Wasser direkt am Strand. Das Schnorcheln wird durch den schwarzen Sand im wahrsten Sinne des Wortes etwas getrübt. Die Wassertemperatur beträgt mindestens 26° C, was das reinste Badewannengefühl aufkommen lässt.

Am Abend genießen wir zur „Happy Hour“ zwei Cocktails zum halben Preis (15 €). Danach testen wir die Küche und geben dem Dîner nach Guide Michelin-Manier 16 von 20 möglichen Punkten. Auch hier wird meine Preistheorie wieder bestätigt: Für ein Vier-Sterne-Hotel sind 55 € nun wirklich nicht teuer. Eines kann ich aber jetzt schon weitergeben: Pizzas und Spaghetti kosten im Vergleich zu uns fast das Doppelte.

Nach einem ereignisreichen und mit Sehenswertem und neuen Eindrücken beladenen Tag begeben wir uns in unsere Gemächer, sehr im Einklang mit dieser für uns neuen Welt. Unser Plan für morgen steht bereits fest: Wir werden eine Wanderung von rund vier Kilometern zur Pointe Venus unternehmen.

Wir haben auf hochwertigen Wohlfühlmatratzen wunderbar geschlafen. Dieses Haus, ehemals Radison Plaza Resort, hat seine vier Sterne wahrlich verdient. Der gleichmäßige Rhythmus der heranrollenden und sich am Strand brechenden Wellen unterstützt eher den Schlaf durch die ihm eigene Monotonie, als ihn zu stören. Am riesigen Frühstücksbüfett herrscht Hochbetrieb. An Sonntagen bietet das Hotel einen Brunch an, den viele Insulaner gerne in Anspruch nehmen. Eine familiäre Stimmung, begleitet von Musik und Gesang, herrscht allenthalben. Die Auswahl am Büfett ist riesig – ich zähle neun Warmhaltebehälter, deren Inhalt vom Rührei über Würstchen, Speck, Fleisch bis zum Omelette reicht. Früchte ohne Zahl, verschiedene Salate, Käse, Milchprodukte und natürlich Süßigkeiten. Wir sind begeistert.

Um kurz vor elf starten wir und laufen circa vier Kilometer zur Ortschaft Mahina, wo als lohnenswertes Ziel die Pointe Venus wartet. Ein steiler Hügel ist zu überwinden. Wir laufen gemütlich und bestaunen die tropische Vegetation. Der Scheitelpunkt, die Pointe Tahara'a, bietet einen tollen Blick auf die Bucht von Matavai und die Nachbarinsel Moorea, deren Vulkanspitzen, wie so oft, wolkenumsäumt sind.

Dieses Bild der wolkenverhangenen oder -bedeckten Bergspitzen ist für Französisch-Polynesien charakteristisch und wird uns stets begleiten.

Die Leute, denen wir begegnen, grüßen freundlich. Uns fällt auf, dass die Jugendlichen (13 bis 17 Jahre) den Handys noch nicht so verfallen zu sein scheinen wie in unseren Breiten. Sie sitzen nicht irgendwo alleine herum, glotzen nicht auf ihr Smartphone oder hämmern auf den Touchscreen ein, sondern unterhalten sich oder treiben Sport. Hauptsächlich kleine Räder sind wohl „en vogue", auf denen die reinsten Kunststücke vollführt werden. Die Radler legen auf den kleinen Rädern eine enorme Trittfrequenz hin, was ulkig ausschaut. Wir sehen auch Mountainbikes, aber nur selten Rennräder – ein Cannondale ist mir aufgefallen. Unterwegs wird uns die Fruchtbarkeit dieses Tropeneilands anhand von Papayas, Mangos, Brotfrüchten, Blüten ohne Zahl, so richtig bewusst. Die Natur strotzt regelrecht vor Energie. Wir bewundern einen riesigen Banyanbaum auf der Pointe Tahara'a, vorher einen Regenbaum mit gewaltigen Ausmaßen. Der Bewuchs am gegenüberliegenden Hang ist unheimlich dicht, scheinbar undurchdringlich.

Dann schlendern wir an einer pinkfarbenen Kirche vorbei. Auf dem Friedhof nebenan sind die meist weißen Gräber mit Plastikblumen geschmückt, was irgendwie zum Pink der Kirche passt und zuhause als „Kitsch hoch Drei" abgetan würde. Das macht uns nur noch neugieriger auf diese Gesellschaft auf der anderen Seite der Welt.

An der Pointe Venus angekommen, interessieren mich zuerst die Roulottes – fahrbare Essstände mit günstigem Angebot. In Papeete öffnen sie gewöhnlich gegen achtzehn Uhr an einem festen Platz. Es werden sehr appetitlich aussehende Tartes und gegrilltes Fleisch verkauft, hauptsächlich Hühnchen. Wir essen Baguette, gefüllt mit Hühnchenfleisch und … Pommes Frites – was wir so noch nirgendwo erlebt haben. Zu unserem Erstaunen schmeckt es recht gut. Natürlich ist das ein mächtiges Essen und ernährungsphysiologisch das reinste Gift. Dieses Fehlverhalten wird auf dem Konto „Langzeiturlaub in anderen Welten“ verbucht, welches im Laufe der zwei Monate noch mehrere solcher „Lastschriften“ erhalten wird. Für umgerechnet drei Euro sind die 40 Zentimeter belegtes Baguette sehr preiswert.

Die Pointe Venus liegt im Osten der Matavai-Bucht und bildet eine Landzunge. Um die Entfernung der Erde zur Sonne zu messen, ließ Captain Cook 1769 hier eine befestigte astronomische Beobachtungsstation errichten. Dazu sollte die Bahn der Sonne über der Venus beobachtet werden. Der Astronom Charles Green verfolgte die Bahn der Sonne über der Venus. Ihm standen ein großer bronzener Sextant, eine astronomische Uhr und zwei Fernrohre zur Verfügung. Leider verhinderte die Atmosphäre der Venus die genaue Zeitmessung. Green verstarb zudem auf seiner Heimreise und seine Notizen waren derart unleserlich, dass das Ergebnis seiner Untersuchungen der Nachwelt verborgen blieb. Der noch voll funktionsfähige 25 Meter hohe Leuchtturm mit sechs Stockwerken wurde erst 1868 errichtet und stellt ein beliebtes Fotomotiv dar. Er besteht aus Findlingen und Korallenstein und steht in einem wunderschönen Park mit mächtigen Kasuarinen. Der Park hat sich zu einem beliebten Naherholungsgebiet entwickelt, da sich hier auch einer der wenigen tahitianischen Naturstrände mit braungrauem Basaltstrand befindet. Es gibt Toiletten und eine Snack-Bar. Ein Denkmal aus Vulkangestein zeigt die Köpfe von Captain Bligh und Fletcher Christian (der Auslöser der Meuterei auf der Bounty). Die Bounty ging 1788 an dieser Stelle vor Anker. Breadfruit-Billy, Captain William Blighs Spitzname, verlud hier die Schößlinge der Brotfruchtbäume, die in Fässer gesetzt und gut gewässert wurden. Die Früchte dieser Bäume sollten in der Karibik als billige Grundnahrung für die Sklaven der Engländer auf ihren Plantagen dienen. In dieser Bucht ankerte 1797 auch Kapitän Wilson mit den ersten protestantischen Missionaren an Bord, die von hier aus ihr Kultur vernichtendes Missionswerk begannen.

Wir sehen viele Jungs, die sich einen Teil ihrer Haare blond färben.

Um drei Uhr nachmittags sind wir wieder im Hotel. Es ist fast durchgehend wolkenlos und heiß, so dass ich mich wenig später im

Meer abkühle – 26° C Wassertemperatur sind eben weniger als 36° C Lufttemperatur.

Da wir morgen nicht faul am Strand liegen wollen und Papeete schon inspiziert haben, entschließen wir uns kurzerhand, im Hotel einen Mietwagen zu ordern. Und das am 1. Mai, auch hier ein Feiertag. Die lärmende Hauptstadt haben wir erlebt und nun wollen wir die Insel kennenlernen.

Papeete selbst hat nicht allzu viel zu bieten, außer Lärm, Enge, Gestank und vielen unansehnlichen Häusern. Daran können auch das Einkaufszentrum *Centre Vaima* und das *Robert Wan Musée de la Perle* nichts ändern. Robert Wan ist der unumschränkte Perlenkönig in Französisch-Polynesien und auf allen wichtigen Handelsplätzen mit Filialen vertreten. In seinem Geschäft neben dem Museum können sich die Kunden ihre Perlen für ihr persönliches Perlen-Arrangement selbst aussuchen. Das stellt eine preiswertere Variante zu den Perlenläden am Boulevard Pomare dar, Papeetes Prachtstraße, wo die fertigen Perlenketten zwar in großer Auswahl vorliegen, die Kunden aber auf die individuelle Gestaltung keinen Einfluss ausüben können. Es gibt aber auch sehr schön designte, ausgefallene fertige Schmuckstücke, die einen stolzen Preis haben.

Der Regierungsbereich, in dem sich auch der Park Bougainville befindet, ist zwar recht ansehnlich, aber einen Tagesausflug füllt Papeete nun wirklich nicht aus. Die großen Luxusliner, diese schwimmenden Städte, welche im Hafen von Papeete vor Anker gehen, spucken ihre Passagiere nur für einige Stunden zum Besuch der Stadt aus. Dieser Kurzbesuch vermittelt ihnen den denkbar ungünstigsten Eindruck dieser wunderschönen Insel und verleitet so manchen zur undifferenzierten Aussage, die gesamte Insel wäre nicht sehenswert.

Es funktioniert tatsächlich. AVIS bietet uns die Möglichkeit, im Hotel abgeholt und zum Mietwagen-Standort mitten in Papeete gebracht zu werden. Nach der vereinbarten Mietzeit geben wir den Wagen am Flughafen beim AVIS-Büro ab und werden wieder zum Hotel zurückgebracht. Das kostet uns mit Benzin insgesamt 103,- € – ein fairer Preis inklusive der Transfers vom und zum Hotel und, nicht zu vergessen, dem Feiertagszuschlag. Darin enthalten ist auch die (sehr wichtige) Vollkasko-Versicherung ohne Selbstbeteiligung in Höhe von 12,50 €.

Es ist nun auch angebracht, mit einer weiteren Falschmeldung, die durch etliche Reiseführer geistert, aufzuräumen: *Die Beurteilung des Straßenverkehrs in Papeete.*

Der Verkehr in Papeete ist *nicht* chaotisch! Wer dies als Chaos bezeichnet, hat sich wohl noch nie in zum Beispiel indischen oder ostasiatischen großen Städten fortbewegt. Papeete ist das Dreh- und Angelkreuz von Französisch-Polynesien. Ein Fünftel der Gesamtbevölkerung lebt hier. Das produziert logischerweise ein hohes Verkehrsaufkommen, aber wo gibt es das bei uns zuhause nicht auch? Die Verkehrsteilnehmer fahren aber weniger aggressiv als bei uns und die absolute Mehrheit hält sich an die Geschwindigkeitsbeschränkungen. Dass der Ausspruch der Autorin eines 19 (!) Jahre alten Reiseberichtes „In Papeete entscheidet die Ausschüttung von Testosteron über die Vorfahrt" in der in 2015 „aktualisierten Auflage" eines renommierten Reiseführers weiterhin seine Anwendung findet, kann schon als impertinent bezeichnet werden und geht eindeutig an der Realität vorbei.

Das *gefühlte Erleben* entscheidet doch viel eher über solche Einschätzungen. Ist eine Person vorsichtig oder ängstlich, nimmt sie Verkehrssituationen ganz anders wahr als jemand, der pfeifend um den Pariser Arc de Triomphe von der äußersten in die innere Spur und zurück wechselt.

Die hiesigen Kfz-Lenker haben einfach mehr Zeit als wir, was ihrer Lebenseinstellung entspricht. Vorfahrt wird im Fahrzeugknäuel nicht erkämpft, sondern gewährt. Das Einfädeln in den Verkehr erfolgt problemloser; es gibt weder Hupkonzerte noch kraftvolle Schimpfkanonaden, auch keine Vogelzeichen oder Daumen-Zeigefinger-Löcher. Es gibt fast keine Raser, außer einigen Zweirad-Harakiri-Piloten. Die schlängeln sich ebenso halsbrecherisch wie in Südeuropa durch den Verkehr. Die überwiegend vorgeschriebene Geschwindigkeit außerorts von 60 km/h wird eingehalten. Die Autofahrer verhalten sich Radlern gegenüber sehr rücksichtsvoll, was man bei uns nun nicht gerade behaupten kann. Auf dem Boulevard Pomare braucht im Gegensatz zum Mutterland Frankreich niemand Angst beim Begehen eines Zebrastreifens zu haben. Die Autofahrer stoppen sofort, ohne Gemotze oder Kopfschütteln. Sie besitzen auch ein besseres Fahrverhalten und Augenmaß und wähnen sich nicht wie manche Individuen bei uns in einer Fahrzelle, die sie vor äußeren Einflüssen schützt. Sie wissen auch sehr gut, wozu Spiegel da sind.

Der Transfer zur Autovermietung in der City von Papeete erfolgt pünktlich, sodass wir um neun Uhr mit einem nagelneuen Fiesta zu unserer Inselrundfahrt starten können.

Die natürliche Beschaffenheit der polynesischen Inseln setzt einer ausgedehnten Infrastruktur (Gott sei Dank) enge Grenzen. Sehr steile, bis senkrecht aufragende Felsflanken mit brüchigem Vulkangestein, Erosion und undurchdringlichem Regenwald boten zudem einer Besiedelung des Inneren der Inseln, außer den Flusstälern, nur wenig Spielraum und verwiesen auf den flachen Küstenstreifen. Dadurch blieben Ursprünglichkeit und wilde Schönheit erhalten. Dazu zählen auch die nadelspitzen Bergzacken und monumentalen Bergkegel, welche sich pyramidengleich im Inselinneren sowie direkt an den Küsten mit ihren traumhaften Buchten wie aus dem Nichts erheben und dem Himmel zustreben. Daher gibt es auf den größeren Inseln meist nur eine Straße, die an ihrer Küste entlangführt. In regelmäßigen Abständen stehen Kilometersteine (points kilomètre), welche die Entfernung aufsteigend vom und fallend bis zum Ausgangspunkt anzeigen. PK60 bei Taravao bedeutet also, dass die Stadt 60 Kilometer von Papeete entfernt liegt.

Wir schwimmen mal wieder gegen den Strom (alle Reiseführer schildern die Rundfahrt im Uhrzeigersinn) und fahren die 120 Kilometer Küstenstraße im entgegengesetzten Uhrzeigersinn. Die westliche Hälfte ist dichter besiedelt und bietet nämlich mehr Sehenswürdigkeiten als die östliche. Die Straße ist auf der westlichen Hälfte sehr gut asphaltiert und weist im östlichen Teil raueren Belag mit einigen Schlaglöchern auf. Die Anzahl der meist kurzen (< 1 km) Steigungen hält sich in Grenzen, weswegen einer längeren Tour oder auch Umrundung mit Rädern für einigermaßen Geübte nichts im Wege steht. Es gibt keine wilden Mülldeponien. Fahrbahnränder, Einbuchtungen, Seiten- und Parkstreifen sind nicht so exakt gekennzeichnet, was vielleicht bei dem einen oder anderen Ordnungsfanatiker den Eindruck von Unordnung vermittelt, aber auch dieser Umstand sollte relativiert werden.

Die traumhafte Landschaft, dieses satte tropische Grün, weist wenig unterschiedliche Charakteristika auf. Wenige Baumarten dominieren die Flora. Allgegenwärtig am Strand die Kokospalme, aber auch Mango- und Papayabäume, majestätische Regenbäume mit ihren zarten, weißrosa Blüten. Dazu Hibiskus, Bougainvillea und Büsche mit großen verschiedenfarbigen Blättern (Ti-Pflanzen). Auf den Bergflanken wird dieses Dunkelgrün durch hellgrüne Areale niederen Farnbewuchses aufgelockert. Flüsse schufen wild zerklüftete Einschnitte, die es dem Auge erlauben, wenigstens einen Teil des Inselinneren zu erspähen. Einige wenige Straßen, mehr Schotter- oder Schlaglochpisten, begleiten die Flussläufe ein Stück aufwärts. Unserem Fiesta kann ich nur wenige Kilometer zumuten, weiter würde er es nicht schaffen. Für eine Inseldurchquerung wie die halsbrecherische Strecke Papenoo – Otiaroa (meines Wissens nach die einzige) mit Steigungen um die 30 %, braucht das Gefährt Allrad und Differentialsperre und der Körper ein solides Rückgrat.

Wir fahren am Internationalen Flughafen vorbei, wo wir vorgestern in aller Frühe landeten. Er liegt im Stadtteil Fa'a'a, einem der ärmsten der Insel. Die Fahrt führt am *Lagoonarium* vorbei, wo unter anderen Tropenfische, Lagunenhaie und Muränen hinter Glasscheiben beobachtet werden können. Der Eingang zu dieser „Unterwasserwelt" ist originell als aufgerissenes Haifischmaul gestaltet. Die Bewertungen sind jedoch nur mittelmäßig und unser Reiseleiter auf der Aranui 5 bezweifelte eine artgerechte Tierhaltung.

Bei PK15 in Puna'auia zweigt rechts eine Straße zum *Musée de Tahiti et des Îles* ab, das interessante Informationen und Exponate zu den Themen Geschichte, Kultur und Natur bereithält. Der Anker vor dem Museum gehörte zum Schiff von James Cook. Er ging in der Bucht von Matavai verloren. In Puna'auia wohnte Paul Gauguin während seines zweiten Aufenthaltes in Französisch-Polynesien.

Auf der Weiterfahrt sind einige *Marae* zu besichtigen. Dabei handelt es sich um Kultstätten, heilige Bezirke oder auch Tempel. Auf dem umfänglich restaurierten *Marae Arahurahu* (Tempel der Asche), nach der Ortschaft Papea (PK22,5), werden heutzutage, jeweils im Juli, polynesische Tänze und Zeremonien abgehalten. Nach der Ortschaft Papara gelangt man (PK39) zur wohl größten und bedeutendsten Kultstätte von Tahiti, dem *Marae Mahaiatea*, die aber nur noch aus Fragmenten besteht. Wir vertrauen uns James Cook an, der die Ausmaße dieser Anlage notiert hat, da die Anlage in jedem Reiseführer weiter zu wachsen scheint. Im Internet entdecke ich den Originaltext von James Cook, übersetzt ins Französische. Das rechteckige Fundament der elfstufigen, 13,5 m hohen Pyramide, betrug 81 x 26,5 m, die letzte Plattform maß 54 x 2,13 m. Ein gewaltiges Bauwerk, das in nur zwei Jahren zwischen 1766 und 1768 errichtet wurde, also nur ein Jahr, bevor Cook hier vor Anker ging. William Steward, der Besitzer der ehemaligen Baumwollplantage in Atimaono, benutzte die Steinquader zum Bau von Gebäuden oder Straßen und zerstörte damit die immense Anlage unwiederbringlich. Ein kolonisatorischer Frevel an der polynesischen Kultur.

Aus Zeitgründen fahren wir an den aufgezählten Sehenswürdigkeiten vorbei, da wir den *Botanischen Garten* und das *Gauguin-Museum* zwischen Mataiea und Taravao in Ruhe besichtigen möchten. Man muss schon genau hinsehen, um die Beschilderung zu erkennen. Kein Schild weist schon vorher auf die jeweilige Sehenswürdigkeit hin, so auch hier erst direkt an der Abbiegung. Was überhaupt ein Manko auf der ganzen Insel darstellt – die Hinweisschilder fehlen meistens. Die Grande Nation sollte ihre Tourismus-Strategen der Polynésie mit denen von Guadeloupe (die Beschilderungen und Hinweise auf Sehenswürdigkeiten sind auf dieser Insel perfekt) zusammenbringen. Die *Blowholes* oder das *Troup du Souffleur* konnten wir zum Beispiel nur erahnen.

Wir steuern den Wagen auf der Schlaglochpiste zu den beiden Sehenswürdigkeiten, vorbei an mächtigen Bäumen und dichten Bambusgruppen, welche selten vorkommen.

Ach, sehr schön, da scheint trotz des Feiertages wenig Betrieb zu sein. Umso besser, dann können wir die Bild-Kopien (es gibt keine Originale), aber auch die Skulpturen und Radierungen sowie alle Pflanzen in Ruhe betrachten.

Frohgemut steigen wir aus und erleben gleich eine bittere Enttäuschung, als uns ein Aufseher direkt anspricht und erklärt, dass das Museum seit 2013 geschlossen und der Botanische Garten seit Kurzem wegen Renovierung ebenfalls nicht zugänglich ist. Wie lange die Renovierung des Gartens dauern wird, weiß er nicht. Seit 2013 ist das Museum geschlossen und kein Wort davon im 2015 „aktualisierten" renommierten Reiseführer! Mein Ärger ist entsprechend groß. „Lasst mich nur nach Hause kommen – das werde ich Euch mitteilen!"

Taravao liegt am Isthmus, der Tahiti Nui mit Tahiti Iti, also Groß- und Klein-Tahiti, verbindet. Beide Inseln sind das Werk von Vulkanen, wobei Groß-Tahiti vor zwei Millionen Jahren entstand und Tahiti Iti erst anderthalb Millionen Jahre später. Der ältere ist auch der größere Bruder. James

Cook benannte übrigens Tahiti fälschlicherweise als Otaheite. Als er nach dem Namen der Insel fragte, erhielt er die Antwort „Das ist Tahiti", was er mit dem Inselnamen gleichsetzte.

Zwei Stichstraßen führen im Süden und Norden des „kleinen Bruders" jeweils 18 Kilometer an der Küste entlang. Wer die Insel weiter erkunden möchte, kann dies auf Schusters Rappen tun. Hier sei aber auf eine Besonderheit hingewiesen, welche auf einem Schild ersichtlich ist, das im Süden am Ende der Brücke, die sich über den Fluss Tirahi Rivière spannt, aufgestellt ist. Viele Wanderwege und Verbindungsstrecken führen durch private oder gemeindeeigene Grundstücke, wie es das auch auf Mallorca gibt. Hier ist die Erlaubnis zur Benutzung des weiterführenden Weges beim Bürgermeister, beziehungsweise im Rathaus, einzuholen. Es wird auch nicht gern gesehen, wenn der Wanderweg abrupt verlassen wird, um dem einen oder anderen Baum oder Strauch einen Besuch wegen „Früchte-Ausleihens" abzustatten. Man sollte zuvor immer nach einem etwaigen Besitzer Ausschau halten, um die Erlaubnis einzuholen. Der Bitte wird von den netten Menschen wohl immer entsprochen werden. Dazu gehört aber, dass man sich an die Regeln hält.

Zurück auf Tahiti Nui bewundern wir in Taravao die schönen Anwesen mit ihren wunderschönen Gartenanlagen. In Taravao ist auch „Halbzeit" bei den Kilometersteinen. Ab PK60 wird nun zurückgezählt. Die Bebauung lässt sprunghaft nach und nur noch wenige Ortschaften säumen die Straße zurück nach Papeete. Dafür wird die Landschaft üppiger, wir sehen mehr Obst- und Gemüsepflanzen und vielfältiges Grün wetteifert mit den Farben der Blüten und bunten Blätter in allen Größen. Durch den Südost-Passat sind die östlichen Inselteile in Französisch-Polynesien grundsätzlich feuchter. Die hier und da verstreuten Anwesen werden als Wochenendhäuser genutzt.

Als erster Franzose umsegelte Louis Antoine de Bougainville im Auftrag Ludwigs XV. von 1766 bis 1769 die Welt. Im April 1768 ging er in Hitiaa (PK37) vor Anker. Er schuf den Begriff des „Edlen Wilden" ganz im Sinne der Thesen von Jean-Jacques Rousseau und war von den *freundlichen, naiven und glücklichen* Menschen, die noch nicht von der Zivilisation verdorben seien, begeistert. Damit weckte er Begehrlichkeiten in ganz Europa, diesen Garten Eden und die in jeder Weise freizügig in ihm lebenden Menschen zu besuchen. Kein geringerer als James Cook lobte Bougainvilles Bericht als die *nützlichste und unterhaltsamste Beschreibung dieser Inselwelt.*

Fünf Kilometer weiter durchfahren wir in Mahaena wieder geschichtsträchtigen Boden. In einer großen Schlacht kämpften hier die Einheimischen 1844 gegen die Franzosen. Aufgrund der besseren Bewaffnung der Franzosen verloren die Widerstandskämpfer trotz zahlenmäßiger Überlegenheit die Schlacht und 102 von ihnen ihr Leben.

An der Pointe d'Arahoho liegt das Troup du Souffleur, so benannt, weil sich hier das Meer gurgelnd und zischend durch den löchrigen Vulkanfels quetscht. Bei starkem Seegang können sich deshalb plötzlich hohe Wasserfontänen auf die Straße ergießen. Für abgelenkte oder erschrockene Fahrer ergeben sich daraus gefährliche Situationen. Wer hier ins pittoreske *Vallée Vaipuu* abbiegt, wird bald mit dem Blick auf mehrere märchenhafte Wasserfälle belohnt. Die hinteren erreicht man nur auf einem teilweise glitschigen Fußweg, weswegen auf gutes Schuhwerk geachtet werden sollte. Wir biegen wenig später ins *Tal von Papenoo* ab, um auf einer holprigen Piste zu dem Wasserfall *Cascade Topatari* am Ende der Fahrstraße zu gelangen – und haben wieder Pech. Durch die Sperrung einer kleinen Brücke können wir leider nicht in die Nähe des Wasserfalls gelangen. Aber auch der Blick durch das saftige Grün der Pflanzenvielfalt belohnt unsere Anfahrt.

An diesem Teil der Küste üben sich die Surfmeister von morgen. Der hier vorherrschende kräftige Wind bläst unaufhörlich hohe Wellen gegen die Felsen und den steinigen schwarzen Strand – ein Eldorado für Surfer.

Um halb fünf geben wir den Mietwagen ab und werden wieder zum Hotel gebracht. Ein ereignisreicher Tag mit überwältigenden Eindrücken dieser wunderschönen Insel.

Auf der Inselumrundung werden immer wieder Teile der Straße von glimmenden, schwelenden Feuerstätten rechts und links am Wegesrand verqualmt. Damit wollen die Bewohner die *Moustiques* vertreiben – diese winzigen, zielgerichtet injektions-orientierten Ausgeburten der Hölle. Sie lesen richtig: Hölle. Hölle im Paradies? Passt nicht! Wenn wir uns hier im Paradies wähnen – es wird uns durch diese Biester vergällt. Wir können aber vorbeugen, indem wir uns mit geeigneten Mitteln besprühen oder einreiben. Das gehört zum täglichen Must. Der landläufigen Meinung, diese Plagegeister würden erst am Nachmittag aktiv, muss ich vehement widersprechen. Sie sind immer und überall, aber am Nachmittag gefräßiger. Ein sehr gutes Mittel heißt *Antibrumm Forte.* Bei anderen Mitteln muss der Wirkstoff DEET enthalten sein, der jedoch hochtoxisch ist. Vorsicht ist somit geboten. Das landesübliche Mittel heißt Monoï-Öl und besteht aus Kokosnussöl und Blüten der Tiaré Tahiti. Aber auch beim Grillen wird gequalmt, was das Zeug hält. Das Wort *poulet fumé* (geräuchertes Hühnchen) anstatt *poulet rôti* (gegrilltes Hühnchen) trifft absolut zu. Das spricht für die Anbieter – sie beschönigen nichts.

Wir fotografieren in allen Lagen um die Wette, haben wir doch unsere Dropbox installiert. Marc wird zuhause die per Dropbox gesendeten Fotos verwalten. Tagsüber ist schon ein Schwung Fotos in den Cyberspace geschickt worden. Per WhatsApp erfahre ich von Marc, dass noch nichts angekommen ist. Ein Blick auf die Dropbox sagt mir, dass sie unentwegt am Senden ist. Ein Perpetuum mobile, das sich um die eigene Achse dreht und dennoch nichts produziert. Liegt es am Empfang? Der Hotspot des Hotels ist an der Bar und in der Rezeption am stärksten. Auf dem Zimmer haben wir schlechten Empfang. Somit nehmen wir unser iPhone und platzieren uns an der Bar – eine wunderbare Ausrede, mal wieder einen Cocktail genießen *zu müssen.* Man kann ja nicht „trocken“ an der Bar herumhängen.

ARANUI 5

Am 12.12.2015 in Dienst gestellt, ersetzt sie die dreizehnjährige Aranui 3. Die Zahl 4 (als Fortsetzung für A3) wird ausgelassen, da sie in der chinesischen Kultur im Gleichklang mit Tod (jeweils Si) negativ belastet ist. Wie bei uns die Zimmernummer 13 in den Hotels fehlt, so fehlt in China die 4. Es gibt auch kein 4. Stockwerk. Besitzer ist nämlich eine chinesische Familie mit Namen Wong.

TECHNISCHE DATEN:

Design: Shanghai Merchant Ship Design and Research Institute.
Bau: Huanghai Shipbuilding Co., Shidao, China.

11468 BRT; Verdrängung 10488 t; Länge 126 m (56 m Frachtraum, 70 m Passagierraum; Breite 22,4 m; max. Tiefgang 5,2 m; max. Geschwindigkeit 17 Knoten (1 kn = 1,852 km/h) = 31,5 km/h, Fahrtgeschw. 15 kn = 27,8 km/h; Motor 8 M 32 C MAK Caterpillar, 2 x 5200 ps (3824 kw), 254 Passagiere, Dieselöltank 740 t; Schweröltank 271 t; Verbrauch 26 t/d. = 29,8 tsdl/d. Gesamtenergieproduktion der Dieselgeneratoren 1,5 Mw.; zwei Liebherr-Kräne, max. 36 t.

Die Aranui 5 hat alles an Bord, was für eine kombinierte Kreuz-Frachtfahrt notwendig ist:

Zwei unterschiedlich große Flöße, zwei Bargen, zwei Liebherr-Lastkräne, zwei schnelle, wendige Boote, eine Jacht für Hochseeangeln.

Die Koffer sind wieder gepackt und wir warten an der Hotellobby sehnsuchtsvoll auf den Bus. Der Transfer zum Pier, wo die Aranui 5 seit vier Tagen vor Anker liegt, verläuft pünktlich und problemlos. Wir haben sie natürlich schon bei unserer ersten Fahrt nach Papeete aus der Ferne gesehen. Sie ist ein stolzes Schiff und bildet allein schon wegen ihrer Größe einen Blickpunkt im Hafen. Im vorderen Bereich mit den Kränen und der übereinandergestapelten Ladung ein reiner Frachter, wirkt der Deckaufbau des Kreuzfahrtbereiches mit seinem geschwungenen hinteren Teil auf uns ästhetisch. Kein schwimmender Kasten, sondern eine gelungene Symbiose zwischen niedrigem Frachtbereich, der mittig sitzenden Kommandobrücke und dem sich nach hinten vertikal verjüngenden Passagierbereich.

Die Koffer werden entgegengenommen und zu der jeweiligen Kabine gebracht. Der Empfang geschieht sehr freundlich unter Einhaltung durchdachter Sicherheitsbestimmungen. Das Personal ist sehr zuvorkommend und nimmt sich für jeden Gast die Zeit, die weitere Vorgehensweise verständlich und exakt zu erläutern. Ein Begrüßungscocktail gehört natürlich ebenso dazu wie die halbstündige Belehrung über das Procedere im Ernstfall mit Evakuierung. Das muss sein. Aufmerksam verfolgen wir danach alle Vorgänge am Pier und auf Deck.

Um zwölf Uhr erfolgt das Kommando „Leinen los“ und die Aranui 5 sticht zum 490 Kilometer nordöstlich entfernten Atoll Fakarava im Tuamotu Archipel in See. Zwei Schlepper begleiten die Aranui 5 ein Stück weit aus dem Hafen. Mit den durchschnittlich 15 Knoten (circa 28 km/h) benötigt sie für die Fahrt rund 18 Stunden. Überall wird fotografiert, werden Videos gedreht und die nicht wegzudenkenden Selfies gemacht. Natürlich wechseln wir mehrfach die Schiffsseite, staunen, lassen uns die frische, warme Brise um die Ohren wehen und sind einfach nur glücklich.

Unser Hochgefühl erfährt noch eine Steigerung, als wir unsere 18 Quadratmeter große Premium-Suite mit Balkon betreten. Sie bietet unendlich viel Stauraum und jeglichen Komfort, wobei die kleine Wohnecke hinter dem Paravent aufgrund des eng getakteten Besichtigungsprogramms während der Fahrt eher zur Kleidungs- und Ausrüstungsablage missbraucht wird.

Der erste Tag bringt darum eher ein Stress- als ein Urlaubsgefühl.

Während der Einweisungs- und Einführungsvorträge lernen wir den für uns zuständigen deutschsprachigen Reiseleiter Jörg kennen. Das von ihm angebotene Du wird ausnahmslos akzeptiert. Jörg ist gebürtiger Thüringer, lebt seit 2007 in Papeete und ist bei der Aranui 5 fest angestellt. Laut eigener Aussage waren seine Deutsch-Englisch-Französisch-Sprachkenntnisse dafür maßgebend, hier auf Dauer eingestellt worden zu sein, da diese Sprach-Konstellation im französischen Touristikgewerbe nur dünn gesät sein soll. Die 185 Gäste (73 % Auslastung) werden von englisch-, deutsch- und französischsprachigen Reiseleitern über Verlauf und Organisation aufgeklärt. 15 Nationen sollen unter den Gästen vertreten sein, darunter 31 Deutschsprachige (inklusive Schweizer) – immerhin 17 %.

Gleich zu Beginn drohe ich Jörg mit nicht nachlassenden Fragen über polynesische Kultur, Werte und Gesellschaft der heutigen Tage. Er nickt die Herausforderung gerne ab. Um die Essenausgabe rationeller zu gestalten, werden die Gäste in zwei Gruppen aufgeteilt, die, um eine halbe Stunde versetzt, im Restaurant zu den Mahlzeiten erscheinen.

Wir werden Jörgs Empfehlung beherzigen und die Tische wechseln, um dadurch mit Gästen anderer Nationalität ins Gespräch zu kommen. Im Laufe der Reise unterhalten wir uns so mit Schweizern, Franzosen, Deutschen, Australiern, Kanadiern, Belgiern, Neuseeländern und sogar einem Tasmanier – deutscher Herkunft. Italiener (außer einem italienischen Kapitän a. D., verheiratet mit einer Neuseeländerin), Griechen, Spanier oder Portugiesen haben wir nicht kennengelernt. Eine türkische Reisegruppe (Manihiki) bildet eine Ausnahme, da sie unter sich bleiben will.

Am Nachmittag gibt es einen informativen Vortrag über das Leben auf der Aranui 5, einen Sprachkurs für Polynesisch und danach Tanzunterricht, den (natürlich) nur die weiblichen Gäste wahrnehmen. Jeden Abend ab achtzehn Uhr informieren die Reiseleiter in ihrer Sprache circa eine Stunde über das Programm des nächsten Tages. Zusätzlich erhält jeder ein Blatt mit einer Zusammenfassung und den Zeitangaben. Jörg beantwortet gerne alle Fragen über Polynesien, das Land und seine Bewohner. Im Gegenzug droht er uns an, dass diese Reise kein einfacher, bequemer Urlaub für uns werden wird, sondern wegen des vollbepackten Programms eher Stress pur. Im Nachhinein gebe ich ihm gerne Recht. Es war ein angenehmer Stress und eine Teilnahme an den Veranstaltungen wurde jedem selbst überlassen.

Der Tuamotu Archipel

Tuamotu

Mit 2 Millionen km² (größer als Westeuropa) auf einer Länge von mehr als 2.000 km bildet der Tuamotu Archipel die größte Inselgruppe weltweit. Die Landfläche von 850 km² ist dagegen nur fast so groß wie die von Berlin. Auf 45 von gesamt 78 Atollen wohnen 17.000 Menschen, was 0,5 % zu Berlin entspricht. Innerhalb der Korallenringe existiert eine unüberschaubare Anzahl an Inselchen, den sogenannten Motus. Das Hauptatoll Rangiroa werden wir auf der Rückfahrt besuchen.

Fakarava

Um die Größenordnung eines einzelnen Atolls zur Gesamtheit einordnen zu können, folgende Daten von Fakarava:

Lagunenfläche 1.153 km², Landfläche 16 km², 900 Einwohner. In 35 Jahren (1977-2012) vervierfachte sich die Bevölkerung. Das Atoll genießt den Status eines Biosphärenreservates der UNESCO.

Am Mittwochmorgen, dem dritten Mai, erreichen wir Fakarava um sechs Uhr. Ich stehe ganz oben auf Deck zehn und versuche, diese für uns neue Welt zu ergründen. Trotz des frischen Windes ist es tropisch warm. Die Aranui 5 steuert durch die Passe, die Durchfahrt, und liegt gleich in der Lagune vor dem Hauptort Rotoava vor Anker.

Bei dem Tuamotu Archipel handelt es sich um Atolle, deren flache Ringe aus Korallensand und -schutt bestehen. Die ehemaligen Vulkane versanken, übrig geblieben sind ihre Kraterränder, auf denen Korallen als nicht enden wollende Baumeister Riffe gebildet haben. Sie wuchsen auf den Skeletten ihrer Vorfahren, die ihnen als Fundament dienten. Das Fundament wiederum bildete landeinwärts Motus, das polynesische Wort für kleine Inseln, bestehend aus Sand, nämlich vor allem toten Korallen.

Gerade diese Motus bilden für uns den Inbegriff eines Robinson-Eilandes: blendend weißer Strand, bewachsen von Kokospalmen, Kasuarinen, Pandanus und Büschen, teilweise mit dickwüchsigem Gras durchzogen – eben die (europäische) Vorstellung des Paradieses. Das unbeschreibliche Türkis und Blau, in allen nur erdenklichen Variationen, treibt Maler an den Rand des Wahnsinns. Ich schließe mich ihnen an, kann es kaum verarbeiten.

Fakarava ist mit 1.153 km^2 hinter Rangiroa (1.446 km^2), das wir auf der Heimfahrt besuchen werden, das zweitgrößte Atoll dieses Archipels. Das rechteckige Atoll misst in der Länge 55 Kilometer und ist 20 Kilometer breit. Der deutschbaltische Offizier Fabian Gottlieb von Bellingshausen entdeckte das Atoll am 10. Oktober 1820 und nannte es Wittgenstein. Das Land liegt nur ein paar Meter über dem Meeresniveau. Die Schifffahrt tat sich in den Tuamotus schwer mit den scharfkantigen Riffen und manchen Oberflächen, die kaum aus dem Meer ragen. Auf den Schiffskarten wurden sie als „Gefährliche Inseln“ bezeichnet, weshalb die wenigen Einwohner bis zur Mitte des vorigen Jahrhunderts wahre Robinsons blieben. Es gibt keine Flüsse, kein Grundwasser, sodass nur der Regen Trinkwasser liefert, das in Zisternen gesammelt wird. Die Menschen ernährten sich von dem, was die karge Flora, das umso fischreichere Meer und die Vogelwelt lieferten. Heute sind der Tourismus und die Perlenzucht, welche sich fest in chinesischer Hand befindet, die Haupteinnahmequellen. Von Zyklonen blieben die Menschen nahezu verschont. Im gesamten vorigen Jahrhundert gab es lediglich drei. Aber heftige Winde und Unwetter gibt es reichlich. Schuld daran sind Meeresströmungen. Der kalte Humboldtstrom fließt von der Antarktis an der Westküste Südamerikas entlang und dreht aufgrund der Corioliskraft (seitliches Abweichen bei bewegten Körpern, Erdumdrehung) und der damit einhergehenden Passatwinde nach Westen in Richtung Nordaustralien und Indonesien. Er erwärmt sich immer mehr und geht in den Südäquatorialstrom über.

Diese Temperaturunterschiede erzeugen starke Turbulenzen.

Entdeckt wurden die Tuamotus 1521 von Ferdinand Magellan auf seiner Weltumsegelung. Ohne an Land zu gehen, segelte James Cook 1769 an einigen der Inseln vorbei. Er hatte wohl Tahiti im Sinn mit der Beobachtung des Laufes der Venus. Auch Bougainville machte ein Jahr zuvor Bekanntschaft mit den Inseln.

Zu Zeiten des Kalten Krieges gerieten zwei dieser wunderschönen Atolle in den Fokus der Weltöffentlichkeit. Wegen des Austritts der USA aus der Nato fasste die Regierung der Grande Nation, im besonderen Charles de Gaulle, den wahnwitzigen Entschluss, eigene Atomtests durchzuführen. Man wollte ja schließlich weiterhin zu „den Großen" gehören, die sich selbst als mündig genug erklärten, mit atomaren Waffen verantwortlich umgehen zu können. Nachdem Algerien verloren ging, wurde dieser Archipel am Ende der Welt als Versuchskaninchen für das Spiel mit dem Tod auserkoren. Die *Force de frappe*, die Atomstreitmacht Frankreichs, zündete auf den Atollen Mururoa und Fangataufa, im südlichsten Zipfel des Archipels befindlich, von 1966 bis 1996 mehr als 160 Neutronen-, Wasserstoff- und Atombomben. Durch die Ankündigung von Jacques Chirac, weitere Tests durchführen zu wollen, bekam Frankreich endlich den längst fälligen, geballten Zorn von Umweltverbänden und Anrainerstaaten zu spüren. Beide Atolle sind seither totes Land und werden es auch für die nächsten mindestens 10.000 (!) Jahre bleiben. Die Unverantwortlichkeit gegenüber Mensch, Natur und Umwelt bleibt auch. Nur um „oben" mitspielen zu können, wurden Risse in den Meeresplatten, zusammengebackene Erde, permanente Strahlung in Kauf genommen. Es gibt Schätzungen, nach denen um die 12.000 Menschen bis dato an den Folgen der Strahlung gestorben sein sollen. Den Vorwurf des „nuklearen Massenmordes" müssen sich die einzelnen an den Schalthebeln der Macht Sitzenden gefallen lassen. Die Entfernung von Fakarava nach Mururoa beträgt gut 920 Kilometer. Es wäre nun falsch, Frankreich allein zu kritisieren – alle Atommächte haben diesen Wahnsinn betrieben. Die USA auf den Atollen Bikini und Eniwetok (Marshallinseln). Mit welchem Recht?

Ich betrachte das Riff, das uns wie ein zotteliges grünes Fell umfängt.

Baumspitzen stechen daraus hervor, dazwischen die allgegenwärtigen Kokospalmen mit ihrem Windmühlenflügeln gleichenden Schopf aus langen, gefiederten Blättern. Irgendwo am Horizont verliert sich dieser gigantische Kranz im Blau der Lagune. Ab acht Uhr beginnt die Überfahrt mit den Bargen, auf denen jeweils gut 50 Passagiere Platz finden. Unser Chauffeur ist ein bulliger Polynesier, der alleine schon für gehörige Wasserverdrängung sorgt. Bei glattem Meer, wie hier, ist der Einstieg problemlos. In ungeschützten Buchten mit höherem Wellengang kommt es immer auf den richtigen Zeitpunkt des Übersetzens an, da sich die Barge mit dem Wellengang nach oben hebt und unten senkt. Entweder kann man das Bein nicht so hoch heben oder man hängt buchstäblich in der Luft.

Der Hauptort Rotoava kann besichtigt und am Strand geschnorchelt und geschwommen werden. Ein Landstreifen von gerade mal 400 Metern Breite trennt die Lagune vom offenen Meer. Ich steige am Pier ins Meer und erkunde die nächste Umgebung mit Schnorcheln. Die Unterwasserwelt hat hier nicht allzu viel zu bieten. Aber beim ersten Schnorchelgang bin ich natürlich begeistert, weil ich noch keine Vergleiche anstellen kann. Es ist sehr heiß und Sonnencreme absolut notwendig. In Rotoava können Räder gemietet werden, mit denen die 9,5 Kilometer bis zur Passe, durch die unser stolzes Schiff vor zwei Stunden in die Lagune stampfte, auf dem schmalen Landstreifen zurückgelegt werden können. Die insgesamt 18 Kilometer lange Straße wurde vorzeiten durch einen übereifrigen Bürgermeister in einer beispiellosen Aktion aus dem Boden gestampft, da er sich zu einem angesagten Besuch des Staatspräsidenten Jacques Chirac bei diesem lieb Kind machen wollte. Als die Straße fertig war, sagte Jacques Chirac kurzfristig den Besuch ab. Ob es hier wie in Deutschland ein Schwarzbuch für unnötige kommunale oder staatliche Ausgaben gibt? Nicht nur bei uns werden Brücken in die Landschaft gebaut, wo später die Straßen fehlen.

Die Landschaft ist eher unscheinbar. Die Kokospalme vereinnahmt die 300 bis 400 Meter Landbreite und teilt sie nur mit Kasuarinen und ein paar anderen Baumarten, Büschen und Blumen. Auch hier gedeiht der immergrüne Baum (Familie der Gardenien) mit der intensiv süß duftenden Tiaré-Blüte, der Nationalblüte Tahitis und seiner Inseln. Wir besichtigen die farbenfrohe katholische Kirche, die mit ihrer hellblauen Decke den typisch polynesischen Stil wiedergibt.

Danach erfahren wir Wissenswertes über Kokosnüsse. Im Gegensatz zu den steinharten „Klickern“, die wir zuhause erstehen, sind die frischen Kokosnüsse mit Saft prall gefüllt. Aus ihrem Fleisch wird durch Trocknung Kopra gewonnen, die noch vor Jahrzehnten zu den wichtigsten Handelsgütern Polynesiens gehörte. Dabei wird der Wassergehalt von knapp 50 % auf 5 % reduziert. Der Fettgehalt beträgt dann bis zu 70 %. Die Trocknung findet auf größeren Stellagen statt, wo das Fleisch im zeitlichen Rhythmus gewendet wird. Vor Regen schützt ein Dach, das über die Anlage geschoben werden kann. Aus Kokosnussöl und Tiaréblüten wird das berühmte und überall erhältliche Monoï-Öl hergestellt. Es macht die Haut zart und geschmeidig und verleiht den Haaren einen seidigen Glanz. Aus dem frischen Fleisch wird die Kokosmilch gepresst. Das Fleisch wird dabei mit einem speziellen Werkzeug aus der Schale geschabt. Das Öffnen der Frucht, das Ausschaben oder Auslösen des Fleisches bedeutet harte körperliche Arbeit. Schaut man aber geübten Polynesiern zu, wie zum Beispiel unserem Mann von der Aranui-Crew, geschieht dies mit einer scheinbaren Leichtig- und Schnelligkeit, die atemberaubend wirkt. Wandelt man unter Kokospalmen dahin, dann ist vorsichtiges Spähen nach oben, ob sich nicht gerade eine pralle Kokosnuss direkt über einem in luftiger Höhe befindet, lebensnotwendig. Wer den dumpfen Aufschlag solch eines gelben Geschosses auf dem Boden schon einmal vernommen hat, weiß diese Vorsichtsmaßnahme sehr zu schätzen. Einen Schädelbasisbruch könnte man dann tatsächlich noch als glimpflich bezeichnen. Die Anzahl der von Kokosnüssen Erschlagenen ist weitaus höher als die durch eine Haiattacke Getöteten.

Um zwölf verlässt die letzte Barge den Pier auf Rotoava. Um halb eins sitzen wir bereits am Mittagstisch, diesmal mit Neuseeländern zusammen. Das Übersetzen ihres grauenhaften englischen Dialektes kostet mehr geistige Energie als wir durch das hervorragende Menü überhaupt aufnehmen können.

Am Nachmittag wird uns in einem anderthalb stündigen Vortrag die marquesanische Historie nähergebracht. Am Abend lernen wir das nette Schweizer Ehepaar Barbara und Kurt kennen und unterhalten uns angeregt. Bevor wir uns schlafen legen, setze ich mich auf unseren Balkon und schaue auf das dunkle Meer und die weiße Gischt der vom Bug zerteilten Wellen, die nur Meter später in sich zusammenfallen. In gleichmäßigem Rhythmus, sich kaum wahrnehmbar wiegend, stampft die Aranui 5 zuverlässig durch den unendlich scheinenden Pazifik. Ich empfinde dieses sonore Stampfen angenehm, beruhigend, nicht wirklich störend. Es wiegt mich eher in Sicherheit, wenn ich mir die Kolben der beiden Riesenmaschinen vorstelle, wie sie über Antriebswellen mit einer nur schwer vorstellbaren Kraft von 10.400 Pferdestärken die riesigen Schiffsschrauben drehen. Bei höherem Wellengang oder rauer See schlingert die Aranui 5 aber mehr als ihre großen Schwestern, die reinen Kreuzfahrt-Riesenschiffe. Das erklärt sich nicht nur durch die Größenverhältnisse, sondern auch dadurch, dass diese schwimmenden Städte noch zusätzlich mit Seitenstabilisatoren versehen sind. Die Aranui 5 ist kein reines Kreuzfahrt-, sondern auch ein Frachtschiff. Ein Zwitter, der deswegen nicht über Stabilisatoren verfügt.

Die Größe des Menschen, der doch alles beherrschen oder beherrschbar machen will, erscheint inmitten dieser Urgewalten wie ein Wassertropfen im Schwimmbad. Von Fakarava bis Nuku Hiva, der Hauptinsel der Marquesas, muss die Aranui 1.000 Kilometer zurücklegen, wofür sie eineinhalb Tage benötigt. Sie wird rund 45.000 Liter Öl (drei Teile Heiz- und einen Teil Schweröl) verbrauchen, was mir natürlich ein schlechtes ökologisches Gewissen verursacht. Ich schweife ab und betrachte den Himmel mit den unzähligen, flimmernden Sternen, die durch unter ihnen vorbeihuschende Wolken nebulös oder kurz ausradiert werden. Der Himmel ist hier weitaus klarer als zuhause.

Ich lächele über die nur allzu besorgten Reiseveranstalter. Um sich nur ja keine Vorwürfe oder gar Beschwerden einzuhandeln, weisen sie darauf hin, für die kühlen Nächte warme Oberbekleidung in die Packliste aufzunehmen. Für die Innenräume der Aranui 5 träfe dies zu, arbeitet doch die Klimaanlage auf Hochtouren, um die eingestellten 18 ° C zu halten. Diese Temperatur ist effektiv zu niedrig und sorgt gegen Ende der Reise für stark erkältete Passagiere. Rita ist ebenfalls ein wenig davon betroffen. Von kühl kann hier draußen keine Rede sein. Wir bewegen uns zielgerecht in Richtung Äquator. Der Wind weht am Balkon vorbei und die feucht-schwüle Luft tut ihr Übriges dazu, die gefühlte Temperatur auch in der tiefsten Nacht nicht unter 25° C sinken zu lassen. Dem Bett in unserer Suite vergeben wir den höchsten Grad an Schlafkomfort. Es ist eine Wonne, darauf zu liegen. Der normale Seegang wiegt uns wie in unserer Kindheit in angenehmen Schlaf.

Der Crew ist eine gewisse Animationsmanie nicht abzusprechen. Bereits am frühen Morgen gibt es Stretching am Pool Deck, danach wird ein Tanzkurs angeboten (den natürlich wieder nur die weiblichen Passagiere besuchen). In der Sky Bar auf Deck 9 schildert uns Jörg die Ankunft auf den Marquesas, denen wir uns mit Spannung unaufhaltsam nähern. Anschließend erfahren wir auf dem Pool Deck, wie der schmackhafte „Tahiti Fischsalat" zubereitet wird.

Der Fischsalat *Poisson cru*, aus rohem Fisch, ist das Nationalgericht Französisch-Polynesiens. Dazu werden Thunfischstücke (meistens Gelbflossenthun) und verschiedene Gemüse mit Limettensaft beträufelt und Kokosmilch zugegeben. Poisson cru gibt es auf der Aranui 5 bereits zum Frühstück.

Mit derart aktivierten Geschmacksnerven widmen wir uns umso motivierter dem Mittagessen im Restaurant. Am Nachmittag wird aus einem Workshop für Palmblattflechten der reinste Wettbewerb, wo wir mit einer weiteren Passagierin einen wahren Giganten an Flechtwerk (ich halte mich weitestgehend zurück – die Frauen sind da geschickter) erstellen und wenig später präsentieren. Mit diesem Trick erhält die Aranui eine künstlerisch ansprechende Naturverkleidung ihrer Stahlstreben, welche das Ambiente der daran anschließenden Pareo-Show verfeinert. Dieses Wickeltuch steht in Polynesien symbolisch für einfache Bekleidung beiderlei Geschlechts. Die verschiedenen Wickeltechniken um (fast) alle Körperteile erstaunen die Zuschauer und ernten regen Applaus.

Vor dem Dîner stellt sich der Kapitän mit seiner gesamten Crew vor. Die Atmosphäre unter den Angestellten ist angenehm; wir haben nie ein böses Wort zwischen ihnen vernommen. Das Betriebsklima scheint hier zu stimmen. Ausnahmslos alle Personen sind freundlich, nett und hilfsbereit. Meine Überzeugung: Das liegt nicht nur am Klima, das liegt an der Mentalität der Polynesier – und Zugereisten, die wohl diesbezüglich vereinnahmt wurden.

Das Wetter des Seetages ist warm, aber auch mit einigen Regengüssen versehen.

Jörg stimmt uns abends schon auf die Begrüßungsworte ein: Die Polynesier grüßen gerne auch fremde Menschen, denen sie noch nie begegnet sind, ganz besonders auf Moorea. Dort grüßt praktisch jeder jeden, was zu dem Gefühl führt, dass ganz Moorea ein Dorf darstellt. Wir waren unterwegs zum Einkaufen und unterhielten uns angeregt, als jemand hinter uns laut grüßte. Wir hatten ihn das erste Mal nicht gehört, also schickte er uns den zweiten Gruß lautstark hinterher. *Ia Orana* ist der Gruß auf den Gesellschaftsinseln. Die Aussprache scheint auch für die Polynesier umständlich zu sein. Man hört manchmal irgendwie ein „O…" und danach ein langgezogenes … nnnà – das reicht schon. Man muss auch nur … ana … verstehen – das reicht auch. Auf den Marquesas wird mit *Ka' Oha* gegrüßt.

Wenn uns unser Reiseleiter Jörg abends über die Aktivitäten des bevorstehenden Tages aufklärte, wurde natürlich auch über Preise von Artikeln gesprochen. Es stimmt mich immer wieder nachdenklich, wenn von den Reisenden, die zwischen 3.500,- € und 7.500,- € pro Person bezahlt haben, Lebensmittel (Getränke, Snacks und dergleichen) oder sonstige Gegenstände als teuer definiert werden. Ein Beispiel: Monoï gegen Nonos (brutale Stechmücken, hauptsächlich auf den Marquesas, Info weiter unten) für umgerechnet 13,35 € (60 ml). Gute Cremes für Sonnenschutz kosten bei uns schon mal 20,- € aufwärts. Mögliche Erklärung: Die Reiseleiter, welche kein üppiges Salär erhalten, vergleichen intuitiv ihren Geldbeutel mit dem der Reisenden.

An diesem Abend wird in der Veranda Bar auf Deck 6 Karaoke veranstaltet.

Marquesas

Der 350 km lange Archipel besteht aus 14 vulkanischen Inseln und liegt 1.400 km nördlich von Tahiti. Auf der Landfläche von 1.274 km^2 leben rund 10.000 Menschen und somit 8 Einwohner/km^2. Diesen entlegenen Archipel trennen 6.000 km von Peru, bis nach Hawaii sind es 3.850 km, zur kalifornischen Bucht 4.800 km und bis zur Osterinsel 3.000 km. Seine Inseln unterteilen sich in eine nordwestliche (Nuku Hiva, Ua Pou, Ua Huka) und südöstliche (Hiva OA, Tahuata, Fatu Hiva) Gruppe. Die Hauptinsel ist Nuku Hiva. Das Alter der Inseln nimmt – wie auf Hawaii – von Südosten (etwas über 1 Mio. Jahre) nach Nordwesten (> 4 Mio. Jahre) zu. Den Inseln fehlt ein Saumriff und damit die schützende Lagune mit ruhigem Wasser. Deshalb kommen Korallen nur selten in der Nähe der wenigen Sandstrände und auf Riffen vor. Die höchsten Erhebungen sind mit 1.232 Metern der Mont Oave auf Ua Pou und der Mont Tekao mit 1.224 Metern auf Nuku Hiva. Die Inseln weisen durch den Menschen beeinflusste unterschiedliche Vegetationen auf, wobei klimatisch bedingt die dem Wind zugewandte (Luv) südöstliche Seite mehr Niederschlag erhält als der Nordwesten (Lee), der teilweise arid (trocken) ist. Im Inneren der großen Inseln breiten sich Hochplateaus aus, während der grundsätzlich gebirgige Charakter durch tief eingeschnittene Flusstäler verstärkt wird und mancherorts spektakuläre Wasserfälle in die Tiefe rauschen.

Die Erstbesiedelung erfolgte zeitlich nach gegensätzlicher Meinung zwischen 100 v. Chr. und 300 n. Chr. und räumlich nach vorherrschender Meinung aus Westen. Für die Neuzeit wurden die Inseln von dem Spanier Alvaro de Mendaña de Neyra 1595 entdeckt und von ihm nach dem Vizekönig von Peru, seinem Ausgangspunkt, Don García Hurtado de Mendoza, Marqués de Cañete, benannt. Der umständliche Name “Las Islas marquesas de Mendoza y Cañete“ wurde durch „Marquesas“ verkürzt. Im 19. Jahrhundert setzten die großen Fischfangflotten Japans, Russlands, Chinas und Koreas den dichten Populationen an Walen und Delphinen, damals wie heute, durch Unersättlichkeit ein schnelles Ende. Darüber hinaus sorgten sie für den größten Aderlass und die beinahe Ausrottung der Einheimischen durch die Ansteckung u. a. mit Pocken. Die Missionare (aller Couleur) sollten wir dabei auch nicht vergessen.

Die Polynesier nannten die Marquesas „te fenua enata“ - „Erde der Männer“.

Die Marquesas gelten als die „Wilden Inseln“ Polynesiens, was sich in vielen Reiseführern oder Reiseberichten niederschlägt. Dieses Attribut wird auch den Einwohnern selbst in Reiseführern oder Romanen angedichtet. Das hat wohl auch seinen Ursprung in der Abgeschiedenheit, der wild zerklüfteten, steil aus dem Meer aufragenden Ursprünglichkeit dieser Inseln und ihrer Bewohner.

Nuku Hiva

Die Größenangaben der Landfläche sind widersprüchlich. Es sind wohl 390 km^2 mit 2.800 Einwohnern.

Der Hauptort ist Taiohae und gleichzeitig Verwaltungszentrum der Marquesas.

Die meisten Bewohner leben im tropisch bewachsenen Süden und Osten, im Inselinneren dehnt sich das Hochplateau To'ovi'i auf 800 Metern Höhe aus, der Nordwesten ist arid.

Sie soll zu den schönsten der Welt gehören, für Weltumsegler ein Muss, für Kreuzfahrtschiffe ein gerne besuchtes Ziel – die Bucht von Taiohae, dem Hauptort der Insel. Nuku Hiva ist die bevölkerungsreichste und auch größte Insel der Marquesas. Die Flächenangaben variieren und Wikipedia gibt sogar beim Stichwort Marquesas zwei verschiedene Größen (339/388 km^2) an. Im Brockhaus werden 482 km^2 genannt. Auf jeden Fall ist sie die größte und beherbergt 2.800 Einwohner. Mit solchen Dimensionen sind Menschen eines dicht besiedelten Landes, so wie wir, zuerst einmal überfordert. Um kurz nach fünf stehe ich erwartungsvoll neben der Kommandobrücke und versuche, diese neue Welt zu erfassen.

Am Horizont werden weißgraue Wolkenfetzen durch goldgelbe Strahlen aus der Tiefe verdrängt. Die aufgehende Sonne verschafft sich Respekt, erobert unaufhaltsam das Firmament, um an einem weiteren Tag die Regie zu führen. Die Wolken verhalten zäh, türmen, bäumen sich auf, umhüllen die Bergspitzen und zollen dennoch strahlendem Blau den ihm zustehenden Tribut. Es ist ein Wechselspiel der Naturgewalten, welches hier tagtäglich stattfindet. Strahlendblauen Himmel, auf dem Helios mit seinem Wagen unangefochten seine Bahn zieht, werden wir hier nur selten erleben. Das wäre auch zu einfach, zu monoton für diese „Wilden Inseln“ am Ende der Welt.

Davon unbeeindruckt weist der Bug unseres Passagierfrachters schnurgerade auf den Pier rechts am Ende der Bucht. Langsam drosseln die Maschinen den Schub und es schält sich aus dem graugrünen Wall, der sich gegen den wolkenversehenen hellblauen Himmel abhebt, eine Parade aus weißen Jachtmasten heraus. Das Graugrün weicht auf, die Konturen werden schärfer und präsentieren bald tropische Vegetation mit weißen Tupfern der Häuser oberhalb der Bucht, am Fuße der dicht bewachsenen Vulkanfelsen.

Vor uns stehen die Überreste eines Vulkans, der hier vor Jahrmillionen explodierte. Die nördlichen und westlichen Küsten bilden dabei mehr oder weniger die Hänge seines Kegels. Den Boden stellt die zentrale Hochebene To'ovi'i mit ihrer gemäßigten Vegetation dar, während der Nordwesten, der sich im Windschatten des Mont Tekao befindet, dem mit 1.224 Meter höchsten Gipfel, als arid bezeichnet werden kann. Hier liegt auch der Flughafen. Die östlichen und südlichen Teile des Riesenvulkans verschwanden gänzlich. Die sich von der Hochebene ins Meer ergießenden Flüsse schufen auf ihrem Weg Täler mit paradiesischer Fruchtbarkeit. Im Norden von Haka'ui stürzt der Wasserfall Te Vaipo 350 Meter direkt ins Tal. Wie ein von Maden zerfressenes Blatt sorgt Nuku Hiva mit einem Dutzend Buchten, mal unzugänglich, dann wieder einladend, mit senkrechten Felsen, tief eingeschnittenen Flusstälern für ein abwechslungsreiches, atemberaubendes Panorama, welches Herman Melville als Schauplatz für seinen berühmten Roman „Typee“ auserkor.

Um acht Uhr werden wir mit Bussen zur Ortsmitte gefahren und sind schon ganz gespannt, was uns erwartet. Wir besichtigen die Kathedrale Peter und Paul, das wohl berühmteste Gotteshaus auf den Marquesas. Es wurde in den Jahren 1973 bis 1977 erbaut. Die verschiedenfarbigen Steine stammen von mehreren Inseln der Marquesas. Ein riesiger Regenbaum beschattet einen Teil des Vorplatzes. Das Steintor, durch das wir die Anlage betreten, stammt aus der Vorderfront der alten Kirche, die wiederum auf den Grundmauern eines Marae, auf dem Menschenopfer stattfanden, errichtet wurde. Petrus und Paulus, meisterlich aus Holz geschnitzt, flankieren die Eingangstür aus Rosenholz (Hartholz, auch indisches Mahagoni – Colophyllum inophyllum) und geben einen ersten

Hinweis auf die Holzschnitzereien, die uns im Inneren der Kirche erwarten. Die hohe marquesanische Schnitzkunst im Kircheninneren überwältigt den Besucher förmlich. Die besten Holzschnitzer des Archipels schufen beeindruckende Kunstwerke wie die Kanzel, die Taufe Jesu, die Gottesmutter oder die reich verzierte Holzschüssel als Tabernakel. Die Kanzel stellt die vier Evangelisten Johannes, Matthäus, Lukas und Markus als Adler, Engel, Stier und Löwe dar. Ehrfürchtig bestaunen eigentlich alle Besucher die Schnitzwerke, wobei die wohl ausdrucksstärkste Szene das Gesicht des gekreuzigten Christus darstellt. Am Ende der Anlage steht eine Bronzestatue von Bischof R. I. Dordillon, der aufgrund seines Einfühlungsvermögens in die Kultur der Inseln und menschliche Wärme gegenüber ihren Bewohnern von diesen hoch geschätzt wurde. Er schrieb auch das erste marquesanische Wörterbuch. Eine Ausnahmeerscheinung in der Missionierung der Marquesas.

Eine Armada von Autos, fast alle japanische Pick-ups, steht zum Transport der Aranui-Gäste bereit. Die Aranui ist für die Menschen hier nicht nur der Transport-Dienst, sondern auch Wirtschaftsfaktor. Mit an Bord bei uns sind wieder Barbara und Kurt. Unser Fahrer Elias ist ein sympathischer Marquesaner, der eine Vanillezucht betreibt. Auf seinem eigenen Stück Land produziert er wenig, hat aber auf einem gegenüberliegenden Höhenzug Land für die Vanilleproduktion gepachtet. Er bedient sich zum Transport notwendiger Utensilien eines Pferdes, da die Wege sehr steil und die Lasten schwer sind.

Die Fahrt führt auf sehr steilen (25 %) Betonpisten über Taipivai nach Hatiheu auf der Nordseite der Insel. Wir machen mehrere Fotopausen und sind von der mehr als üppigen Vegetation völlig eingenommen. Sattgrün mit einem explodierenden Pflanzenwachstum. Die Natur ist gewaltig, es gibt einen Wasserfall zu bestaunen und uns bieten sich unterwegs herrliche Aussichtspunkte auf die Bucht von Taiohae, in der die Aranui 5 vor Anker liegt. Der durch das Tal von Taipivai fließende Fluss ergießt seine schlammigen Wasser in die Bucht und verfärbt das dunkle Blau des Meeres. Wir erfahren, dass es in den letzten Tagen stark geregnet hat.

Kurz vor Hatiheu besichtigen wir die ausgedehnte historische Stätte Kamuihei. Sie wurde erst im Jahre 1999 archäologisch erforscht und für ein Festival restauriert. Das Dunkel des Regenwaldes unterstreicht den mystischen Charakter dieser Kultstätte. Überall liegen riesige, graugrün bemooste Felsbrocken aus grauem Lavagestein. Aus ihm bestehen auch Plattformen, auf denen Zeremonien und Tänze abgehalten wurden. Die Felsen sind mit unzähligen Petroglyphen versehen, deren Bedeutung noch nicht endgültig erforscht werden konnte.

Es ist dringend geboten, sich vor den *Nonos*, den Sandfliegen, zu schützen. Hier kommen sowohl die mit weißen als auch die mit schwarzen Flügeln vor. Mit bloßem Auge kaum zu erkennen, können die schmerzhaften Stiche dieser Winzlinge bis zu zehn Tage anhalten und einem die Urlaubsfreude vergällen.

Jörg geht in seiner fachlich kompetenten Schilderung von Kamuihei förmlich auf und vergisst Raum und Zeit. Die KollegInnen scheinen von derselben Euphorie befallen, weshalb sich der vorgesehene Aufenthalt von einer Viertelstunde um gut eine Stunde verlängert. Dadurch muss die Freizeit in Hatiheu (Museum, Häuptlingsgrab) gestrichen werden. Anscheinend wurde einfach nicht daran gedacht, dass eine Erläuterung dieser historischen Stätte nicht in 15 Minuten zu bewerkstelligen ist.

Die Anlage wird beherrscht vom größten Banyanbaum der gesamten Marquesas, vielleicht von ganz Französisch-Polynesien. Der Umfang dieses Giganten wird auf 60, sein Durchmesser auf 15 Meter geschätzt. Der Banyanbaum gehört zu den Feigen (Ficus) und wächst epiphytisch in den Bäumen. Wenn die von ihm ausgehenden Luftwurzeln den Boden erreicht haben, wächst er schneller und stärker, da er nun nicht mehr auf das Substrat des Wirtsbaumes angewiesen ist, der später quasi erwürgt wird. Von einem durchgehenden Stamm kann zwar nicht die Rede sein, aber das nebeneinander wachsende und ineinander verwobene Wurzelwerk fügt praktisch eine feste, undurchdringliche Einheit. Auch in den höheren Etagen dieses gewaltigen Lebewesens scheinen die Äste unkontrolliert ineinander verwoben zu sein und mit Macht nach außen zu streben. Ein Wirrwarr für das Auge des Betrachters. Wenn er nur erzählen könnte – sein Alter wird auf mindestens 500 Jahre geschätzt. Wer kennt nicht die Bilder von Angkor Wat in Kambodscha, der größten Tempelanlage der Welt, wo die kunstvollendeten Sandsteinbauten von Luftwurzeln praktisch gefressen werden. Horrorszenarien bietet hier dagegen ein ins Wurzelsystem integriertes, circa zwei Meter tiefes Loch, in dem etliche menschliche Schädel und Gebeine entdeckt wurden. Zeugnisse von Menschenopfern, deren Körper vor der zeremoniellen Zerlegung und dem Verspeisen in den Ästen des Riesenbaumes aufgehängt wurden.

Für uns Europäer nur schwer vorstellbar? Denken Sie an das Autodafé (Ketzergericht und -verbrennung) der spanischen Inquisition, an die wahnwitzigen Hexenverbrennungen oder das Rädern unliebsamer Dissidenten in unseren Breiten. Die „geschlachteten“ Opfer wurden nicht verspeist, um satt zu werden. Die Polynesier glaubten fest daran, mit dem Verspeisen eines Teils des Körpers dessen „Mana“, also dessen psychische und physische Stärke, in sich aufzunehmen. An was glaubten die Europäer des Mittelalters, an was glauben manche Individuen heute noch?

Im Schatten des mächtigen Stammes vollführt eine männliche Tänzergruppe mit ausdrucksvoll-markigen Grunztönen und blitzenden Blicken den Schweinetanz. Die kräftigen Burschen bieten hier keine Show, sondern haben in diesen Tänzen einen Teil ihrer verloren gegangenen Kultur wiedergefunden.

Szenenwechsel!

Wir werden nach diesen schauerlichen Informationen zum Restaurant „Chez Mamie Yvonne“ gekarrt. Organisierter Urlaub bedeutet eben auch Informationen der verschiedensten Art. Es klingt noch in den Ohren, dass Menschen auch in Erdöfen gegart wurden – jetzt stehen wir vor einem und sehen zu, wie die heiße Erde und die schützenden Blätter darunter entfernt werden. Schwein gehabt, können wir erleichtert sagen. Die Schweine teilen den Platz im Erdofen mit allerlei Gemüse, Fisch, Obst und Brei.

Im traditionellen Erdofen werden Vulkansteine in großer Glut aus Holzfeuer erhitzt. Darauf werden alle möglichen Speisen gelegt, die vorher in große Blätter, vornehmlich Bananenblätter, eingewickelt wurden. Heute wird alles in große Drahtkörbe gelegt, die besser und einfacher abzudecken und herauszunehmen sind. Dann wird das Loch bis zum Rand mit Erde bedeckt. Der Garvorgang dauert mindestens fünf Stunden. Die Lebensmittel sind dann durch und durch gegart, wenn die über die Kisten gelegten und mit Erde und Matten bedeckten Bananenblätter weich geworden sind.

Mamie Yvonne, eine recht betagte (Alter natürlich unbekannt), aber immer noch frisch aussehende adrette Dame, hat’s drauf. Sie managt dieses Restaurant seit mindestens dreißig Jahren, das an Beliebtheit und Ansehen immer noch denselben Nimbus bewahren konnte. Das Schweinefleisch schmeckt zwar etwas rauchig (muss wohl so sein), das Ziegenfleisch dagegen hervorragend. Besonders der panierte Thunfisch ist eine Spezialität und wohl durch die Panade nicht so trocken wie sonst für Thunfisch üblich. Die Band legt sich mächtig ins Zeug und reißt einfach mit. Die Tänzerinnen versüßen den Nachtisch auf die ihnen eigene Art. Wir besichtigen noch die Kirche von Hatiheu, die mit ihren rotbraunen Turmhelmen, welche mit ihren Wülsten förmlich auf die weißen Ecktürme gestülpt zu sein scheinen, recht adrett aussieht. Das Mauerwerk besteht wieder aus verschiedenfarbigen Korallensteinen der gesamten Inselwelt.

Wohl gesättigt und durch die Band aufgewühlt, stellt die schaukelnde Rückfahrt nach Taiohae kein Problem dar. Vor dem Einchecken auf der Aranui 5 (bei jedem Landgang wird die Erkennungskarte (Budge) per Scan registriert) bleiben gerademal 20 Minuten für die Erkundung von Taiohae.

Zurück an Bord denken wir an das Buch „Blauwasserleben“ von Heike Dorsch und die gleichnamige Verfilmung. Nuku Hiva rückte im Oktober 2011 durch ein bestialisches Ereignis weltweit in die Schlagzeilen. Heike Dorsch und ihr Lebenspartner Stefan Ramin wähnten sich bei ihrer Weltumsegelung in Nuku Hiva am Ziel ihrer Träume. Sie schienen hier *die* Insel gefunden zu haben, von deren Einzigartigkeit sie immer geträumt hatten. Stefan Ramin ging mit einem Einheimischen auf die Jagd nach wilden Ziegen und kehrte nicht mehr zurück. Der Einheimische erzählte Heike eine wilde Geschichte und überwältigte sie bei der Suche nach Ramin im Dschungel, wo er die sterblichen Reste ihres Freundes verbrannt hatte. Sie konnte sich befreien und entkam durch das Unterholz bis zur Bucht, wo sie sich ins Wasser stürzte und zu Freunden auf einem Schiff schwamm. Eine unmenschliche, eine traumatisierende Begebenheit. Die Bildzeitung schrieb natürlich von Kannibalismus – was wäre auch Anderes von ihr zu erwarten. Solch grausige Geschehnisse ereignen sich auch bei uns durch kranke Menschen. Der Mörder Stefan Ramins wurde zu 28 Jahren Haft verurteilt.

Die Frachtmannschaft der Aranui 5 hat viel zu tun. Die Matrosen rackern bis in die Dämmerung, in der ich noch das Floß, mit allerlei möglichen Utensilien beladen, auf das Land zusteuern sehe. Von der Kommandobrücke, die praktisch den 56 Meter langen Frachtraum vom Passagierraum trennt, hat man auf Deck 10 einen erhabenen Blick auf das, was sich da unten so abspielt. Der 12 Meter tiefe Frachtraum speit, wie der aufgerissene Schlund eines Meeresungeheuers, die verschiedenartigen Gegenstände aus oder verschlingt die angelieferten Waren.

Die zu weißer Glut verdichtete Sonne schleudert ihre letzten silbernen Speere durch dicke, blaugraue Wolkenberge auf das Meer, bevor sie selbst unaufhaltsam in selbigem versinkt. Wir lösen uns von diesem Naturschauspiel und gehen in unsere Kabine, um uns für das Abendessen umzuziehen.

UA POU

Ua Pou

Die drittgrößte Insel der Marquesas besitzt eine Landfläche von 105 km^2 mit 2.500 Einwohnern (24/km^2). Der Hauptort ist Hakahau.

Von allen marquesanischen Inseln bietet sie die wohl dramatischste Silhouette. Wie überdimensionale Faustkeile streben etliche nackte Bergspitzen dem Himmel entgegen und erschließen sich dem Betrachter selten wolkenfrei in ihrer ganzen Pracht. Die beiden höchsten und gewaltigsten gaben der Insel den Namen „Zwei Säulen", was Ua Pou bedeutet. Der Mont Oave ist mit seinen 1.232 Metern der höchste Berg des Archipels.

Nur die von Flüssen geschaffenen, von üppiger Tropenpracht bewachsenen Taleinschnitte sind bewohnt; das Inselinnere und der Südosten sind menschenleer, der Norden und Nordwesten weisen größere aride Flächen auf.

Die Aranui 5 schafft die 45 km bis Ua Pou in zwei Stunden. Am Samstagmorgen, dem 6. Mai, schält sich um halb sieben Ua Pou wolkenverhangen aus dem Frühdunst. Aus den weißgrauen Wolken stechen spitze Bergzacken wie Rückenplatten eines längst ausgestorbenen Riesensauriers hervor, schaffen wilde Bergrücken eine abenteuerliche Kulisse für eine Fantasie-Welt.

Wir laufen den Hauptort Hakahau an. Leider sind die Wahrzeichen von Ua Pou, die beiden Pfeiler (wie so oft) nicht wolkenfrei zu sehen. Zwei Felsen, die scheinbar aus dem Nichts kerzengerade wie überdimensionale Meisel eines herkulischen Steinmetzen emporschießen. Sie wurden nach zwei mächtigen Kriegern benannt, Poutetanui und Puamaka. Jacques Brel, der bekannte belgische Chansonnier und Schauspieler, der auf Hiva Oa seinen Lebensabend verbrachte, verewigte diese Zuckerhüte in seinem Chanson „La Cathédrale“.

Die Crew beweist einmal mehr ihr Können, als sie in den zur See querliegenden Hafenbereich einfährt, dessen Mauer als Schutz vor der See dient. Die Vegetation ist im Vergleich zu Nuku Hiva geringer, Sträucher herrschen vor, aber die imposanten Zacken und die bergige Silhouette machen Ua Pou zu einer wunderschönen Insel. Um acht Uhr beginnen wir eine circa vierzigminütige Wanderung. Bis zum Ende der Bebauung ist die Strecke asphaltiert, danach folgen wir einem nicht befestigten Weg, der von bis zu fünf Meter hohen Büschen der Weißkopfmimose (Leucaena leucocephala) mit hellgrünen, gefiederten Blättern und kugeligen weißen Blüten gesäumt wird. Innerhalb der Hülsenfrüchtler gehört sie zur Unterfamilie der Mimosengewächse. Durch den sehr dichten Bewuchs verdrängt sie als invasive Pflanze einheimische Arten und verwehrt uns obendrein noch Blicke auf die Landschaft. So können wir erst am höchsten Punkt, den ein großes weißes Kreuz ziert, einen traumhaften Rundumblick genießen. Das Inselinnere wirkt hier wellig und samtig grün mit den allgegenwärtigen Bergzacken im Hintergrund. Die weit verstreuten Häuser bilden weiße Tupfer in einem grünen Pflanzenmeer. Wir kehren zurück und verbringen die nächsten zwei Stunden in Hakahau, das weitläufig, sauber und geordnet erscheint. Im *Centre culturel artisanal* entscheiden wir uns für einen kleinen Tiki (s. Kultur) für 5.000 XPF (42,- €) aus dem berühmten *Blumenstein*, der sonst nur noch in Brasilien vorkommen soll. Er hat ein angenehmes Rehbraun mit ockerfarbenen Punkten und gehört zu der vulkanischen Gesteinsart Trachyt. Wir bestaunen die Holzschnitzarbeiten aus schwerem Rosenholz oder fein ziselierten Knochen.

Diese Meisterwerke der Holzschnitzkunst sind auch in der Kirche zu bewundern. Sie wurde 1859 als erste Steinkirche auf den Marquesas erbaut. Die architektonisch interessante Decke ist neu entworfen. Früher war sie türkis und traf wohl nicht jeden (touristischen) Geschmack. Dazu muss man wissen, dass die Farbe Türkis für Maria, die Himmelskönigin, steht. Die heutige Decke besteht aus filigran anmutenden weißen Stahlträgern, zwischen denen hellbraune Holzpaneelen verfugt wurden. Die Kanzel fasziniert mich. Ihre weit ausladende, sich nach oben verjüngende, graubraune Basis ist aus einem Stamm gearbeitet und stellt verschiedene Meerestiere dar, über die bis zur Hälfte ein Netz ausgeworfen ist. Auf der Oberfläche ruht die teakfarbene Kanzel, deren Sockel das Meer darstellt und das Holzschild den Schiffsbug, der wiederum aus einem massiven Stamm herausgearbeitet ist, neben dem sich als Kerzenständer ein wunderbar gedrechseltes, geschwungenes Tau anlehnt. Ein Unikat, das den Meisterwerken in der Kathedrale von Taiohae in nichts nachsteht. Der gekreuzigte Christus sucht in Ausdrucksform und Schnitzkunst ebenfalls seinesgleichen. Tief beeindruckt verlassen wir diesen Ort der Ruhe und Beschaulichkeit.

Auf einem leicht erhobenen, durch einen Steinwall befestigten Rasenplatz, dem Pae Pae (Festplatz), demonstriert uns eine Tanzgruppe von Frauen und Männern ihr Können. Sie soll laut Jörg eine der besten der Marquesas sein, dem wir nach der Vorführung unumwunden zustimmen. Die Frauen bieten einen hervorragend choreografierten, graziösen Tanz, bei dem sich auch junge Mädchen versuchen dürfen. Die Männer demonstrieren einen beeindruckend-kraftvollen Schweinetanz. Wie schon am Banyanbaum festgestellt, ist dies keine Show. Diese Menschen haben, nachdem die Kolonisation ihre Kultur und Gesellschaftsstrukturen völlig zerstört hat, durch die neuzeitliche Lockerung ihre kulturellen Wurzeln neu entdeckt, ausgegraben aus dem Schutt der kolonisatorischen Eruption.

Ich trinke den Inhalt einer Kokosnuss für 200 XPF (1,70 €). Der Kokossaft schmeckt wunderbar, der Inhalt beträgt geschätzt einen dreiviertel Liter. Von halb zehn bis elf Uhr schwimme ich in der Bucht, deren Wasser nicht klar, sondern grünlich erscheint. Es gibt auch Strände auf den Marquesas – entgegen der vorherrschenden Meinung –, sogar mit feinem goldfarbenem Sand. Sie sind zwar die Ausnahme, aber es gibt sie. Ich muss mich vor den Jungs in Acht nehmen, die hier mit ihren leichten, sehr schnellen Auslegerkanus wild paddelnd ihr Training absolvieren. Ich schwimme von einer Seite der Bucht bis zur anderen und merke dabei sehr wohl, dass die Wellen nach der schützenden Hafenmauer schnell höher werden.

Das Mittagessen nehmen wir heute wieder im Dorf ein. Als wir nach dem Quai auf die Straße abbiegen, hören wir fröhlichen, von der Ukulele und Trommeln unterstützten Gesang. Drei Frauen singen „Chevalier de la table ronde“. Rita kennt das Lied aus ihrer Schulzeit und singt und tanzt begeistert mit, was die Musikantinnen hocherfreut.

Um zwölf Uhr genießen wir das Büfett bei *Tata Rosalie*. Es ist sehr gut angerichtet und besteht aus sechs unterschiedlichen Speisen, von denen mir besonders das gebratene Schweinefleisch mit der hervorragenden dunklen Sauce mundet.

Bei der Rückkehr musizieren die Frauen immer noch. Rita wird wiedererkannt und sofort eingeladen, zur Musik zu tanzen, was sie annimmt. Dazu gesellt sich schnell ein junger Insulaner und die beiden tanzen ausgelassen zu den schönen folkloristischen Rhythmen. Schweißgebadet verabschiedet sich Rita nach einer Weile von den Frauen und dem Mann, die sich bei ihr bedanken und noch eine gute Zeit auf der Insel wünschen.

Es ist wieder extrem heiß und abends sehr schwül. Am Nachmittag hängen dunkle Wolken über den hohen Bergzacken, wo es garantiert regnet.

Ich erfahre aus einem Reiseführer die Legende von der Erschaffung der Marquesas und drucke sie im selben Wortlaut hier ab:

Am Anfang war Oatea, Vater Himmel und Atanua, Mutter Erde. Sie waren ein zufriedenes Paar. Und Atanua sagte eines Tages: „Oatea, bau' uns ein Haus für unsere zukünftigen Kinder, die Menschen." Oatea antwortete nicht, aber er dachte nach: „Ich weiß nicht, wie man ein Haus baut, aber ich werde mein göttliches Mana nutzen und die Götter um Hilfe bitten."

Am nächsten Tag antwortete Oatea: „Die Götter haben mir den Weg gewiesen. Heute Nacht werde ich beginnen, es zu bauen."

Atanua begann ein Lied zu singen. Hinaus in das dunkle, stille Nichts: „Ake oe e aka Poto..."

Tuaka in der Mitte des Ozeans war der gewählte Platz für das Haus. Und als erstes entstand Ua Pou, „die zwei Pfeiler". Die zwei Grundpfeiler der Konstruktion. Dann erschuf er Hiva Oa, den „Dachbalken" und Nuku Hiva, die „Dachlattung", Fatu Hiva, „Neun Blätterreihen bedecken das Dach", Motu Hane ist der „frühe Vogel", der den Tag ankündigt und Tahuata der „erste Sonnenstrahl am Horizont", Ua Huka die „Grube mit dem Bauschutt".

Das Werk war vollbracht und Atanua fing erneut an zu singen:
„Ei, ei, ei, ua ao ua ao." Es entsteht Eiao, die letzte der Inseln.
Die Sonne steigt auf und erleuchtet das Land!

Die Bewohner Ua Pous zählten zu den gewalttätigsten des gesamten Archipels. Etienne Marchand, der als erster Europäer hier ankerte, erfuhr eine freundliche Begrüßung. Demgegenüber wurde später ein englisches Schiff komplett ausgeraubt und ein Teil der Mannschaft verspeist. Ua Pou widersetzte sich der Missionierung, die bereits im 19. Jahrhundert auf den anderen Inseln einsetzte, erfolgreich bis zum Tod seines mächtigen Stammesfürsten Te Atua Heato, der nicht tatauiert (s. Tatauierung, Kultur) gewesen sein soll. Ihm wurde nachgesagt, nicht tatauierte Menschenopfer besonders gerne zu verspeisen. Das verprellte sogar die Missionare. Er soll überirdische Kräfte besessen und in ständiger Fehde mit allen übrigen Stämmen gelegen haben. Sein Grab in Hakamoui wird als das größte Heiligtum Ua Pous verehrt. Sein Sohn Teikitaiuao führte die Stammeskämpfe erfolgreich fort und konnte schließlich alle Stämme unter seiner Herrschaft zusammenführen, was auf den Marquesas als einmalig zu bezeichnen ist. Das nutzte ihm trotzdem nicht viel. Als die eingeschleppte Pockenepidemie die Insulaner dahinraffte, wurde er zu einem „Häuptling ohne Volk".

Noch etwas Originelles:

Die Start- und Landebahn des Flughafens auf Ua Pou ist nicht eben, wie das allgemein üblich und auch nützlich ist. Sie fällt zum Meer hin ab. Wer jetzt denkt, das wäre sowohl für den landenden als auch startenden Piloten von Vorteil, irrt. Pragmatisch denkende Menschen wie ich würden sich schnell freuen. Ach prima, dann schone ich beim Landen die Bremsen – oder kann beim Starten bergab richtig Gas geben. Dem ist leider nicht so. Fallwinde stellen beim Landeanflug ein echtes Problem dar und erfordern große Erfahrung, wie auch beim Starten, da sie das Flugzeug auf die Landebahn drücken. Zurzeit gibt es wohl nur zwei Piloten, die dieses Phänomen beherrschen. Wird einer krank, fällt der Flug mangels geeigneten Personals aus.

Hiva Oa

Mit den oft genannten 387 km^2 Fläche wäre sie die größte Insel der Marquesas, obwohl diesen Rang Nuku Hiva innehat. Deshalb gebe ich die Größe mit 320 km^2 an, wie in einigen Quellen dokumentiert. Die Einwohnerzahl wird mit 2.600 angegeben, was 8 Einwohnern pro km^2 entsprechen würde. Der Hauptort ist Atuona. Die Form der Insel erinnert an ein Seepferdchen. Die höchste Erhebung ist der Mont Temetiu mit 1.190 Metern (wiederum verschiedene Höhenangaben). Schlammtöpfe und Solfatare (heiße Gase) zeugen im Südwesten bei Taaoa noch von der vulkanischen Geburt.

Tahuata

Die Schwesterinsel von Hiva Oa liegt nur vier Kilometer von deren Südspitze entfernt, hat eine Landfläche von 61 km^2 mit 700 Einwohnern und damit 11 Einwohner pro km^2. Der Hauptort Vaitahu liegt südwestlich unterhalb der höchsten Erhebung, dem Mont Tumu Mea Ufa mit 1.050 Metern.

Die Aranui 5 nimmt wieder Rücksicht auf uns, sodass wir den Hafen von Puamau im Südosten von Hiva Oa morgens anlaufen. Ihre Felsformationen sind nicht so spektakulär und geheimnisvoll wie auf Ua Pou. Es gibt keine wild verwobenen Bergzacken oder Zuckerhüte. Auch keine zerzausten Wolkenbänke – liegt es vielleicht am Wetter? Die Silhouette gleicht eher einer Reihe kleiner Zähne, die sattgrüne Landschaft mit nackten Felsen an der Küste erscheint mir offener als auf Nuku Hiva, weist aber wie diese Hochplateaus im Inselinneren auf. Die Einwohner sprechen einen eigenen Dialekt, der teilweise so unterschiedlich zu den übrigen Marquesanern ist, dass er als eigene Sprache angesehen wird.

Beim Anlanden mit der Barge geschieht das Missgeschick: Die sonst sehr aufmerksamen Seebären der Aranui, die die Passagiere immer sehr vorsichtig auf den Quai bugsieren, sind gerade bei Rita eine Sekunde unachtsam, sodass sie sich das Schienbein an einer der Treppenstufen aufschlägt. Die Bordärztin ist Gott sei Dank sofort zur Stelle und tut das einzig Richtige, indem sie die Wunde mit Spray vereist. Meine ansonsten recht wehleidige Frau verhält sich sehr tapfer und steckt die Verwundung wie ein Fußballprofi weg, dem mal kurz in die Hacken getreten wurde. Die Wunde erweist sich auch später nicht als Handicap.

Wir besuchen die Messe in der kleinen, schmucklosen Kirche von acht bis neun. Einmal mehr muss ich einige Reiseführer korrigieren, in denen darauf hingewiesen wird, dass die Einheimischen im besten Sonntagsstaat – Frauen in weißen Kleidern und prächtigen Hüten, Männer in feinem Zwirn – den Gang zur Kirche antreten. Die Frauen sitzen ohne Hüte und weiße Kleider in den Bänken, die wenigen Männer tragen T-Shirts und normale Hosen. Die Predigt wird von einer Frau gehalten. Filmwütige Passagiere der Aranui 5 kennen kein Pardon und machen sogar Aufnahmen während der heiligen Wandlung und Hostienausgabe! Die Kirchenlieder werden mit Inbrunst gesungen und erfüllen den kleinen Raum mit hellen, warmen Tönen. Diese Feierlichkeit geht unter die Haut. Die Ukulele darf natürlich nicht fehlen; diese Sangesfreude steckt den Menschen hier einfach im Blut.

Auf dem Weg zur Kultstätte Te I'ipona präsentiert sich eine überbordende Fülle an Pflanzen mit Früchten und Blüten und ich denke tatsächlich zum ersten Mal an ein fiktives Paradies. Es ist recht trüb und ein kurzer Regenschauer befeuchtet die bekannteste Kultstätte der Marquesas. Große Bäume umgrenzen das weitläufige Areal mit kurz gehaltenem Gras und roten Ti-Pflanzen. Ihnen werden magische Kräfte zugeschrieben; mit ihnen werden Häuser verziert oder Lendenschürze für die Tänzer hergestellt. Insgesamt vier Plattformen und elf Tiki unterschiedlicher Größe befinden sich auf dem Terrain, das an einem leicht ansteigenden Hang liegt. Zwei große Tiki haben diese Fundstätte, die um die Mitte des 19. Jahrhunderts entdeckt wurde, so bekannt gemacht. Der zwei Meter hohe Taka'i'i (rot vor Zorn) soll eine Art Wächter oder auch Häuptling dieser Kultstätte sein. Sie soll dem Stamm der Na'iki gehört haben. Als diese einen Häuptling des Stammes der Etu'oho gefangen nahmen und opferten, kam es zwischen diesen Stämmen zum Krieg. Die Na'iki unterlagen und flohen in ein anderes Tal.

Ein liegender Tiki ist von enormer Ausdrucksstärke. Er stellt eine gebärende Frau dar, die bei der Geburt stirbt. Die riesigen Augen, der weit aufgerissene Mund lassen die Qualen erkennen. Es handelt sich um Maki'i Tau'a Pepe, die „Schmetterlings-Priesterin". Ihr Mann war der berühmte Steinmetz Manuiota'a und hat diese Figur selbst geschaffen sowie einige andere Tiki in dieser Anlage. Burgl Lichtenstein hat seinen Namen als Titel für ihren kulturell sehr ins Detail gehenden Reisebericht über die Marquesas gewählt. Frauen, die während der Geburt sterben, wurden auf den Marquesas verehrt und als Göttinnen angesehen. Es gab vielerorts Schreine (Tokai), auf denen Opfer für diese Frauen, also ihrem Geist, dargebracht wurden. Der Bau der Anlage wird auf den Zeitraum zwischen 1700 und 1750 datiert.

Um kurz nach elf lichtet die Aranui 5 die Anker und sticht nach Tahuata in See. Das Wetter hat sich geändert – es ist wieder sonnig und heiß. Wir umschiffen den östlichen Zipfel von Hiva Oa und pflügen durch die See. Die Fahrt führt an felsiger Küste in dunklen Brauntönen mit hellbraunen Tupfern entlang. Unterbrochen wird sie von wenigen grünen Farbtupfern, die wie Gärten an der kargen Felswand kleben. Die Brauntöne ändern sich mit dem jeweils einfallenden Licht.

Beim Mittagessen (perfekt angerichtetes Hühnchen), das wieder einmal hervorragend mundet, erweitern wir unseren Aranui-Bekanntenkreis um einen geistig wie körperlich absolut fitten 84jährigen Tasmanier mit einer interessanten Lebensgeschichte. Er verließ 1959 die Familie in Ostdeutschland, drei Brüder und drei Schwestern, und hat in Tasmanien eine aus Irland stammende Frau geheiratet. Damals hatte Tasmanien 364.000 Einwohner, heute lebt dort eine halbe Million. Auf die lange Zeitspanne betrachtet, hat sich die Bevölkerung nicht so stark wie anderswo auf der Welt vermehrt. Das Land scheint wohl auch am Ende der Welt zu liegen. Beim Einchecken auf der Aranui 5 wurde mehrmals die Frage nach einem grünen Koffer gestellt. Er gehörte ihm und wurde von einem unachtsamen Mitarbeiter des Hotels, in dem er übernachtet hatte, beim Auschecken in die falsche Ecke gestellt. Während seiner Erzählung stellen wir belustigt fest, dass ihm auch der Humor in seinem langen Leben noch nicht abhandengekommen zu sein scheint. Er nahm die drei Tage, in denen er nur aus dem Handgepäck leben musste, mit stoischer Gelassenheit wahr und ließ sich die Urlaubslaune nicht vermiesen. Für das Hotel entwickelte sich daraus eine teure Angelegenheit: Der Koffer wurde mit einem Flugzeug extra nach Nuku Hiva transportiert.

An der Südküste entlang steuert die Aranui 5 Vaitahu auf Tahuata an. Die kleine Insel mit ihrem zwar kleinen, aber feinen Dorf, ist ein zentraler Punkt auf den Marquesas, da an ihrer Küste viele Seefahrer der großen Seemächte landeten. Die Franzosen errichteten sogar ein Fort, das aber heute völlig zerfallen ist. Die Steinstufen am Eingang der neu errichteten katholischen Kirche mit den wunderschönen Fenstern über dem Altar stammen von ihm. Ihre Türen sind aus Tamanu-Holz. Es gibt meisterlich geschnitzte Skulpturen und die Kanzel direkt vor dem Altar ist aus einem Stück Stamm geschnitzt. Auf dem Kunsthandwerkermarkt, den wir später besuchen, sehen wir Meisterstücke aus Rinderknochen, aber auch aus Pottwalzähnen. Die Pottwale wurden aber nicht gejagt; es handelt sich um gestrandete und verendete Exemplare. Die Stücke sind teurer als die in Ua Pou. Am Hafen wartet eine große Menge an Waren auf die Aranui 5, das Wasser ist auch direkt am Pier glasklar, sodass man Fische auch etwas tiefer einwandfrei erkennen kann. Tahuata besitzt übrigens einige weiße Strände.

Das Abendessen wird heute auf Deck 7 kredenzt. Das Büfett ist reichlich gedeckt und eine musikalische Umrahmung gibt dieser „Plancha Night“ den letzten Schliff.

Fatu Hiva

Fatu Hiva

Auf den 84 km^2 wohnen 800 Personen, was 10 Einwohnern pro km^2 entspricht. Der Hauptort heißt Omoa. Die höchste Erhebung ist der 1.125 m hohe Mont Touaouoho.

Fatu Hiva und Ua Pou wetteifern um die Formen und Farben der mit tropischem Regenwald besetzten Basaltkegel und sind beide doch wieder anders. Unzugängliche Buchten, schroffe Felswände und enge Spalten in tiefen Schluchten weisen ab. Die palmenbesetzte Bucht von Hanavave, mit den gewaltigen Felsformationen im Hintergrund und fast unwirklich schönem Farbenspiel vor der untergehenden Sonne, zieht an. Sie ist vielleicht die wildeste der Marquesas. Nicht umsonst unternehmen wir gerade hier eine kräftige Wanderung von 16 Kilometern.

Am sechsten Tag unserer Reise besuchen wir Fatu Hiva und gehen vor dem Hauptort Omoa vor Anker. Die Sportiven unter den Passagieren – das Durchschnittsalter liegt bei dieser „Rentnerband en Gros" gefühlt ab 65 aufwärts – erwartet nach der Besichtigung von Omoa eine echte Herausforderung: eine Wanderung von 16 Kilometern über einen Höhenzug mit 600 Höhenmetern nach Hanavave mit der gleichnamigen traumhaften Bucht. Zudem hat es in den letzten Tagen viel geregnet und der nicht asphaltierte Streckenteil wird schlammig sein.

Omoa ist ein kleines, recht gepflegtes Dorf, hauptsächlich aus einer Durchgangsstraße mit wenigen Abzweigungen bestehend. Am Ortseingang sehen wir einer Frau bei der Tapa-Herstellung zu.

Als Tapa werden Stoffe aus Rindenbast bezeichnet, deren Herstellung nach der Besichtigung des Kunsthandwerkermarktes von einer Frau demonstriert wird. Danach führt sie uns in die Kunst des „Umu hei" ein, des allgegenwärtigen Kopfschmucks aus Blüten, Blättern und Gräsern. Als touristische Einnahmequelle werden die Tapa-Stoffe bemalt und dienen dekorativen Zwecken. Hauptsächlich Maulbeerbäume, aber auch Banyan oder Brotfruchtbäume, werden zur Herstellung verwendet. Dafür wird die Rinde an diesen Bäumen großflächig entfernt und der Rindenbast, der sich unter der äußeren Borke befindet, abgelöst. Maulbeerbast liefert helle bis weiße Tapas, während die Tapas der anderen Baumarten bräunliche bis orangefarbene Töne aufweisen. Der Rindenbast wird zuerst stark gewässert und dann mit einem Holzknüppel aus Eisenholz, in den Riefen geritzt wurden, breitgeklopft. Als Unterlage dienen geschliffene Steine oder Holzbalken. Dadurch wird die Fläche nicht nur vergrößert, sondern die Fasern verfilzen miteinander und machen den Stoff erst haltbar und reißfest. Es ist eine mühselige Arbeit, die den Frauen obliegt. Für ein Meterstück benötigt diese Frau mindestens zwei bis drei Stunden. Mich wundert, dass die Frau das Eisenholz als „Sapin" (Tanne) bezeichnet.

In der großen Halle des Kunsthandwerkermarktes bieten wahre Meister ihre hochinteressanten Kunstwerke an. Vor dem Eingang der großen Halle werden wir von unserer Crew mit fruchtigen Köstlichkeiten verwöhnt. Kokosnussfleisch in verschiedenen Varianten, Ananas, Papayas, Mangos, Sternfrüchte und Kokoskuchen finden reißenden Absatz. Dazu Fruchtsäfte vom Feinsten. Derart gestärkt besuchen wir die einzelnen Stände und bestaunen ihre dekorativen Auslagen. Die Schnitzfiguren bestehen wieder aus sehr schwerem Rosenholz und Knochen. Die Preise sind angemessen. Für ein circa einen Meter langes Auslegerkanu werden 150.000 XPF (1.250 €) verlangt. Es gibt nicht unerhebliche Preisunterschiede bei den Anbietern. Man kann auch handeln, sollte es aber aus moralischen Gründen nicht tun, da hinter den Kunstwerken sehr schwere (Tapa) und langwierige Arbeit steckt. Wir erstehen ein Tapa aus dunklerem Braun, das eine tätowierte Frau bei der Tapa-Herstellung zeigt.

Um viertel nach zehn trifft sich die aus vielleicht 30 Personen bestehende Wandergruppe zum Start von Omoa nach Hanavave, wo unser Luxusdampfer vor Anker liegen wird. Es ist feuchtheiß und Regen liegt in der Luft. Schweißtreibend geht es gleich zu Anfang auf steiler (bis zu 18 %), asphaltierter Strecke zur Sache. Die dichte Vegetation lässt ab und an Blicke auf das bereits tief unter uns liegende Omoa frei und ich begeistere mich an der tropischen Vegetation des Tales und der an seinen Flanken aufsteigenden Hügel. Das Feld zieht sich bald auseinander. Ich marschiere mein Tempo und bewege mich im ersten Viertel, während Rita zurückfällt. Schweißgebadet denke ich an eine wichtige Funktion unserer Augenbrauen, die ich vom Rennradeln her kenne, wenn ich zum Beispiel den Mont Ventoux hochschnaufe: ihre Aufnahmefähigkeit. Sie nehmen den Schweißfluss der in ganzer Breite über die Stirn fließenden Tropfen bis zu einem gewissen Maß auf. Stete Wischbewegungen der anderen über die Brauen bestätigen mir diesen Aspekt. Nach rund zwei Kilometern geht der Asphalt in eine rostbraune Schlammpiste über. Unsere knöchelhohen Trekkingschuhe bewähren sich. Auf den steilsten Abschnitten wechsele ich an den Wegrand und marschiere in hohem Gras, da auf der Piste die Gefahr besteht, sogar mit den hohen Schuhen einzusinken. Ein zwar kurzer, aber kräftiger Regenschauer verstärkt diese Schlammschlacht noch. Nasser werden wir durch den warmen Tropenschauer nicht. Ich muss aber den Regenschutz über meinen Rucksack stülpen, damit nicht alle sich darin befindenden Utensilien das gleiche Schicksal erfahren. Sogar die Pick-ups unserer Versorger, die Getränke und Essen nach oben transportieren, geraten ins Schlingern oder Rutschen. Jörg sagt später, so schlimm wäre es noch nie gewesen. Eine Frau wird mit Flip Flops ertappt – die Unvernunft in Person. Sie marschiert aber weiter und wird nicht zur Notbremse.

Ich bin um fünf nach zwölf oben, Rita zehn Minuten später. Auf dem Scheitelpunkt – wir haben immerhin 600 Höhenmeter überwunden – gibt es mit Thunfisch- oder Eipaste, Senf, Tomaten, Cornichons, Gurkenscheiben und sehr feinem Schinken gefüllte schmackhafte Baguettes. Dazu werden Mangosaft oder Kaffee angeboten. Im Gebüsch sehe ich wilde Guaven, die ich probiere und als säuerlich, aber sehr gut empfinde. Der Abstieg dauert etwas über zwei Stunden. Die Regenfront hat sich Gott sei Dank verzogen. Wir legen ob der phantastischen Ausblicke und Natur mehrere Pausen ein. Am Anfang ist die hügelige Landschaft nur spärlich bewachsen. Ein Stacheldrahtzaun weist auf die Ziegen- und Rinderhaltung hin. Danach beginnt der spektakuläre Abstieg ins Tal von Hanavave. Nachdem wir die atemberaubende Aussicht auf das Meer und die tief unten vor Anker liegende Aranui 5 genossen haben, wird aus dem bis dahin unbefestigten Feldweg, der aus dunkelbrauner bis schwarzer Erde besteht, ein betonierter Weg mit unheimlich starkem Gefälle (25 % und mehr) in das tiefe Tal, was gehörig in die Knie geht. Wir laufen regelrecht schräg nach hinten gebeugt hinunter. Ein tief hinabstürzender Wasserfall in der Ferne unterstreicht die wild-romantische Landschaft. Die grauschwarzen Formationen aus vulkanischem Fels, dazu das helle bis tiefdunkle Grün ergeben ein urzeitliches Farbenpanorama, das schöner nicht sein könnte. Tief unten im Tal wartet das Hafenbecken von Hanavave auf uns. Die Landschaft wird traumhaft schön mit Kokosnussplantagen, Zitronen, Pampelmusen und sonstigen Früchten. Die *Singapur-Daisy* (s. Flora) überwuchert alles bis zu einem Meter Höhe und taucht die Plantagen in ein saftiges Grün mit gelben Blüten. Ich erlebe zum zweiten Mal (nach Hiva Oa vor der Kultstätte) eine Assoziation zum Paradies. Im Tal angekommen wandern wir auf nun sanft abfallender und manchmal steigender Strecke über ein Flussbett, an einem grasenden Pferd vorbei und nähern uns den ersten Anwesen mit Gärten voller Blumenpracht.

Die Leute, welche an der Bucht ihre Waren zum Transport mit der Aranui 5 bereithalten, wirken sehr verhalten, manche haben entstellte Gesichter. Keine Fröhlichkeit, keine Freundlichkeit ist zu erkennen. Das bestätigt, was ich bereits gehört und gelesen habe. Die Bewohner von Hanavave sollen besonders unnahbar, verschlossen und abweisend sein und ein Leben in völliger Zurückgezogenheit führen, woran die Kirche eine Mitschuld trage, da sie den Leuten den Kontakt zu Fremden verboten haben soll. Ein weiteres Indiz wäre Inzucht.

Der weltbekannte Archäologe, Ethnologe und aus tiefster Seele Abenteurer Thor Heyerdahl wollte sich auf dieser Insel den immer gehegten Traum vom „Leben in freier Natur" verwirklichen. Seine bedauernswerte Frau Liv teilte sein Leben mitten in dieser Wildnis (im Guten wie im Schlechten). Sie ernährten sich nur von Früchten und Kräutern und verzichteten auf jede Art von Medikamenten, was beinahe in einem Fiasko geendet hätte. Für Insekten, Nonos und sonstige Krabbeltiere stellten die beiden wiederum eine willkommene Nahrungsquelle dar. Völlig zerstochen, mit Pusteln und offenen Wunden versehen, schafften es die beiden auf einem maroden Rettungsboot nach Hiva Oa, wo sie gesund gepflegt wurden. Sie wiederholten dieses lebensmüde Experiment nie mehr. Fazit: Als geheilt entlassen (im sprichwörtlichen Sinne).

Wir erleben einen traumhaften Sonnenuntergang vor der Bucht von Hanavave. Die vielen steilen Felsen dieser Bucht verglichen die Entdecker mit dem männlichen Glied und nannten sie „Baie des Verges“ – Penisbucht. Den Missionaren gefiel das nun überhaupt nicht, weshalb sie geschickt ein „i“ einflochten und daraus die „Baie des Vierges“ machten – Bucht der Jungfrauen. Es könnte nicht gegensätzlicher sein!

Die Sonnenuntergänge vor dieser Bucht müssen tatsächlich spektulär sein, da sogar die drei jungen Offiziere sich dieses Naturschauspiel nicht entgehen lassen. Das Farbenspiel der Bucht von Hanavave wechselt durch unterschiedliche Sonneneinstrahlung die Farbkompositionen fast ins unnatürlich Anmutende. Hoch auf Deck 10 mache ich das schönste Foto aller Sonnenuntergänge der verschiedenen Buchten und definiere für mich diese Bucht als die schönste, die ich auf den Marquesas erlebt habe.

Die Dropbox rödelt derweil weiter. Wir haben aber auch schlechten oder gar keinen Internetzugang. Irgendwie macht es uns gar nichts aus. Auf dem abgeschiedensten Archipel unseres Planeten braucht man auch nicht unbedingt Internet – wir genießen unseren Urlaub und lassen das Weltgeschehen außen vor.

Bei der abendlichen Reisegruppenbesprechung vertritt Jörg die Ansicht, dass es den Polynesiern zur Zeit der Atombombenversuche wirtschaftlich gut gegangen sei, da 30.000 französische Soldaten, teilweise mit Familien, stationiert gewesen wären. Er selbst habe noch nie einen richtigen Zugang zu einer polynesischen Familie gefunden, was auch ganz selten vorkäme, da sie in sich geschlossen und zurückhaltend seien. Haustieren (in erster Linie den Hunden) gegenüber würde kein richtiges Mitgefühl entwickelt. Viele wären grobschlächtige Bauern und wenig gefühlvoll. Ich habe zwar einige Kettenhunde gesehen, aber keine misshandelten Tiere. Ich bin der Meinung, dass hier differenziert werden sollte, da der Kapitän der Piroge in der Lagune von Bora Bora das Gegenteil beweist, indem er seinen krebskranken Hund sogar operieren ließ. Dem Hund musste ein Auge entfernt werden und er wird nicht mehr lange zu leben haben. Trotzdem hat der Mann eine wohl nicht billige Operation für seinen treuen Freund finanziert.

Hiva Oa und Tahuata zum Zweiten

Die Aranui 5 muss auch ihrer Funktion als Frachtschiff gerecht werden und beliefert auf Hiva Oa zwei Häfen. So können wir dieser Insel wieder einen Besuch abstatten und den Hauptort Atuona kennenlernen, der als Zentrum der südlichen Marquesas gilt.

Wir ankern im Hafen von Tahauku, das durch eine Landzunge von Atuona getrennt wird. Zuerst besichtigen wir den Friedhof von Atuona, auf dem die beiden zweifellos bekanntesten Einwohner dieser Insel ihre letzte Ruhestätte gefunden haben: Paul Gauguin und Jacques Brel. Die Sportiven machen sich auf Schusters Rappen zu einer fast anderthalbstündigen Wanderung dorthin auf. Die überwiegende Mehrheit, also sonstwie Verhinderte, Fußkranke oder Elderlies, werden mit Trucks gekarrt. Wir marschieren zuerst auf recht steiler Straße an sehr schön gelegenen und gepflegten Häusern mit traumhafter Aussicht vorbei. Viele sind auf Stelzen an den Hang gebaut und besitzen eine große Terrasse, auf der die tolle Sicht auf den Hafen und die Bucht von Atuona genossen werden kann. Die Felsinsel Hanakee liegt dreihundert Meter vor dem Strand. Sie erinnert mich an die Île d'If vor dem Hafen von Marseille (Der Graf von Monte Christo, Alexandre Dumas). Nach den letzten Häusern geht die Straße in einen betonierten, engen Weg über, der an vielen Stellen von hohem Gras und niedrigem Buschwerk überwuchert wird.

Das Grab von Paul Gauguin unterscheidet sich schon durch das dunkle Vulkangestein von den meist mit weißen Steinen eingefassten Gräbern. Über die Einzigartigkeit seiner Malkunst kann diskutiert werden. Die Farben sind klar und ausdrucksstark. Die *Motive* waren im Europa seiner Zeit einzigartig und weckten wohl wieder die Sehnsüchte nach paradiesischem Leben, dem auch er lebenslang nachlief, aber nicht wirklich erlangte. Vielleicht lag es auch an seinem Charakter, seiner Persönlichkeit. Er galt als schwieriger Mensch mit Hang zu opportunem Verhalten, provokant und polemisch. Der begnadete Schriftsteller Somerset Maugham beschreibt in seinem Werk „Silbermond und Kupfermünze" einen genialen Maler, stellvertretend für andere Künstler, der gegen die vorherrschenden Konventionen seinen Weg unbeirrbar fortschreitet. Der

Protagonist Mr. Strickland weist unverkennbar die charakterlichen Eigenschaften Gauguins auf. Eines Menschen, der nur sein eigenes Ego in den Vordergrund stellt und deswegen mit der Gesellschaft hadert. Seine Südseeträume erfüllt eine dreizehnjährige Polynesierin. Unser Reiseführer Jörg vertritt dazu eine interessante Meinung: Er musste sich eine nach unseren Vorstellungen minderjährige Frau aussuchen, da zu diesem Zeitpunkt die Geschlechtskrankheit Syphilis bei den erwachsenen Polynesiern durch die Kolonisierung weit verbreitet war. Quod erat demonstrandum.

Anders Jacques Brel: Er machte sich mit seinem kleinen Flugzeug – er war leidenschaftlicher Pilot – nützlich. Mal transportierte er Post auf den Marquesas, mal flog er Kranke in das nächste Krankenhaus. Solch soziale Dienste und Hilfsbereitschaft geraten auf den Marquesas nicht in Vergessenheit und auch heute noch wird sein Name liebevoll genannt. Nach seinem Tod in Bobigny bei Paris wurde sein Leichnam nach Hiva Oa überführt. Er fand seinen Traum in diesen abgeschiedenen Inseln.

Nach der Besichtigung des Friedhofs laufen wir zügig bergab und erkunden Atuona mit seinen 1000 Einwohnern. Der Hauptort bietet zwei Supermärkte, einige Geschäfte und ein Internet-Café, wo der Empfang sehr schwach ist, was ein grundsätzliches Problem darstellt. Der Empfang steht und fällt mit der Stärke des jeweiligen Hotspots. Als iPhone-Besitzer haben wir gegenüber anderen Smartphones den Nachteil, dass die erhöhten Sicherheits-Standards von Apple den Empfang beeinträchtigen. Als wir im Shop der Aranui 5 eine Karte kaufen wollten, riet uns die Verkäuferin aus diesem Grund davon ab. Sie muss es wohl wissen. Die Dropbox rödelt inzwischen weiter. Ich gebe den Glauben an sie auf – also keine vier Millionen Fotos oder stundenlange Videos. Wäre auch ein bisschen viel geworden und der Druck dieses Reiseberichts hätte sich um Jahre verzögert. Wir assoziieren die Tropfen dieser Box mit Tränen; demnach sprechen wir nun nur noch von der *Tränenbox*, wenn die Rede auf sie fällt.

Ein Besuch des Museums von Paul Gauguin ist fest eingeplant – ein hübsches Gebäudeensemble, in dem über 30 Exponate ausgestellt sind. Ich habe mehrfach von Besuchern gelesen oder gehört, die sich enttäuscht darüber beschwerten, dass es hier keine Originale, sondern nur Kopien gibt. Diese sollten wissen, dass der Maler erst nach seinem Tod berühmt wurde und die Originale in alle Welt verkauft wurden, um den großen Reibach zu machen. Zu seinen Lebzeiten war der Maler nicht berühmt, sondern wurde wegen seiner unorthodoxen Art eher gemieden oder gefürchtet. Für die Behörden und die Kirche stellte er ein Ärgernis dar. Als das Museum aufgrund des auf einmal berühmt gewordenen Inselsohnes gegründet wurde, waren die Originale für das kleine Eiland unerschwinglich geworden. Wir genießen den Rundgang trotzdem.

Es fehlt uns leider die Zeit, auch dem in der Nachbarschaft befindlichen Museum Jacques Brels einen Besuch abzustatten. Für sein kleines Flugzeug, das so oft von Brel für humanitäre Dienste eingesetzt wurde, haben die Insulaner 2003 einen eigenen Hangar errichtet. In ihm kann „Jojo“, wie Jacques Brel die mittlerweile restaurierte *Beechcraft D 50 Twin Bonanza* liebevoll nannte, besichtigt werden. Fotos und sonstige Andenken zeugen von seiner Zeit auf Hiva Oa.

Der Rücktransport zu unserem Schiff erfolgt auf abenteuerliche Art und Weise in Schulbussen. Es handelt sich eigentlich nicht um Busse, sondern LKW, auf deren Ladeflächen regelrechte Holzkästen montiert wurden. Ja, Sie lesen richtig: Holz. Sitzbänke links und rechts entlang der Seiten, dazu noch eine Sitzbank in der Mitte. Die Verarbeitung ist grob, Schiebefenster aus Plastik können leicht bewegt werden. Eher gäbe es Sauerstoff auf dem Mond, als dass die Elektrik ein VDE-Prüfzeichen (Verband Deutscher Elektrotechniker) erhielte.

Um kurz nach zwölf lichtet die Aranui 5 die Anker. Heute gibt es zum Mittagessen nur einen Service. Es geht nach Tischreihen an zwei Büfetts mit den gleichen Speisen nur langsam voran. Als der Salat ausgeht, werden die Gäste gebeten, zu warten. Einige wollen aber nicht warten. Andere bedienen sich derweil mit der doppelten Ladung und essen schon am Büfett, um wieder Platz auf dem Teller zu schaffen. Eine Frau ignoriert das Ausgang-Verbotsschild an einer Tür des Restaurants und geht nach draußen. Höflich, aber bestimmt und mit Nachdruck wird sie wieder ins Restaurant gebeten. Und diese Menschen sind alle von sich überzeugt, gute Manieren ihr Eigen nennen zu dürfen!

Aus frachttechnischen Gründen statten wir Tahuata wieder einen Besuch ab, den wir diesmal um halb drei am Strand von Tekoku’u zwei Stunden lang mit Schwimmen, Schnorcheln oder Strandsitzen verbringen können. Wir suchen uns mit Barbara und Kurt ein schönes Fleckchen Strand aus, wechseln aber bald den Standort und fliehen vor der brennenden Sonne unter großblättrige, schattenspendende Palmen, Büsche und Sträucher. Bewegung allerorts, Turnvater Jahn lässt grüßen; kreisende Arme, Hände klatschen auf die Körper. Das sind keine Turnübungen, sondern Abwehrreaktionen! Hier ein Stich, dort ein Jucken, ich verabschiede mich schnell zu meinem Schnorchelgang, ahne ich doch nichts Gutes. Im Schatten lauern nämlich die Stechmücken, denen es unter freiem Himmel wohl auch zu heiß ist, ihren Opfern auf und machen reiche Beute. Rita flüchtet frühzeitig auf die erste Barge zurück zur Aranui 5, Barbara und Kurt tun es ihr gleich – ungeordnete Flucht zurück an Bord. Da Stechmücken nicht schwimmen können, sehe ich mir derweil die Unterwasserwelt an, genieße die überwältigende Fülle an Korallen, Fischen und sonstigem Meeresgetier. Gelb-schwarz gestreifte Korallenfische kommen in ganzen Scharen vor und schwimmen im Pulk um die Felsen. Auch größere Exemplare sind zu bestaunen.

Wo ist meine Frau? Getürmt, wie die meisten anderen. Die letzte Barge bringt mich zurück an Bord.

Ua Huka

Ua Huka

Die Landfläche beträgt 83 km², auf der 600 Menschen wohnen, was 7 Einwohnern pro km² entspricht. Der Hauptort heißt Vaipaee. Die höchste Erhebung ist der 857 Meter hohe Mont Hitikau.

Hier fehlt die üppige tropische Vegetation, die Insel ist mit Grünland und spärlichen Büschen und Sträuchern überzogen und hat eher irischen Charakter. Daran sind nicht nur die niedrigeren Hügel Schuld, an denen sich weniger Wolken abregnen, sondern in erster Linie der Mensch. Anfang des 19. Jahrhunderts sahen die europäischen Seefahrer noch reiche Vegetation in fruchtbaren Tälern, brachten Pferde, Ziegen und Schweine mit und ließen sie auswildern. Das Ergebnis sehen wir heute.

Früh um viertel nach sechs hat die Aranui 5 die 120 Kilometer von Tahuata nach Ua Huka zurückgelegt. Im Norden reiht sich eine Bucht an die andere, die die Insel mit einem Igel, der sich schützend zusammenrollt, vergleichen lässt. Gleißende Sonnenstrahlen eröffnen den Mittwoch, 10. Mai, hinter tiefhängenden, grauen Regenwolken, die bald die Kontrolle übernehmen. Langsam schälen sich die Konturen des Festlandes aus der Nebelwand, das an die Cliffs of Moher erinnert. Irisch nass ist auch das Wetter. Regenschauer peitschen das Meer, sagen Regenbekleidung an. Wir laufen die Bucht von Vaipaee an, dem Hauptort der Insel. Auf 150 bis 200 Metern Breite und einem Kilometer Tiefe trifft die Bezeichnung Fjord wohl eher zu.

Da der Pier von Vaipaee für die Aranui 5 zu klein ist, muss sie im Fjord den Anker werfen. Davor beginnt das spektakulärste nautische Ereignis an Bord – eine Punktdrehung um 180°, vor der sogar erfahrene

Seebären den Hut ziehen. Die Felsen rechts und links kommen Bug und Heck bedenklich nahe. Uns wurde bereits erklärt, dass dies nur durch eine zusätzliche Schiffsschraube am Bug überhaupt erst möglich wird. Sie wird auch benötigt, um das Schiff vor Häfen, an denen wegen seiner Größe keine Anlegemöglichkeit existiert und ein Ankern aufgrund der erheblichen Meerestiefe ebenfalls nicht möglich ist, auf der Stelle zu halten. Trotzdem ist dieses Manöver ganz bestimmt keine einfache Angelegenheit. Dies bestätigen mir die angespannten, voll konzentrierten Gesichter der Offiziere und des Kapitäns, der das Ruder im sprichwörtlichen Sinne selbst in die Hand genommen hat. Als Sicherheit dienen auch zusätzliche Taue, die an Pollern direkt an den Felswänden befestigt wurden. Das ganze Schiff mitsamt der Crew und den Passagieren scheint den Atem anzuhalten. Das Wendemanöver beansprucht nur wenige Minuten und tosender Applaus bestätigt den erfolgreichen Abschluss.

Um halb neun setzen wir bei Regen mit den Bargen über. Bei der Landung ist alles nass. Bevor wir in den geschmückten (Holz-)Bus steigen, erhält diesmal jeder eine Steinkette als Begrüßungsgeschenk. Die Besichtigung des Botanischen Gartens fällt aus, da es in Strömen schüttet. Wir wollen dies am Nachmittag bei der Rückfahrt nachholen. Auf und ab führt uns die kurvige, aber auf weiten Teilen gut asphaltierte Straße weiter nach Hokatu. Der Regen lässt Gott sei Dank nach. Dabei gibt es auf Ua Huka im Vergleich zu ihren tropischen Schwestern normalerweise den wenigsten Regen, da die Berge nicht deren Höhe erreichen und daher die Wolken auf ihrem Weg über die Insel weniger zum Abregnen gezwungen werden. Ihr spärlicher Bewuchs stellt ein Paradebeispiel menschlicher Unvernunft im Umgang mit der Natur dar. Das betrifft wieder mal die Kolonisatoren, welche Ziegen, Schweine und Pferde mitbrachten und deren Auswildern zuließen. Es mutet fast schon als Hohn an, dass sich Ua Huka auch noch stolz den Titel „Insel der Pferde“ verliehen hat. Diese Tiere zerstörten die Flora zum großen Teil. Auf unserem Weg sehen wir irisches Grün, durchsetzt mit braunschwarzem Vulkangestein und ebensolche Küsten mit steinigen Stränden.

Im recht gut sortierten Kunsthandwerkermarkt in Hokatu kaufen wir einen kleinen Manta aus Rosenholz. Direkt neben dem Eingang demonstriert ein Meister der Schnitzkunst sein Können. Ich sehe ihm eine Weile dabei zu, wie er mit einem scharfen, breiten Schnitzmesser ein Relief in ein flaches Hartholz ritzt. Neben ihm auf der Bank sitzen einige Insulaner, die die Ankommenden mit Ukulele und Gesang begrüßen. Danach besichtigen wir das interessante Petroglyphen-Museum Tohua Te Tumu und würden am liebsten nach der Musik tanzen, wenn wir nur diesen Südseetanz beherrschen würden. An der Küste entlang fahren wir nach Hane, wo ich mir als privater „Maître de Cuisine“ einen Pfannenschaber aus schwarz-braun ziseliertem Rosenholz erwerbe.

Jörg bezeichnet das sehr interessante Meereskundemuseum in Hane als schönstes marquesanisches Museum, was ich ihm gerne glaube. Es bietet tolle Exponate der ehemaligen Schifffahrt, von Haushaltsgegenständen und Wohnkultur bis zu Muscheln aller Formen und Größen hinter Glasvitrinen. Kanus, die als Särge dienten, gehören ebenfalls zum Repertoire. Ein Gemälde des Künstlers Mayumi, das einen Katamaran in sturmumtoster See darstellt, vor dem sich Delphine und Haie tummeln, weckt mit seinen kräftigen Farben meine Aufmerksamkeit.

Vor dem Mittagessen bei „Céline Fournier“ begehen wir den kleinen Hafen und Strand, in den ein kleiner Bach mündet. In einem offenen Schuppen liegen sportliche Auslegerkanus, auch ein sehr langes und stabiles und damit auch sehr schweres mit einer 1,5 Zentimeter starken Außenhaut. Sie erscheinen neu und sehr modern. Das Mittagessen mundet sehr. Es gibt das bisher beste Schweinefleisch, dazu Ziege, Hühnchen, zwei Sorten Reis, Kochbananen, Bananenpudding, sehr guten rohen Fisch und Kaffee.

Draußen jagt ein Regenschauer den anderen. Wir fahren entlang der wirklich schönen Küstenstraße mit dem museumsreifen, aber noch starken Bus zurück und setzen zum zweiten Anlauf der Besichtigung des Botanischen Gartens an. Beim Halt zwischendurch erscheint die Küste mit dem umbra bis schwarzen Gestein einigen aus der Gruppe, wie auch mir, wieder mit englisch-irischen Küsten vergleichbar. Ein kegelförmiger Felsklotz, das 163 Meter hohe Motu Hane, zieht, wie von Zyklopenhand in das Meer gerammt, auf der kurvigen Küstenstraße die Blicke immer wieder auf sich. An der Südwestküste liegen vor der Bucht von Haavei zwei Felseninseln, die als bedeutende Brutstätten für Seeschwalben nun unter Naturschutz stehen. Während die hufeisenförmige Hemeni zwar auch eine meist glatte Oberfläche besitzt, liegt Teuaua glatt wie ein Tisch im Meer.

Im Botanischen Garten angekommen, überrascht uns schon wieder ein Regenschauer. Wir setzen aber die Besichtigung unbeirrt fort und Rita und ich sind froh, dass wir vorausschauend unsere hohen Treckingschuhe angezogen haben. Die nicht asphaltierten Wege und Pfade verwandeln sich langsam in Schlammpisten. Jörg demonstriert eindrucksvoll sein beachtliches Wissen über die einheimischen wie auch durch die Kolonisierung eingeführten Pflanzen. Nach seiner Aussage liegt der Schwerpunkt im medizinischen Nährwert. Aus 400 Pflanzenarten vor der Kolonisierung sind heute 940 geworden. Der beeindruckende Botanische Garten wurde 1974 vom damaligen Bürgermeister Leon Lichtle, dessen Vorfahren aus dem Elsass stammen, mit viel Herzblut eingerichtet, um hauptsächlich die heimischen Arten zu erhalten. Das ist ihm gelungen.

Die ursprünglich von hier geplante 4,5 Kilometer lange Wanderung entlang der Küste zum Pier von Vaipaee fällt buchstäblich ins Wasser.

Unsere nächsten Ziele sind wieder Nuku Hiva und Ua Pou. Die Entfernung zum Hafen von Taiohae beträgt 70, die von einer Insel zur anderen 45 Kilometer.

Um sechs Uhr findet in der Sky Bar (Deck 9) die allabendliche Besprechung der Unternehmungen des nächsten Tages statt. Ich bin erneut entzückt über die trockene Art unseres Reiseleiters Jörg, mit der er organisatorische Fragen beantwortet. Etwa:

„Gibt es dort Toiletten?“ Gemeint ist eine Wanderung. Antwort: „Überall.“

Bei der hier üblichen Hostienwandlung in einer Messe durch Frauen und der erstaunten Feststellung „Die sind hier schon viel weiter als bei uns“, mische ich mit: „Vielleicht haben sie auch schon das Zölibat abgeschafft.“ Allgemeines Gelächter.

Zu Kurt und Barbara, als die sich über zu schnelles Abräumen nach dem Essen beschweren: „Lasst Euch nicht die Decken vom Tisch ziehen!“

Trinkgeld in Französisch-Polynesien ist eigentlich nicht üblich. Der Grund liegt darin, dass Geschenke früher die Menschen hier veranlassten, ebenfalls etwas geben zu müssen, was in jedem Reiseführer korrekt wiedergegeben wird. Die Zeiten haben sich aber gewandelt, wozu der Tourismus nicht unwesentlich beigetragen hat. Wer Trinkgeld gibt, sollte den Grund seiner Handlung erklären – zum Beispiel sehr freundliche Bedienung, hervorragendes Essen. Jörg echauffiert sich. Für ihn sei es absoluter Blödsinn, die Touristen durch solche Hinweise in Reiseführern davon abzuhalten, spendabel zu sein. „Ich selbst habe überhaupt keine Angst, Trinkgeld entgegenzunehmen!“ Dabei trifft uns sein herausfordernder Blick. Als Belohnung folgt eine Lachsalve. Er ist aber auch selbst kein Polynesier!

Ab neunzehn Uhr findet auf Deck 7 ein polynesischer Abend statt. Wir bedienen uns am großzügigen Büfett mit vielen Köstlichkeiten und bestaunen die Tanzeinlagen. Es wird ein geselliger Abend, an dem auch die Konversation gepflegt wird. Wir sitzen mit Barbara und Kurt an einem Tisch, zu dem sich auch der Tasmanier gesellt. Natürlich stellen wir bezüglich des Lebens auf Tasmanien viele Fragen an ihn. Er weiß seine Lebensstationen auf recht humorvolle Art zu schildern und steht dem französischen Rotwein aufgeschlossen gegenüber. Danach erscheint die Bar als Hauptanlaufstelle und an diesem Abend wird es das erste Mal auch für uns später. Wir schlafen besonders gut.

Nuku Hiva und Ua Pou zum Zweiten

Natürlich bringt uns das Frachtgeschäft wieder nach Nuku Hiva und Ua Pou. Die Aranui 5 hat Taiohae bereits in der Nacht erreicht und liegt schon am Pier. So haben wir bis elf Uhr Zeit, Taiohae genauer kennenzulernen. Im Internet-Café haben wir mal wieder keinen Empfang, auch nicht über die auf Tahiti gekaufte Vinicard. Endlich haben wir doch noch Empfang und checken unsere E-Mails. Die Tränenbox rödelt und rödelt. Wir tätigen im Central Store einige Einkäufe, hauptsächlich und endlich (!) das Handwaschmittel. Im Magasin „Presse“ gibt es keine Zeitungen, nur irgendwelche Magazine, darunter auch GEO. Aber in dieser Ausgabe wird über alles Mögliche berichtet, nur nicht über Französisch-Polynesien, beziehungsweise nur wenige Kurzpassagen. Danach statten wir der Bank einen Besuch ab und versorgen uns am Außenschalter mit XPF.

Wieder an Bord, genieße ich in der Skybar auf Deck 9 ein wohlschmeckendes Hinano. Ich schaue den Matrosen bei der Arbeit zu, die schon in der Nacht begann. Ein Kälberpaar wird in einem offenen, circa 1,30 m hohen und genügend großen Container an Bord gehievt. Es ist für die Zucht auf Ua Pou bestimmt und wird auf der Frachtfläche von den Matrosen, die auch beruhigend auf die beiden einwirken, wegen der herrschenden Hitze sogar mit Wasser besprüht. Ich denke an Jörgs Worte über den schlechten Umgang der Polynesier mit Tieren und muss wieder das Gegenteil feststellen. Während unseres gesamten Aufenthaltes auf Französisch-Polynesien habe ich niemanden gesehen, der Tiere schlecht behandelte. Meinungen werden oft unreflektiert übernommen und subjektiv als gegeben akzeptiert.

Die Jacht kehrt erfolgreich vom Hochseefischen zurück. Stolz stemmt der Matrose einen Thunfisch von 22 Kilogramm, den der Angler der Crew überlässt und damit den morgigen Poisson cru sichert. Um elf sollte eigentlich der letzte Passagier an Bord sein, aber drei Minuten später legen drei Personen einen Sprint hin, nachdem zum ersten Mal das Signalhorn (wohl wegen der Drei) ertönte.

Kurz nach halb zwölf manövriert uns die Bugschraube vom Pier. Eine Viertelstunde später pflügt die Aranui 5 durch das stahlblaue Meer auf Ua Pou zu, dessen Felsbarriere in der Ferne bereits gut sichtbar erscheint. Es gibt ein Wiedersehen mit dieser traumhaft zackigen Silhouette und den beiden Säulen.

Mir ist es gelungen, im Büro „Service Extérieure" auf Deck 3 einen Termin zur Besichtigung des Maschinenraums zu erhalten. Um zwei Uhr, kurz nachdem die Aranui 5 am Pier von Hakahau angelegt hat, beginnen wir, zusammen mit einem Schweizer Ehepaar, mit dem wir schon am Tisch saßen und Sabine und Uwe aus Heidelberg-Handschuhsheim, mit der Besichtigung des Maschinenraums. Dies stellt auch für Personen, denen Technik keine Begeisterungsausrufe entlockt – wie zum Beispiel meine Frau – ein Highlight dar. Die gewaltigen Motoren und Generatoren faszinieren ebenso wie die verschiedenen Überwachungssysteme, die mit der Brücke korrespondieren. Auch bei Stillstand des Schiffes ist der Lärm im wahrsten Sinne des Wortes ohrenbetäubend. Zusätzlich sorgt die heiße Luft für ein Saunaklima. Wie der Lärm und auch die Temperatur sich erst bei voller Fahrt ausnehmen, ist nur schwer vorstellbar und eher als Inferno zu bezeichnen. Der nette Filipino, der hier seit elf Monaten seinen Dienst verrichtet und die Aranui 5 als tolles Schiff in allen

Tönen lobt, nimmt kein Trinkgeld an. Jörg tut dies geringschätzig damit ab, dass er wohl genug verdient. Nach seiner Aussage verdient das technische Personal das Dreifache von dem des Service-Personals, wozu auch er gehört. Er kann mich nicht überzeugen. Meines Erachtens hat diese Einstellung den Grund in einer Philosophie, einer Überzeugung.

Dazu etwas ganz Wesentliches:

Auf den 60.000 Frachtern, die den Erdball unter Billigflaggen (z. B. Panama, Liberia, Malaysia, Marshall-Inseln) umkreisen, werden vornehmlich Männer aus Südostasien zu Hungerlöhnen und unter menschenunwürdigen Umständen gerne eingestellt. Filipinos werden unter ihnen noch bevorzugt, da ihre Arbeitsleistung und Genügsamkeit geschätzt werden. Das gilt (speziell in Hinsicht auf den Lohn) auch für die Mehrzahl der großen Kreuzfahrtschiffe!

Wieder ein Pluspunkt für die Aranui 5 und damit für die Eignerfamilie Wong.

Nach der Besichtigung ziehen wir uns in unsere Kabine zurück, um ein wenig auszuspannen. Wir machen es uns auf dem Balkon gemütlich und wollen das gerade Erlebte verarbeiten. Noch nie haben wir einen solch gewaltigen Maschinenraum besichtigen können, der sich über mehrere Stockwerke und die ganze Breite des Schiffes erstreckt.

Der Geräuschpegel des Be- und Entladens auf dem Pier lenkt meine Gedanken ab. Das schier undurchschaubare Treiben mittels einer ganzen Flotte von Gabelstaplern aller Größen fasziniert mich. Meine auf Optimierung von Arbeitsabläufen getrimmte Controller-Erfahrung suggeriert mir die Arbeit in einem Ameisenhaufen, wobei solche wohl einfacher zu entwirren sein dürfte. Jede Gitterbox, jede Palette, jeder Container wird mehrfach transportiert und konfrontiert mich mit einem Firmament aus imaginären Punkten. In jeder Gitterbox wird jeder Sack, jeder Beutel mehrfach in die Hand genommen. Nirgendwo ist ein Plan, niemand hat eine Übersicht in der Hand. Rita grinst hinter mir. Sie geht auf das Außendeck, ob ich mitkäme. Ich muss verneinen, kann mich nicht von diesem faszinierenden Knäuel an Mensch und Material trennen. Ich will, nein, ich *muss* es entwirren – bei meiner Berufsehre! Mancher Kumpel kommt unaufgefordert an irgendeinen Platz und arbeitet einfach vor sich hin und her, hebt einen Beutel hoch, schaut ihn an, legt ihn wieder hin.

Dann kommt der nächste, zeigt nach links, der übernächste nach rechts. Der erste geht weg, der zweite hebt denselben Beutel hoch und legt ihn in der Gitterbox auf die andere Seite. Ich habe mich mittlerweile mit meinem Fernglas bewaffnet, um vielleicht die Schriftzüge auf den Beuteln entschlüsseln zu können. Der dritte kommt, nimmt den Beutel, schaut ihn an und legt ihn wieder auf die andere Seite, aber ein Stück weiter. Ein Gabelstapler transportiert die Gitterbox an eine andere Stelle, nur ein paar Meter entfernt. Während ich darüber grübele, wechselt die Hochseejacht per Riesen-Gabelstapler mehrfach ihre Position. Um alles erklären oder entwirren zu können, hätte selbst Stephen Hawking seine größten Probleme gehabt und garantiert mehrfach seine Berechnungen auf eine neue Basis gründen müssen. Moment! Jetzt steht besagte Gitterbox wieder an der Stelle, wo sie sich vorher befand. Aus diesem Labyrinth würde selbst Perseus mit Ariadnes Faden nicht mehr herausfinden. Ich verbringe zwei Stunden mit dieser Analyse und bin zu keinem Ergebnis gelangt, als die Disposition ihr Ende findet. Der Frachthafen ist wie leergefegt und alles hat seine wohl vorgesehene Position eingenommen. Rita erscheint in der Kabine und sieht mich grinsend an. „Na, hast du's verstanden?“ Ich sehe sie entgeistert an. „Nee, ich hab's nicht gerafft! Die spielen bestimmt ein Spiel – vielleicht das *Cargospiel.* Aber ich konnte keine Regeln erkennen. Ich muss Jörg fragen. Das muss ich!“

Jörg grinst mich später an und sorgt mit einem Wort für die Auflösung dieses Gordischen Knotens:

„*Busy*! Es muss busy aussehen. Sie müssen immer beschäftigt sein. Es könnte doch mal jemand von der Brücke schauen und die Kumpel beim Müßiggang erleben, da sie nach geleisteten Stunden bezahlt werden. So schinden sie mehr Zeit raus, bezahlte Zeit.“ „Dann könnten sie doch die ganze Verladung in der halben Zeit erledigen?“ „Sicher!“

Ich gönne es den Männern. Und sehe über den Faktor, um den die Kalkulation des Fahrpreises aufgrund der überhöhten Personalkosten zu hoch angesetzt ist, großzügig hinweg. Und Sie, liebe Leserinnen und Leser, verraten bitte der Familie Wong nicht dieses, unser Geheimnis. So wie ich auch nicht mehr an meiner Controller-Erfahrung zweifeln muss. Aber dieses *Busy sein* haben die Männer perfekt einstudiert – meine Hochachtung!

Von den fünf Geschwistern der Familie Wong gastiert aktuell eine weibliche, hochbetagte (84 – nicht weitersagen) Abordnung auf der Aranui 5. Eine kräftige Polynesierin kümmert sich liebevoll um sie, wie auch das Personal, das sie bei jeder sich bietenden Gelegenheit unverstellt herzt und drückt. Jörg erklärt uns auf Anfrage, dass sie „immer mal wieder" mitfährt, wenn sich die Familie nicht um sie kümmern kann (oder will) – wir nennen sie *Mama Wong*.

Während sich die Sonne rüstet, im Meer zu versinken, setzt die Aranui 5 rückwärts aus dem schlauchförmigen Hafenbecken. Die Schiffsschrauben quirlen das Meer, bevor sie mit voller Kraft voraus auf die weite, stahlblaue See steuern. Wir nehmen Abschied von eigentlich noch unberührten Inseln, von der zackigen Silhouette und den Zähnen eines Säbelzahntigers, die die letzten Sonnenstrahlen als blinkenden Gruß an uns zurücksenden.

Die Marquesaner werden auch weiterhin unter sich bleiben. Die verhältnismäßig wenigen Touristen, welche die Aranui in zweieinhalbwöchigem Rhythmus und manch anderes Kreuzfahrtschiff an Land bringen sowie die überschaubare Anzahl an Weltumseglern werden daran nicht viel ändern. Bis auf Hanavave haben wir lebensfrohe, freundliche Menschen erlebt, die sich auch heute noch selbst versorgen können. Die Globalisierung scheint sie noch nicht erreicht zu haben – irgendwie sind wir froh darum.

Auf See nach Rangiroa

Dieser Tag bietet sich zum Relaxen an. Wer sich weiterbilden möchte, kann natürlich die angebotenen Vorträge in Französisch und Englisch besuchen. Pierre Ottino, Archäologe und absoluter Kenner der polynesischen Welt, referiert über Tikis und marquesanische Kunst; später gibt es einen ebenfalls zweisprachigen Vortrag über Perlen. Wer sich noch eine Krone aus Pandanusblättern flechten möchte, darf das gerne heute Nachmittag zur Teezeit tun. Zu allem Überfluss wird spätabends noch eine Schmuckschau mit tahitianischen Perlen angeboten. Meine liebe Frau nimmt Gott sei Dank nicht daran teil! Das bedeutet aber nicht, dass sie sich auf Rangiroa, einem Zentrum der Perlenproduktion, nichts kaufen wird. Man(n) muss immer Realist bleiben.

Ein Labsal für den Körper und eine Oase der Erholung bietet das Pooldeck, dessen Reling durchgängig mit den Ergebnissen der Palmflecht-Kurse geschmückt ist. Die roten Tupfer der mittlerweile hinzugekommenen Ingwerblüten unterbrechen wohltuend die grüne Fläche. Keine Wanderung unter stechender Sonne oder prasselndem Regen, keine brennenden Füße und schweißnasse Haut, kein stetiges Tropfen entlang des Rückgrats.

Aber auch keine sattgrüne Landschaft mit vielfältigen Früchten in Bäumen mit einer endlos erscheinenden Blattvielfalt an Farbe, Größe und Form. Wir haben von dem Archipel der Marquesas Abschied genommen, der uns in den letzten sieben Tagen ein Schauspiel unglaublicher Fülle an Natur, Felsformationen, Bergen wie Kegel oder Nadeln und wechselvoller Farbprismen seiner Steilküsten geboten hat. Beim Anblick des tiefblauen Meeres mit seinen zwei- bis viertausend Metern Tiefe, den durch den Bug geteilten, sich aufbäumenden und in weißen Schaumkronen zerfallenden Wellen sehe ich auch die schier unerschöpfliche Artenvielfalt der Unterwasserwelt in den traumhaften Buchten vor mir, die im Buhlen um die Schönheit weltweit die oberen Ränge belegen. Dabei reichen die Juroren von den größten Entdeckern ab dem 16. Jahrhundert bis zu den Weltumseglern der heutigen Tage.

Auf dem Sonnendeck lassen wir nun unsere Seelen baumeln. Unter uns das verlässliche sonore Brummen der 10.400 Pferdestärken, die unseren Fracht-Luxusliner mit 14-16 Knoten oder 25-28 km/h durch die See schieben. Die Fahrt wird von einem leichten Erschüttern der Stahlkonstruktion begleitet – vielleicht ehrfurchtsvoll wegen der nur schwer vorstellbaren Kraft.

Unser gut 1.000 km entferntes Ziel Rangiroa ist das größte Atoll des Tuamotu Archipels. Bekannt ist es hauptsächlich wegen der Perlenzucht, auf deren Besichtigung vornehmlich der weibliche Teil der Passagiere hin fiebert, während die Kreditkarten schon leicht zittrig und heiß werden. Spätestens hier wird klar zum Ausdruck gebracht, dass unser touristischer Aufenthalt nicht nur aus Staunen, Bewundern, Gaffen, Genießen und Erholung besteht, sondern die hiesige Bevölkerung natürlich auch mit harten Devisen unterstützen soll. Auf Rangiroa muss nicht in der heimischen Währung XPF bezahlt werden, sondern hier dürfen auch die Kreditkarten zu glühen beginnen.

Auf hoher See bewegen sich alle recht breitbeinig durch die Gänge und Fluren, da der Wellengang selbst eine Aranui 5 mit ihren 126 m Länge und 22 m Breite zum gemäßigten Schwanken bringt. Das ist natürlich ein Segen für diejenigen, welche während des Essens oder der Happy Hour ein wenig zu tief in die Gläser hineingerochen haben – sie fallen einfach nicht auf. Da ich gegen hohen Wellengang immun bin (je höher, desto besser), sehnen sich meine niedersten Tagträume nach einem kräftigen Gewitter. Unter einem Titel wie „Fütterung der Raubfische“ oder „Heute gab es …“ könnte ich garantiert an einem weltweit veranstalteten Fotowettbewerb mit berechtigten Siegchancen teilnehmen. Außerdem würde eine Hundertschaft von weit über die Reling gebeugten Passagieren die Kalkulation der Küche erheblich verbessern. Mit dem angenehmen Nebeneffekt, dass ich das Büfett nur mit wenigen zu teilen hätte. Der einzige Wermutstropfen: Rita befände sich auch auf den Fotos. Also weg mit diesen diabolischen Vorstellungen, die auch marquesanischer Art sein könnten, denn es heißt, dass Marquesaner nichts mehr lieben, als über andere zu lachen.

Rangiroa

Rangiroa

Rangiroa ist mit 1.446 km² das größte Atoll der Tuamotus. Es dehnt sich auf einer Länge von 80 km und einer maximalen Breite von 32 km aus. Auf dem Ring, der bis zu 100 schmale Durchlässe besitzt, befinden sich 240 Motus in einer Lagune, deren maximale Wassertiefe 35 m beträgt. Nur zwei größere Einfahrten, die sich im Nordwesten in der Nähe der Dörfer befinden, eignen sich für die Schifffahrt. Die Landfläche beträgt 79 km² mit 2.600 Einwohnern (33/km²). Die Hauptinsel heißt Avatoru.

Um halb sieben, am zweiten Samstag unserer Reise, dem 13. Mai, gleitet die Aranui 5 durch die Passe. Rangiroa bedeutet „ausgedehnter Himmel“, da sich nach überlieferten Erzählungen die Lagune in den Wolken spiegelt und daher schon sichtbar sein soll, bevor überhaupt das Land entdeckt werden kann. Bis nach Papeete sind es 500 Kilometer in südwestlicher Richtung, unser nächstes Ziel Bora Bora ist ungefähr gleichweit entfernt. Die Lagune weist je nach Sonnenstand und -einfall ein Farbspektrum von ultramarin bis grün-türkis auf – atemberaubend und fast unwirklich.

Bereits um viertel nach acht besteigen wir die Barge, die uns an den Strand bringt. Es ist bewölkt, aber die Sonne hat mit ihren gleißenden Strahlen den größeren Anteil. Während Rita – wie eigentlich alle Frauen – der berühmten Perlenfarm zwecks Ohrringen & Co. einen Besuch abstattet, versuche ich, mit meiner Schnorchel-Ausrüstung ohne Blessuren durch Wellengang, Steine und abgestorbene Korallenformationen hüfthohes Wasser zu erreichen. Es sind zwar keine Brecher, die mich daran hindern, aber von einer glatten Wasseroberfläche kann hier auch nicht die Rede sein. Es schwankt einfach, was mich nicht daran hindert, fasziniert die Unterwasserwelt mit ihren vielfältigen Bewohnern zu bestaunen. Manche Arten sind mir schon jetzt, auch wenn es erst der dritte Schnorchelgang während dieser Reise ist, gut bekannt.

Die Evolution erscheint mir einmal mehr als die größte Erfinderin unseres blauen Planeten. Ob stromlinienförmig, kopflastig, rohrförmig, rund, eckig, mit Tentakeln versehen, spitz-, rund- oder langmäulig – alle Fischformen sind vertreten, aber auch alle Farben. Längs- oder querfarbig, gepunktet, regenbogig oder schillernd in Neonblau bis Violett gehüllt. Auf den ersten 50 – 70 Metern vom Strand entfernt sind die Korallen meistens abgestorben und dienen dennoch als Nahrungsquelle und Aufenthaltsort. Es wird gepickt, geschabt, gesogen, geschnappt und gebissen. Das Schnorcheln macht mir einen Riesenspaß, obwohl einige Dinge wie Rohre, Stöcke, Einmachgläser und Baumaterialien, die hier eigentlich nichts zu suchen haben, dem Betrachter ins Auge fallen. Die See bleibt Siegerin, indem sie oder ihre Bewohner die Gegenstände mit Krusten überziehen. Nach dem Schnorcheln schlendere ich die rund 300 Meter zur anderen Seite der Landmasse durch einen lichten Wald aus Kokospalmen. Mich umgibt dasselbe Landschaftsbild wie auf Fakarava, was nicht verwundert, da sich die Atolle gleichen und, wie bereits erwähnt, auf diesen Landengen kein größerer Spielraum zur Entwicklung eines Endemismus (nur in einem bestimmten Gebiet vorkommende Tiere und Pflanzen) gegeben war oder ist. Hartstieliges, fast kniehohes Gras und niedrige Sträucher bedecken den Boden zwischen den schlanken Palmenstämmen. Am Außenrand des Atolls brechen sich die Wellen hinter der glatt geschliffenen Korallenbank, die mit Algen und sonstiger glitschiger Masse bedeckt ist und erbärmlich stinkt. Es ist Ebbe. Der Sand zu meinen Füßen lebt. Überall bewegen sich Muscheln aller Art, getragen von ihren Mietern, den Einsiedlerkrebsen.

Andere Passagiere nutzen die Gelegenheit und besuchen das angepriesene Restaurant mit Glasboden über der Lagune, welches sich nur einige hundert Meter entfernt befindet. Ich höre nur gute Bewertungen. Die Zeit bis zur Rückkehr der „Großeinkäuferinnen" vergeht mit Gesang und Ukulele. Rita hat ein Paar sehr schöne Ohrringe mit je einer Perle und Zertifikat erworben, Barbara einen Anhänger mit drei verschiedenfarbigen Perlen und Ohrringe (Hänger) mit je drei Perlen. Vor dem Kauf gab es eine interessante Einführung in die Perlenzucht.

Während des Mittagessens lichtet die Aranui 5 die Anker und passiert bald die breite Passe des Atolls. Ich messe die Zeit, während der die Aranui 5 mit 26 km/h immer am Rand des Atolls entlangfährt. Eine schier unendlich erscheinende Phalanx von Kokospalmen, Gestrüpp und Sträuchern, unterbrochen von kahlen Stellen, säumt unseren Weg. Nach drei Stunden nehmen wir Kurs auf das offene Meer – eine Zeitspanne, die eindrücklich die gewaltigen Ausmaße Rangiroas erkennen lässt. Wir befinden uns wieder in der unendlichen Weite des Stillen Ozeans.

BORA BORA

> ***Bora Bora***
>
> Die wohl schönste Lagune der Welt hat eine Landfläche von 29 km² mit circa 30 Motus, 10.000 Einwohner (345/km²) und ihre höchste Erhebung ist mit 727 Metern der Mont Otemanu. Der Hauptort heißt Vaitape. Die Entfernung nach Tahiti beträgt rund 260 Kilometer.
>
> Sie gehört nicht nur zu den schönsten, sondern auch teuersten und luxuriösesten Urlaubsdestinationen auf diesem Planeten.

Am Sonntagmorgen, dem 14. Mai, taucht die Lagune von Bora Bora vor uns auf. In der Nacht und auch am Abend zuvor rollte die Aranui 5 durch unruhige See, deren Wellen durch starken Wind aufgepeitscht wurden, was einigen Passagieren die Nachtruhe vermieste. Ich schäme mich für meine niederen Gedanken und hoffe, dass sie nicht der Auslöser für den Sturm waren. Unsere Crew hat vorsorglich darauf verzichtet, die Tische einzudecken. Prompt beschwert sich jemand beim Frühstück über die angebliche „Faulheit" des Personals. Er sollte sich besser bei der Schöpfung beschweren, dass seiner Hirnmasse die Windungen zum Verstehen dieser Vorsichtsmaßnahme fehlen. Leider ist bei den Passagieren der Aranui 5 auch nicht alles Gold, was glänzt.

Was ich um sechs Uhr von Bora Bora sehe, lässt mich nicht gerade in Begeisterungsstürme ausbrechen. Die Hauptinsel ist wolkenverhangen und das ganze Atoll scheint auf Regen programmiert zu sein. Unter dem Motto „Ist man einmal im Leben hier…". Trotz dieser widrigen Wetterbedingungen sticht das Türkis der Lagune punktuell hervor, wofür Bora Bora so bekannt ist. Auch Wolken, Nebel und Regen schaffen es nicht, die Farbpalette und traumhafte Kulisse in ihrer Einzigartigkeit zu unterbinden.

Dieses unvergleichliche Farbspektrum zwischen Blau- und Türkistönen bis zu reinem Türkis, das fast die Augen blendet, trägt hauptsächlich zur Schönheit der Lagune bei, aber auch die Tatsache, dass Bora Bora in der Geologie schon weiter fortgeschritten, beziehungsweise versunken, ist als seine Inselschwestern in der Nähe. Die übrig gebliebenen Vulkanfragmente schaffen erst dieses Lagunen-Paradies. Aber auch der Untergrund, blendend weißer Sand und dunklere Töne des Bodens der Lagune, sorgen für diese die Sinne betörende Farbenexplosion.

Während des Frühstücks passieren wir die Fahrrinne und ankern vor dem Hauptort Vaitape. Wie bereits von Jörg erfahren, ist dieser kein Schmuckstück und ernüchtert die Vorstellung über diese Trauminsel. Er hat nicht übertrieben. Es gibt nur eine Straße, die an der Küste entlang durch den Ort führt. Von Nebenstraßen oder Abzweigungen kann keine Rede sein – mit einer Ausnahme: die Nebenstraße zum Viertel der Wohlbetuchten! Ansonsten Nebenwege, die unasphaltiert und schmutzig zu den nächsten Hütten, nicht Häusern, führen. Rinnsale, gefüllt mit Abfällen aller Art, leiten in kurzen Abständen schmutzige Brühe oder Brackwasser in kanalartigen Gräben dem Meer zu – in die schönste Lagune der Welt! Den Bürgermeister würde ich gerne fragen, ob er unbedingt den Status dieser Lagune kaputtmachen will. Dabei wäre es so einfach, den hochpreisigen Hotels eine saftige Tourismusabgabe abzuverlangen, da bei deren Übernachtungspreisen sogar Beträge im niedrigen dreistelligen Bereich kaum ins Gewicht fallen würden. Ein paar Magasins, ein größerer Supermarkt und völlig überteuerte kleinere Geschäfte säumen die Straße. Bei umgerechnet 2,50 € (295 XPF) für eine Ansichtskarte ist dann Schluss für uns. Der Bora Bora-Aufschlag treibt seine Blüten. Eine schöne Kirche weckt in uns den Wunsch, einem Teil der Messe beizuwohnen. Ganz im Gegensatz zu den Marquesas haben Frauen und Männer tatsächlich ihren Sonntagsstaat angelegt. Freundlich begrüßt werden wir überall.

Nach zwei Stunden kehren wir auf die Aranui zurück und starten gleich darauf mit den Bargen zum Motu Tapu, wo wir das Mittagessen einnehmen. Das polynesische Wort *Tapu* entspricht unserem Begriff „Tabu“. Das Motu befindet sich in Privatbesitz und wird zur Wahrnehmung von Robinson-Gefühlen an Reisegruppen vermietet, obwohl Robinson das Motu garantiert nicht so sauber gefegt hätte.

Die Crew gibt bald darauf ihre Grillkünste in heftigen Rauchschwaden zum Besten. Wie bereits erwähnt: Die Polynesier verstehen unter Grillen eher Räuchern. Dennoch mundet das Ergebnis sehr, was wir uns bei der Qualität unserer „Haute cuisine" auch gar nicht anders hätten vorstellen können. Die Köche der Aranui 5 bieten wirklich hohe Kochkunst, auch in ernährungsphysiologischer Hinsicht. Der Tischwein ist ebenfalls immer von guter Qualität.

Das Motu ist fein säuberlich gepflegt und von Kasuarinen und erstaunlich wenigen Kokos- und Pandanus-Palmen bewachsen.

Nach Hinano und angeregter Unterhaltung starten wir um zwei zu unserer gut dreistündigen Pirogenfahrt in der Lagune rund um die Hauptinsel (Alternative: Erkundung der Insel auf Pick-ups). Der erste Halt bietet Schwimmen und Schnorcheln mit Haien und Stachelrochen. Den Rochen werden die wieder nachwachsenden Stacheln gezogen, was nicht schmerzhaft verlaufen soll. Diese Vorsichtsmaßnahme wird seit dem tödlichen Angriff eines Stachelrochens auf den weltweit bekannten Dokumentarfilmer, Abenteurer und Zoodirektor *Steve Irwin* (The Crocodile Hunter) durchgeführt, der bei Unterwasseraufnahmen am Great Barrier Reef 2006 durch einen Stich ins Herz getötet wurde.

Danach schnorcheln wir im sogenannten Korallenmeer mit einer enormen Menge und Vielfalt an Fischarten und intakter Korallenwelt. Die Wassertiefe beträgt hier über vier Meter.

Unser sehr sympathischer und spaßiger Pirogen-Kapitän führt uns wenig später zu einer hüfttiefen Stelle, wo der schneeweiße Sand wie nasses Mehl an den Händen klebt. Mit ihm machen wir Peeling. Es könnte sich aber auch (s. Anfang Kapitel „Besonderheiten") um ausgeschiedenen Kalk handeln – ist nur Kalk, also bitte nicht erschauern. Im Wasser stehend, bewirtet er uns mit Papayascheiben, Pampelmouse und Kokosbrot, welche dekorativ auf einem rechteckigen Schwimmkissen mit Zweigen von Pandanus und anderen Pflanzen angerichtet sind.

Im weiteren Verlauf führt er uns mit seiner Piroge an mehreren superteuren Hotelanlagen vorbei. Ihre palmgedeckten Hütten wurden auf Betonstelzen ins Meer gesetzt. Das Wetter ist freundlich und sonnig geworden und wir erleben dieses einmalige Farbenspiel des Wassers in der Lagune. Dieses strahlende, glitzernde Hellblau, welches im Wetteifer mit dem Himmel wohl immer gewinnt. Mit Kraft treibt uns der 115 PS-

Außenborder der Aranui 5 zu. Nach dem Sonnenuntergang stampft sie aus der Lagune, um die letzten 260 km nach Papeete in zehnstündiger Fahrt zu bewältigen. Am Abend wird uns bei gelockerter Stimmung das große Abschieds-Dîner mit Sing- und Tanzeinlagen der Crew geboten, wobei auch professionelle Tänze lautstark in marquesanischer Manier nicht fehlen dürfen, die den dortigen Tanzgruppen in nichts nachstehen. Die Smartphones haben fotografische und videotechnische Schwerstarbeit zu leisten, die Passagiere sind außer Rand und Band und das Personal verabschiedet sich mit seinen bewegenden Darbietungen in die Nacht.

Abschied von der Aranui 5

Um fünf Uhr am Morgen ist die tahitianische Küste anhand der vielen Lichter zu erkennen. Um acht Uhr beginnt das Auschecken und Abschiednehmen von einigen angenehmen Bekanntschaften. Es war eine traumhaft schöne Reise – in allen Facetten –, von der wir noch lange zehren werden; wohl unser noch verbleibendes Leben.

Einige unserer Passagiere, die schon auf diesen gigantischen Kreuzfahrtschiffen Urlaub machten, loben die Umgangsweise auf der Aranui. Ihren Aussagen zufolge wird es auf den Luxuslinern nicht gerne gesehen, wenn Bedienstete mit Passagieren Smalltalk führen – ein Rückschritt in der sozialen Kompetenz. Vom Kapitän und seinen Offizieren, über den chinesischen Bordmechaniker und die Bedienung im Restaurant, bis hin zum Reinigungspersonal, erfahren wir ausnahmslos Freundlichkeit, Respekt, Hilfsbereitschaft und Aufgeschlossenheit.

Nur bei den Passagieren selbst funktioniert das nicht immer einwandfrei, gibt es doch leider die eine oder andere Person, die immer noch meint, etwas Besseres zu sein, nur weil sie sich die obere Preiskategorie leisten kann. Das soll ihrer Meinung nach auch einen höheren Service beinhalten – sowie die Aufwertung ihrer Person. Das ist leider auch zu menschlich und gipfelt in Vordrängeln oder dem Vorwurf schlechter Organisation, wenn Gäste Vortritt erhalten, deren Aktivitätsplan zeitlich vor dem der anderen Passagiere liegt und deswegen früher zum Essen eingeteilt werden. Der angedacht höhere Intellekt scheitert an den Hürden des zwischenmenschlichen Benehmens, fehlenden pragmatischen Verständnisses und affektierten Handelns. Das äußert sich weiter am Büfett, wenn das Schaufeln auf den Teller als rücksichtslose, sprichwörtliche „Schlacht“ an demselben verstanden wird. Schade. Es handelte sich dabei Gott sei Dank um Raritäten. Wenn ich ein Fazit ziehe, kann ich doch behaupten, dass die große Mehrheit der Passagiere diszipliniert war und keiner aus irgendwelchen selbstverschuldeten Dilemmata gerettet werden musste.

Wann wird „Traumschiff“ auf der Aranui 5 gedreht?

BILDTEIL:

UNSERE ARANUI 5-KREUZFAHRT

Auf dem Balkon unserer Kabine

Die Aranui 5 im Hafen von Papeete

Unsere Kabine

Das Pool-Deck

Blick zurück auf Papeete

Bild unten links:
Tanzkurs auf dem Pool-Deck

Bild unten rechts:
Palmblatt-Flechtkurs

Traumhafter Sonnenuntergang an der Bucht von Hanavave, Fatu Hiva

Der gewaltige Banyan auf Nuku Hiva

Bild unten:

Tanz vor dem Banyan – Marae Kamuihei

Die Bucht von Taiohae zählt zu den schönsten der Welt

Eingangstor der Kathedrale Peter und Paul

Bild unten links:

Ein riesiger Regenbaum beschattet die Anlage

Bild unten rechts:

Die Kanzel bietet faszinierende Schnitzkunst

Der Erdofen bei Mamie Yvonne wird geöffnet

Schmeckt besser als es aussieht

Bild unten links:

Tolle Stimmung beim festlichen Mahl

Bild unten rechts:

Das Frachtpersonal arbeitet bis in den Abend

Wir nähern uns Ua Pou

Dramatische Inselkulisse im Morgengrauen

Bild unten links:

Diese Felskeile gaben Ua Pou den Namen

Bild unten rechts:

Die Aranui 5 in der Bucht von Hakahau

Wanderung durch den Wald von Weißkopfmimosen

Sattes Grün mit weißen Häusertupfern auf Ua Pou

Bild unten links:

Meisterhaft geschnitzte Kanzel in Hakahaus Kirche

Bild unten rechts:

Es gibt auch Strände auf den Marquesas

Die Sonne wird den Kampf gewinnen

Anlanden mit der Barge

Bild unten links:

Besuch einer Messe auf Hiva Oa

Bild unten rechts:

Dieser kleine Marquesaner hat es mir angetan

Wunderschöne Bucht von Atuona auf Hiva Oa

Tiaré-Blüten zuhauf

Bild unten links:

Aber er fährt noch

Bild unten rechts:

Häuser auf Stelzen mit prächtiger Aussicht

Anmutiger Tanz

Das ist keine Show, sondern Kultur

Bild unten links:
Das Grab von Paul Gauguin

Bild unten rechts:
Immer am Schwitzen

Unser „Bus“

Da drin wird auch geschwitzt

Bild unten links:

Berühmte Kultstätte der Marquesas – Te I'ipona

Bild unten rechts:

Bei einer Geburt sterbende „Schmetterlings-Priesterin“

Die Felsen im Hintergrund dienten als Grabstätten

Bild Mitte links:

Kirche mit schönen Fenstern auf Tahuata

Bild Mitte rechts:

Ausdrucksstarke Mariengestalt

Bild unten:

Frachtverwaltung auf marquesanisch

Wir schlossen Freundschaft

Herstellung von Tapa

Bild unten links:

Die 16 km liegen noch vor uns

Bild unten rechts:

Die reinste Schlammschlacht

Beste Verpflegung am Scheitelpunkt

Grandiose Landschaft auf Fatu Hiva

Bild unten links:

Die Felszacken stürzen förmlich ins Meer

Bild unten rechts:

Tief unten wartet die Aranui vor der Bucht von Hanavave

Bild links:

Blick auf einen Wasserfall in der Ferne

Bild rechts:

Grauschwarze Vulkanfelsen wie von Zyklopenhand geformt

Die Siedlung Hanavave mit Hafen und Bucht

Bild unten:

Traumhafter Sonnenuntergang auf Fatu Hiva

Nautische Meisterleistung – Punktdrehung in der Bucht von Vaipaee

Bild Mitte links:

Viele Wasserfälle säumen die Küste von Ua Huka

Bild Mitte rechts:

Unser fein geschmückter „Bus“

Bild unten:

Küstenstraße auf Ua Huka

Ihnen und anderen verdankt Ua Huka ihr heutiges Landschaftsbild

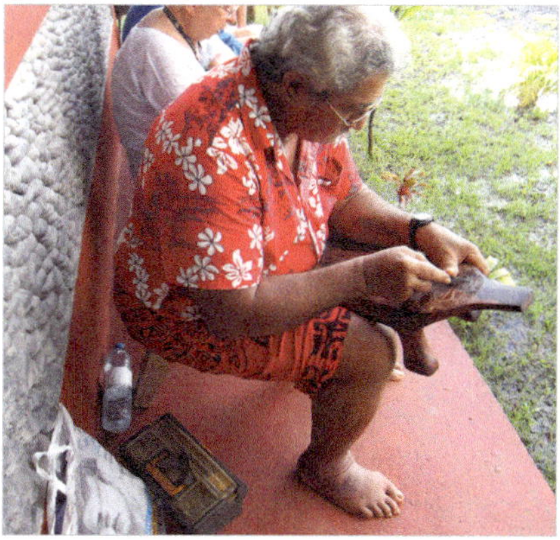

Bild Mitte links:

Unser Begrüßungskomitee

Bild Mitte rechts:

Ein Meister bei seiner Arbeit

Bild unten:

Exponate des Meereskundemuseums von Hane

Schnittige High Tech-Auslegerboote

Bild Mitte links:

Unser Reiseleiter Jörg entpuppt sich als erfahrener Botaniker

Bild Mitte rechts:

AvD – „Abschmatzer" vom Dienst – toller Job!

Bild unten:

Barbara, Kurt und unser Tasmanier

Typische „Wohnung“
in Vaitape

Bild Mitte links:

Dies fließt
in die Lagune

Bild Mitte rechts:

Geschmückter Altar

Bild unten:

Die habe ich
mal gut erwischt

Teilblick auf das Motu Tapu

Mama Wong

Bild unten links:

Das Motu Tapu ist mir zu fein gefegt

Bild unten rechts:

Unser hünenhafter Bord-Unterhalter in seinem Element

Der Kapitän der Piroge ist immer gut gelaunt

Der Ausleger durchpflügt das türkisfarbene Wasser

Bild unten links:

Polynesische Gastfreundschaft

Bild unten rechts:

Eine der vielen Overwater-Bungalow-Anlagen

Die Sirena und die Aranui 5 im Atoll von Rangiroa

Wir hatten das größte Flechtwerk

Leicht wehmütiger Abschied von der Aranui 5

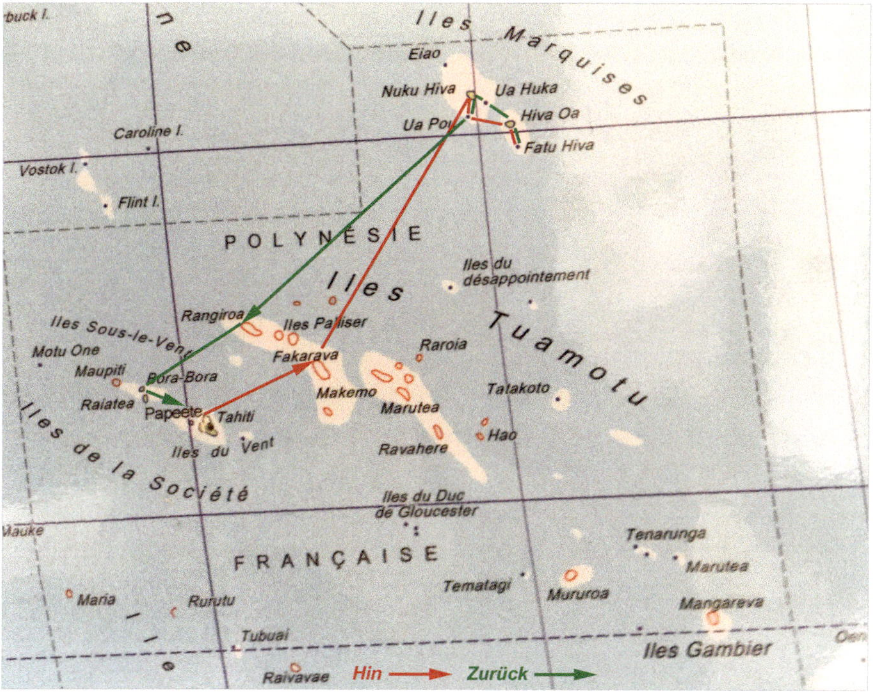

Unsere Reiseroute mit der Aranui 5
Bild unten: *Das Schiff vor den Bergen von Hiva Oa*

TRAUMZIEL SÜDSEE

ZWISCHENSTOPP IN PAPEETE

Eine Dreiviertelstunde nach dem Auschecken sitzen wir zum zweiten Mal in einem Kleinbus auf dem Weg zum Tahiti Pearl Beach Resort. Dieses Mal bewohnen wir die gebuchte „Premium Suite mit Meerblick“. Auf einer Fläche hat diese Wohnung dieselbe Größe wie die während unseres ersten Aufenthaltes.

Im „Bureau de Service“ stehen einige PCs den Gästen kostenfrei zur Verfügung, aber auch deren Verbindung zum Internet funktioniert wie ein Blinker. Sehr zu meiner Freude funktioniert das Kopieren meiner mit der Digitalkamera aufgenommenen Fotos auf einen Stick. Somit kann ich meiner Fotografierwut mit einer jungfräulichen Kamera wieder freien Lauf lassen, nachdem die Tränenbox uns im Stich gelassen hat.

Am Montag, dem 15. Mai, benutzen wir den Shuttle-Service, fahren nachmittags um halb drei ins Zentrum von Papeete zu der Rue Jeanne d’Arc und kehren mit ihm um fünf zurück. Wir besichtigen erneut die Markthalle, essen zwei mit asiatischen Nudeln und Hühnchenfleisch belegte Baguettes für 3,35 € und kaufen Obst für 6,65 € (eine kleine Ananas, sechs kleine Bananen, sechs Maracujas). Es ist erstens billiger als zuhause und schmeckt zweitens besser. Dazu ein Fläschchen (30 ml) Tiaré Eau de Toilette für 4,60 €. In einer Straßen-Gaststätte, gegenüber der Markthalle, trinken wir zwei Hinano à 0,33 l für 7,50 €. Zivile Preise, welche man auch bei uns bezahlen müsste.

Am darauffolgenden Tag machen wir Pause, lesen unsere E-Mails und WhatsApps, versenden einige und bereiten uns auf den morgigen Flug nach Raiatea vor. Die in der Markthalle gekaufte Ananas schmeckt zuckersüß und die kleinen, ca. 8-10 Zentimeter langen Bananen sind mit ihrem Aroma, das am Gaumen einen leicht süß-säuerlichen Geschmack entfaltet, mit den zuhause gekauften überhaupt nicht vergleichbar. Sie haben auch einen saftigen und nicht, wie bei uns, mehligen Charakter.

Rita besucht einen Tanzkurs und scheint das Geheimnis des ausladenden Hüftschwungs bereits etwas gelüftet zu haben. Frau muss immer einen Fuß etwas anheben und mit den Zehen auf den Boden tippen – meine Augen weiten sich schon beim Zusehen.

Raiatea

Raiatea und seine Schwesterinsel Taha'a bilden ein Atoll, da sie von *einem* Korallenriff umgeben sind. Die Landfläche Raiateas beträgt 194 km². Auf der Insel leben 16.000 Menschen (82/km²), ihre höchste Erhebung ist der Mont Toomaru mit 1.032 m. Der Hauptort ist Uturoa, ein quirliges Städtchen, an dessen Hafenquai Kreuzfahrtschiffe anlegen können. Die Entfernung nach Tahiti beträgt rund 220 Kilometer.

Kulturhistorisch bildete Raiatea das religiöse Zentrum und war Mittelpunkt der polynesischen Theokratie. So war der Marae Taputapuatea die größte und wichtigste Kultstätte ganz Polynesiens.

Raiatea hat eine überwältigende Fülle an tropischer Vegetation, die sie überaus fruchtbar erscheinen lässt.

Taha'a

Von Raiatea nur vier Kilometer entfernt, weist sie eine Landfläche von 90 km² und 6.000 Einwohner auf (67/km²). Der höchste Berg ist der 590 m hohe Mont Ohiri, der Hauptort heißt Patio.

Die Baie Haamne dringt wie ein norwegischer Fjord auf gut vier Kilometern bis ins Herz der Tropeninsel vor.

Es funktioniert wieder reibungslos. Um sechs Uhr morgens holen wir unser am Abend zuvor bestelltes Frühstück ab, da die reguläre Frühstückszeit erst ab halb sieben beginnt. Fünf vor sieben erwartet uns bereits der Fahrer des Kleinbusses, der uns in dreißig Minuten zum Flughafen bringt. Gestern Abend haben wir uns noch von dem Hamburger Paar verabschiedet, das wir auf der Aranui 5 kennenlernten und in der Nacht um vier Uhr – welch unchristliche Zeit – über Paris in die Heimat fliegt. Das Flugzeug, mit dem wir nach Raiatea fliegen, ist doch größer, als wir vermuteten. Es bietet 68 Passagieren Platz und erscheint beim Besteigen gegenüber den Riesenvögeln doch schnuckelig. Wir sitzen ganz vorne und mir fällt die verantwortungsvolle Aufgabe zu, im Ernstfall den Notausstieg zu öffnen. Die Durchsuchung des Handgepäcks und der Person erfolgt problemlos, mit dem Ergebnis, dass meine Literflasche Wasser im Rucksack anstandslos verbleiben darf, während Ritas Flasche, von einer anderen Person begutachtet, den Besitzer wechselt. Und dies, obwohl uns der Sicherheitsbeamte vor der Durchsuchung noch versicherte, dass wir die Flaschen mitnehmen dürften. Die Erfolgsquote beträgt somit 50 %! Der Flug gestaltet sich angenehm und ich bewundere die verschiedenen Wolkenformationen und mehrere Regenbogen, während die Stewardess ihren stressfreien Job versieht und den Gästen einen Ananassaft kredenzt. Mit 480 km/h brausen wir unserem Ziel entgegen, welches wir nach einer Dreiviertelstunde, pünktlich um halb zehn, erreichen. Aus luftiger Höhe präsentiert sich die Lagune mit ihrem Farbenspiel aus Korallenriff, verschiedenen Meerestiefen, davor ein paar Motus und das hell- bis dunkelgrüne Festland mit den Bergformationen. Wolken versuchen, einen Teil zu verdecken und ein Regenbogen im Hintergrund betont das fast unnatürliche Panorama. Weißer Schaum aus brechenden Wellen, vom schützenden Riff ihrer Kraft beraubt, demonstriert eindeutig das ruhige Wasser in der Lagune. Ich erkenne die Sirena im Hafen von Uturoa, ein Kreuzfahrtschiff der Oceania Cruises, das uns bei den Marquesas und in der Lagune von Bora Bora begegnete. Mit maximal 648 Passagieren ist sie noch überschaubar. Wir fliegen einen Bogen von 360 ° und steuern die Landebahn an, die am und aufgeschüttet im Meer liegt. In der schnuckeligen Flughafenhalle fragt eine Dame freundlich nach unserem Ziel. Sie verweist uns sofort an einen stämmigen, sympathischen Insulaner, der unsere Koffer in den bereitstehenden Kleinbus wuchtet und uns auf der kurzen Fahrt zum Hotel „Raiatea Lodge“, in dem wir die nächsten drei Nächte verbringen werden, bereits einiges über die Insel erzählt.

Wir sind wieder begeistert, als wir auf dem holprigen Weg die traumhafte, im Kolonialstil gestaltete Anlage bestaunen, die uns, obwohl erst vor 20 Jahren erbaut, in ein längst vergangenes Zeitalter zu transferieren scheint. Ich zolle dem Architekten, einem Könner seines Handwerks, meinen Respekt. Aus Beton oder Stein ist nur der Kern des Gebäudes; das Treppenhaus, die Veranden und mächtigen Säulen bestehen aus massivem Holz. Ein geschmackvoll dezentes Ambiente umgibt das gesamte Ensemble. Dafür sorgen auch die großzügige, offene Lounge, vom langläufigen Gebäudetrakt nach vorne herausgearbeitet und mit einem Giebeldreieck versehen, dessen Tympanon, wie auch andere Gebäudeteile, in einem dezenten Hellblau gehalten ist. Das Zimmer erreicht zwar nicht die Größe desjenigen im Pearl Beach Resort – was auch nicht notwendig ist –, hat aber ein tolles Bad und ist zur Begrüßung überschwänglich mit großen roten Hibiskusblüten, teils noch an den Zweigen, geschmückt. Besonders das Bett ist damit förmlich übersät. Ein farbenfroher, freundlicher, besonders berührender Empfang. Der geräumige Balkon bietet einen schönen Blick über den großen Garten auf das Meer, welches durch die wenig befahrene Inselstraße vom Hotelareal getrennt ist. Als absoluten Vorteil besitzt die Hotelanlage einen Steg, an dessen Ende man auf einer Leiter bequem ins hier tiefer werdende Meer gleiten kann. Dies erspart den ansonsten beschwerlichen Marsch durch das mit Korallenblöcken förmlich übersäte seichte Wasser, wodurch man weder Korallen noch sich selbst verletzt. Diese wunderschöne Insel hat einen entscheidenden Nachteil: Es gibt nur wenige schöne Strände mit problemlosem Zugang zum Meer. Wir nehmen uns zwei der kostenfreien Eingang-Rücktritt-Räder und treten die acht Kilometer bis zur Hauptstadt Uturoa gemütlich in die Pedale. Mein Rennrad-Hartsattel-geeichtes Hinterteil wähnt sich bei diesen ausladenden Sätteln im Fernsehsessel.

Zum dritten Mal auf unserer Reise weckt diese Insel Gedanken an den Garten Eden in mir. Üppiges Grün, mit tropischen Früchten beladene Bäume, der Wegesrand übersät mit Blumen, Blüten und farbigen Ti-Blättern.

Wir radeln an einem Yachthafen und dem Flughafen vorbei, umfahren eine Bucht und steuern direkt in die Stadtmitte. Uturoa ist mit seinen gut 4.000 Einwohnern ein quirliges Städtchen mit einer Markthalle, einem größeren Supermarkt, etlichen Geschäften und mehreren Restaurants. Direkt am Hafen steht das modern wirkende Rathausviertel mit Geschäften, einem Bistro und Restaurants, wo wir in einem chinesischen Restaurant eine recht preiswerte Portion gemischter Meeresfrüchte essen, was uns vorzüglich mundet. Uturoa ist nicht nur Hauptstadt von Raiatea, sondern Verwaltungszentrum für die „Îles-Sous-le-Vent“, die „Inseln unter dem Wind“, zu denen Raiatea gehört – nicht zu verwechseln mit ihren Namensvettern in der Karibik (Antillen).

Am Abend genießen wir einen Cocktail und ein Glas vorzüglich mundenden Rotwein. Die Bedienungen tragen wieder diese wunderschönen Kränze mit Blüten und Blättern als Krone im Haar; wenn nicht, dann mindestens eine Blüte hinter dem Ohr oder im hochgesteckten Haar.

Im Hotel buchen wir für den nächsten Tag eine zehnstündige Inselrundtour. Bei acht Teilnehmern kostet diese Ganztagestour inklusive Verpflegung mit Sandwiches und Früchten umgerechnet 50 € pro Person – ein angemessener Preis. Um halb neun holt uns der auf Anhieb sympathisch erscheinende Christian ab und stellt sich kurz vor. Als gebürtiger Franzose lebt er seit 30 Jahren auf Raiatea und ist mit einer Polynesierin verheiratet. Wie wir das noch oft erleben werden, haben ihn die Schönheit der Inseln, die Menschen und das Klima gefangen genommen. Sozusagen „Liebe auf den ersten Blick“.

Es ist eine andere Welt ohne die Hektik, den Stress, die uns zuhause umgeben und zu großen Teilen selbst produziert werden. Wir sind unzufrieden, auch wenn es uns noch so gut geht, weil wir immer noch mehr wollen. Das Leben hier ist einfacher, problemloser. Ich frage mich, wie lange es dauert, bis sich die Saugnäpfe an den Polypenarmen der globalisierten Welt an diese Inseln heften.

Christian äußert ein zutreffendes Zitat: *Wir haben die Uhr – sie haben die Zeit.*

Auf die eben erwähnten Blüten im Haar angesprochen, meint er: Sie können mit dem größten Geschmeide beladen sein, mit den dicksten und längsten Ketten. Aber ohne Blüte kämen sie sich nackt vor. Dabei suchen sie sich noch die farblich jeweils zu den Ketten und Kleidern am besten passenden Blüten aus.

In den 30 Jahren hat er sich zu einem Experten für Raiatea, dessen Gesellschaft, Historie, Fauna und Flora entwickelt. Wir erfahren im Tagesverlauf interessante, nützliche und informative Dinge. Er redet detailliert und gut verständlich. Wir erfahren so zum Beispiel, dass die Stämme der Kokospalmen wegen der Ratten in einer Höhe von drei bis vier Metern mit Blech- oder Aluscheiben umwickelt sind. Die Scheiben verhindern das Hochklettern und Anknabbern der Kokosnüsse. Diese Methode wird auch auf anderen Inseln angewandt (zum Beispiel Moorea).

Obwohl er davon lebt, ist er gegen einen verstärkten Tourismus auf Raiatea. Die Polynesier erleben einen drastischen Einbruch auf dem Tourismus-Sektor in diesem Jahr. Daran Schuld trägt die Air France, die mit Air Tahiti zusammen ein Monopol für die Flüge westwärts nach Französisch-Polynesien innehat und sie zu überhöhten Preisen anbietet. Eine Abwanderung der Touristen zu Konkurrenten wie Samoa und Fidschi, deren Hotelpreise zusätzlich noch unter den hiesigen liegen, ist die Folge. Dennoch sollte Raiatea nach Christians Meinung seine Ursprünglichkeit bewahren und deshalb keine reine Tourismusinsel sein.

Die Inselrundfahrt geschieht im Uhrzeigersinn. Nach wenigen Minuten hält Christian vor einem kleinen Geschäft und kauft eine Tüte mit warmen Mape-Früchten. Es handelt sich um polynesische Kastanien, dreimal so groß wie unsere Maronen und geschmacklich vergleichbar. Die mächtigen Mape-Bäume bilden hohe Brettwurzeln aus. Ein Schlag mit einem Stein oder schweren Gegenstand dagegen produziert einen dumpf hallenden Ton, der auch im dichtesten Regenwald in hunderten von Metern hörbar ist.

In Uturoa machen wir eine längere Pause, wo Christian uns in die Markthalle führt. Danach zeigt er uns viele Geschäfte, darunter welche mit sehr schönen kunsthandwerklichen Produkten und Kleidern, vor allem Pareos. Er macht uns noch mit einem Chinesen bekannt, dessen größerer Laden über und über mit Kitsch, Krempel, Kruscht, Nippes und allem, was man eigentlich nicht braucht, bestückt ist. Der Chinese behauptet, den Überblick zu haben. Aber das Wort Inventur wird er wohl negieren.

Chinesen spielten aufgrund ihrer Eigenschaften wie arbeitsam, fleißig und bescheiden eine herausragende Rolle beim Bau der transkontinentalen Eisenbahn der USA. In Französisch-Polynesien wurden sie für die ehemaligen Baumwollplantagen angeworben. Als der Baumwollanbau zurückging, besannen sich die Chinesen auf ihre Stärke im Handel und der Wirtschaft. Auf Raiatea – und nicht nur hier – sind diese Bereiche größtenteils in ihrer Hand. Das hat auch etwas mit der polynesischen Seele zu tun. Warum soll man für morgen vorsorgen, wenn es einem heute gut geht? Die meisten der gepflegten und großen Anwesen zwischen Straße und Meer gehören Chinesen, die sich mit hässlichen grauen

Mauern, die so gar nicht zu den schönen Häusern passen, abschotten.

Während wir die traumhafte Natur mit den mit exotischen Früchten beladenen Bäumen, Blumen ohne Zahl und bunten Ti-Pflanzen bestaunen, erzählt Christian von drei Verwaltungs- und Regierungsbezirken, deren überbordender Bürokratie und einer damit einhergehenden Produktion unnötiger Kosten. Der deutsche Bund der Steuerzahler oder auch der Bundesrechnungshof hätten ihre wahre Freude am Erstellen ihres Schwarzbuches.

So hatte ein übereifriger Bürgermeister die ehrgeizige Idee, entlang einer bestimmten Strecke alle zehn Meter eine Laterne errichten zu lassen. Diese leuchteten dann nicht, weil der Strom zu teuer war! Ich denke dabei auch an die unnötige Straße auf Fakarava für Jacques Chirac, der dann doch nicht kam. Ich erinnere mich aber auch an einen ehemaligen deutschen Verkehrsminister, der 1966 voller Euphorie folgenden Satz geprägt hat: „Kein Deutscher soll mehr als 20 Kilometer von einer Autobahnauffahrt entfernt leben."

Wir halten bei einer kleinen Vanille-Plantage, wo auch Perlen gezüchtet werden (Perle d'O). Die Preise der Vanilleschoten: 10 g = 400 XPF (3,30 €), 500 g 20.000 XPF (167,- €).

Vanillezucht

Die Bestäubung der Vanilleblüte wird frühmorgens um sechs von Hand vorgenommen. Der männliche Pollen wird mit einem Stöckchen in die Blütennarbe eingebracht und zusammengedrückt. Die daraus entstehenden, bis zu 30 cm langen Vanilleschoten, werden gelbgrün vor ihrer Reife geerntet. Nun beginnt ein zeitintensiver und aufwändiger Prozess über Fermentation in luftdichten Behältern und anschließender Trocknung unter freiem Himmel zur Bildung des Hauptaromastoffes Vanillin. Die Fruchtkapseln schrumpfen zu den uns bekannten glänzenden, schwarz-braunen Vanillestangen. Der aufwändige Herstellungsprozess ist für den hohen Preis hauptsächlich verantwortlich.

Wir dürfen zartrosafarbene polynesische Kirschen probieren, die mir persönlich sehr gut munden. Sie schmecken recht süß in Richtung Litschi/Vanille, haben keinen harten Kern, dafür aber mehrere winzige weiche. Dann erklärt uns die Junior-Chefin die Zucht der Schwarzen Perlen.

Schwarze Perlen

Das ist nur der übergeordnete Begriff der Perlen von Französisch-Polynesien, die eigentlich alle Farben aufweisen – von beige über kupfer, grau-grün-blau in allen Schattierungen bis schwarz.

Bei der Befruchtung einer Auster wird eine weiße Kugel, Nukleus genannt, im Geschlechtsteil eingepflanzt. Von einer Spendermuschel wird ein kleines Stück Gewebe abgeschnitten und dem Nukleus hinzugefügt. Die Farbe orientiert sich an der Innenschale der Gebermuschel, wobei auf ein schönes Perlmutt großen Wert gelegt wird. Die Zuchtmuschel lässt jetzt zur Abwehr die Perlenhaut über den Nukleus und das Gewebe wachsen. Die so behandelten Austern werden an Schnüren untereinander aufgehängt und in sechs Metern Tiefe im Meer in einem Drahtkäfig gehalten, der sie vor dem Befall von Parasiten und sonstigen Feinden schützt.

Auf der Ostseite Raiateas geht eine Bucht in die nächste über, die tiefste ist die Baie Faaroa. Im äußersten Südosten besichtigen wir den Marae von Taputapuatea, den größten und wichtigsten Zeremonialplatz von ganz Polynesien mit einer Fläche von 300 m^2, der 1994 entdeckt und restauriert wurde.

Raiatea spielte zur Zeit der Besiedelung der Archipele eine zentrale Rolle. Hier wurden die höchsten Götter verehrt, hier lebten die mächtigsten Stammesfürsten, deren Macht und Führungsanspruch durch ihre Ahnenreihe legitimiert war. Die Gesellschaft war in eine Pyramiden-

Hierarchie gegliedert, wobei die Häuptlinge, die ariki oder ari'i, politisch und religiös an der Spitze standen (s. Historie). Sie konnten Plätze und sonstige Dinge mit einem Tabu, dem fast gleichlautenden polynesischen „tapu“ belegen. So setzt sich der Name Taputapuatea aus zweimal „tapu“, also das Allerheiligste, und „atea“ für groß zusammen.

Da sich auf jedem Marae immer dieselben Bäume finden (s. Banyan auf den Marquesas), werden diese in einer bestimmten Bedeutung zu dem heiligen Ort in Verbindung gebracht. Christian erklärt uns dazu deren Nutzung, auch und vor allem in medizinischer Hinsicht, und inspirierende Wirkung. Auch heute noch werden Marae von allen Polynesiern respektiert und als heilige Orte betrachtet. Eine Schändung, Verschmutzung oder das Mitnehmen eines Steines wäre undenkbar. Daran sollten sich auch die Touristen halten. Daneben vertreibe ich mir die Zeit mit dem „Einlochen“ der harten Tamanu-Nüsse in die überall vorhandenen, teilweise großen Krabben-Höhlen.

Nach dieser hochinteressanten und fachlich beeindruckenden Führung durch diese heilige Stätte machen wir Mittagspause und werden mit belegten Weißbrotschnitten (Thunfischpaste, sehr feine saure Gurken und sonstige dunkelgrüne Blätter – vielleicht Yams oder Taro) verköstigt. Dazu gibt es Pampelmusen, Ananas und Papayas, die mit Zitronensaft beträufelt werden – soll besonders delikat schmecken, aber uns ist es zu sauer. An dieser Stätte befindet sich auch einer der wenigen schönen und direkt begehbaren Strände Raiateas.

Scherzhafterweise teilt Christian während der Fahrt die Menschen der Anwesen rechts (sonstige) und links (Chinesen) der Straße ein in: großes Auto, kleines Haus; kleines Auto, großes Haus. „Unsinnig, aber rein menschlich“, sage ich, „gibt es bei uns zuhause auch.“

Wir überqueren einige Flüsse und sehen ab und an winzige Ansammlungen von Mangroven. Die Insel ist traumhaft schön. Entlang der 100 Kilometer langen Rundstraße mit Kilometersteinen (s. Tahiti) blühen die vielfältigsten Blumen und bieten quasi eine Übersicht fast aller in Französisch-Polynesien vorkommenden Blumen. Die auf der Inselinnenseite der Straße gepflanzten – und geschnittenen – mannshohen Ti-Sträucher konkurrieren gegenseitig mit ihren vielfarbigen (gelb, rot, braun mit Zwischentönen) länglich-ovalen Blättern. Laut Christian wurden sie von Jugendlichen angepflanzt: Als amtlich verordnete Strafe für Gelage (Alkohol/Drogen), die aus dem Ruder gerieten. Ein durchaus als sinnvoll zu erachtender sozialer Dienst.

Gegen fünf Uhr biegt Christian von der Ringstraße ab und besucht einen Mann, der hier geboren wurde und dessen Bruder eine Professur und sonstige Vorsitzposten innehat. Er ist lustig und humorvoll und wir verbleiben bei ihm eine Weile. Er stellt das berühmte Tamanu-Öl (s. Flora) selbst her und wir kaufen eine Flasche mit 60 ml Inhalt für 500 XPF (4,20 € – im Internet kostet dieselbe Menge bei uns ab 27,- €).

Christian erklärt sehr gut und viel und unterhält sich gerne mit uns auch über andere Themen, so dass wir das Raiatea Lodge verspätet um kurz nach sieben erreichen. Das bedeutet keine Kritik, da wir selbst viel gefragt und geredet haben.

Es gibt auf Raiatea drei Hotelanlagen, wovon unsere die größte und beste ist. Am Abend bestellt Rita einen Salatteller „végetarienne" mit feiner Sauce und ich Pasta mit gebratenem Speck und „Serranoschinken de Corail". Dazu trinke ich einen sehr guten Rotwein (das Glas à 900 XPF – 7,70 €).

Für Freitagmorgen, den 19. Mai, haben wir ein Kanu geordert, mit dem wir zu dem vorgelagerten Motu paddeln. Vor dem Frühstück bin ich gestern und heute Morgen jeweils eine gute Stunde in dessen Richtung geschwommen, um die Meerestiefe und etwaige Hindernisse durch Korallen zu erkunden. Wenn ich über das Gras laufe, fällt mir auf, dass es großblättriger ist als bei uns und damit bodendeckend. Man geht barfuß angenehm wie auf einem weichen Teppich.

Wir bekommen eine Kühlbox mit Wasser, Bier und mit Serranoschinken, Käse und Tomaten belegten, mit Butter bestrichenen Baguette-Sandwiches. Das Paddelabenteuer verläuft ohne Havarie, dafür tritt Rita in den mit Matsch gefüllten Graben, obwohl ich mindestens drei Mal, auch Hotelgästen, davon berichtete, dass man über den Graben *springen* muss. Der berühmte Wassereimer hinter der Tür ist wesentlich schwerer zu treffen.

Das Motu übersteigt an Robinson-Romantik alles bisher Erlebte (Guadeloupe inbegriffen) und auch Vorstellbare. Es ist einfach ein Traum! Das Schnorcheln ist ebenfalls ein Erlebnis, trotz der im Gegensatz zu den Marquesas und auf Bora Bora weniger üppig erscheinenden

Meeresfauna. Allein die Korallenwelt lässt staunen. Obwohl das Wasser auf den ersten 80 Metern nur von knie- bis brusttief reicht, schnorchele ich an Korallenformationen vorbei, die wie Bergwände aus Gehirnen erscheinen und oben (aber unter der Wasseroberfläche) eine Mulde bilden, in der sich diese kleinen Fische, wunderschön blau, neon bis violett mit gelben Schwänzen, mit anderen tummeln. Ich sehe blassweiße Fische, pechschwarze, schwarze mit hellblauen Punkten, skalarartige mit quittengelben Randzonen, Zebrafische; sogar einen Kofferfisch mit dunkelbraun bis -blauem Teint mit wie Augen erscheinenden, helleren, am Augenrand wiederum andersfarbigen Punkten, der mit seinen seitwärts befindlichen kleinen Flossen, die wie Propeller erscheinen, einen enormen Speed hinlegt. Das alles ist einfach traumhaft – die verschiedenen Türkis- und Blautöne des Meeres, der Bewuchs der Insel, die eigentlich aus zwei Teilen besteht, einem kleineren und einem größeren. Kasuarinen, eine große Anzahl von Kokospalmen, kleinere Bäume mit großen Blättern bevölkern die Insel. Es gibt sogar ein paar Quadratmeter mit höher wachsendem Gras. Überall die Löcher beziehungsweise Höhlen der Krabben. Eine Eidechse flitzt über einen vermodernden Kokospalmenstamm, der die beiden Motus auf der durch zehn Meter Meer getrennten Schneise verbindet. Von der anderen Seite nähert sich vorsichtig eine handtellergroße Krabbe, die sich aus ihrem Bau gewagt hat und eiligst wieder in Sicherheit bringt. Leider liegen auch auf diesem traumhaften Eiland wieder die Reliquien von Besuchern, eigentlich Vandalen, die es nicht schaffen, die Kronenkorken, Plastikflaschen und -deckel, Tüten, Dosen und sonstigen Gegenstände wieder dorthin mitzunehmen, wo sie aufgebrochen sind. Gerade als wir ins Hotel zurückkommen, geht draußen ein Platzregen nieder, obwohl die Sonne scheint. Die dunklen Wolken, aus denen sich das Nass ergießt, erscheinen erst eine ganze Weile später, vorab ein Regenbogen.

Dream Yacht Charter
10tägige Kreuzfahrt auf dem Katamaran LAGOON 620

Lagoon 620

Technische Daten:

Zwei Motoren Volvo Penta à 110 PS, Großsegelfläche 145 m², Mast 25 m hoch, Preis: 1,5 Mio. €.

Die Lebensdauer beträgt aufgrund des nicht rostenden Baumaterials (Polyester) mindestens 25 Jahre. Dream Yacht Charter nutzt die Katamarane fünf Jahre und stößt sie danach ab.

Länge 18,90 m, Breite 10 m, max. 12 Passagiere.

Im Folgenden will ich Sie nicht mehr mit Kultur und Historie überfrachten, sondern unsere Reise und Erlebnisse in kleinem Kreis auf der DREAM YACHT schildern. Eine ganz andere Erfahrung und auch andere Erlebnisse und Eindrücke als auf der Aranui 5.

Als wir uns am Samstagmorgen gegen viertel vor sieben zum Frühstück bereitmachen, ertönt wieder ein kräftiger Schauer. Während des Frühstücks prasselt es immer noch. Ritas Kommentar: „Die brauchen hier nicht zu gießen – der liebe Gott gießt seinen Garten selbst."

Eine Stunde später bewegen wir uns schon wieder in unserem eigenen Saft. Es regnet zwar nicht mehr, dafür liegt die gefühlte Luftfeuchtigkeit kurz unter 100 %, was aufs Gleiche rauskommt. Dadurch werden gewaschene Kleider auch nie ganz trocken, weswegen sie leicht zu muffeln beginnen. „Nulle rose sans épines" – keine Rose ohne Dornen. Ob es Adam und Eva ebenfalls so erging – oder waren sie deshalb nicht bekleidet?

Wir unterhalten uns mit Gästen aus Montpellier und hören zum dritten Mal dasselbe: Die Touristenzahlen, und damit auch die Einnahmen und

Übernachtungen auf Französisch-Polynesien, sind dramatisch zurückgegangen. Als Hauptursache werden wieder die überteuerten Flugkosten aufgrund der Monopolisierung von Air Tahiti und Air France genannt.

Für uns betragen die Flugkosten circa 11 % der Gesamtausgaben (inklusive Taschengeld), während dieser Anteil bei Touristen, welche nur zwei oder drei Wochen hier verbringen, viel höher ausfällt. Im Gegensatz zu Hawaii, Fidschi, Samoa oder sonstigen Südsee-Destinationen wird wenig an sonstigem Trubel (TV, Kino, Animationsprogramme) geboten. Wir brauchen das nicht, sind aber leider eine Ausnahme – dessen sind wir uns bewusst. Ob das nun sinnvoll ist, dass ich zum Beispiel auf Tahiti/Moorea/Raiatea ins Kino gehen kann oder ob ich nun wirklich Animationen benötige, steht auf einem anderen Blatt.

Pünktlich um zwölf Uhr „entern“ wir die Lagoon mit zehn Passagieren (max. 12) am Quai von Uturoa. Dazu kommen der Kapitän Olivier und zwei Frauen, Hinano und Tatjana, die sich die Arbeit in der Küche und die restliche Organisation wie Reinigung und Einkauf teilen. Bis neun Passagiere hätte eine Kraft ausgereicht, ab zehn müssen es zwei sein. Wir staunen nicht wenig, als wir uns mit vier (!) Deutschen bekannt machen. Melissa und Fabian, ein jüngeres Paar aus Bielefeld im „verflixten siebten Jahr“ (O-ton Fabian), und Silvia und Markus, ein Paar in den mittleren Jahren aus Ulm – echte Schwaben, die ihre Herkunft akzentlich nicht verleugnen können. Mitten in der Südsee vernehme ich nach drei Wochen Abstinenz wieder echte schwäbische „Ei’s“ und „R’s“. Sie können eben alles – außer Hochdeutsch. Die übrigen vier Passagiere bestehen aus zwei französischen Brüdern (um die 40), Stéphane und Julien, sowie einem französischen Ehepaar, Bernard und Chantal, in unserem Alter. Die Brüder, von denen Stéphane verheiratet, Vater von zwei kleinen Kindern ist und in Paris wohnt, treffen sich während eines Jahres nur selten, da Julien in Kanada lebt.

Hocherfreut stellen wir fest, dass uns alle Passagiere von Anfang an sympathisch erscheinen. Wir sind schließlich in den nächsten zehn Tagen auf einem neunzehn Meter langen und zehn Meter breiten Katamaran sozusagen zusammengepfercht. Rücksichtnahme, Toleranz und Zurückhaltung müssen vorherrschen, aber auch Hilfsbereitschaft, Verständnis und Zusammengehörigkeit sowie ein allgemein passender Intellekt. Ich kann es jetzt schon vorausschicken: Es herrschte während der Zeit auf unserer

Dream Yacht immer ein angenehmer Ton, ein sympathisches Miteinander und Zusammengehörigkeitsgefühl. Intime Gespräche wurden eher oberflächlich geführt, was vielleicht überflüssige Diskussionen vermied. Was nicht heißen soll, dass Gesellschaft und Politik nicht zur Sprache kamen, aber ohne das Hochkochen von Emotionen. Dafür sorgten auch und vor allem Stéphane und Julien, die immer locker waren und einen Schabernack auf Lager hielten – unsere „Enfants terribles", wie sie von mir benannt wurden. Um ein Fazit zu ziehen: Die Stimmung an Bord war immer gelockert und angenehm – ein Garant für das Gelingen dieser Kreuzfahrt.

Jeder, der an Bord will, muss zuerst sein Schuhwerk aushändigen, welches in einer Tonne gesammelt und gleich verstaut wird. Wer sich an Bord bewegt, tut dies barfuß – das ist oberstes Gesetz. Wir beziehen die vordere Kabine auf backbord. Ich wuchte unsere beiden schweren Koffer die wenigen steilen Treppen hinunter und balanciere sie durch den schmalen Gang zu unserer Kabine. Sie besteht hauptsächlich aus Doppelbett, das dem auf der Aranui (außer in Größe) in nichts nachsteht. Auf Schlafkomfort wird geachtet. Die Stauräume sind aufgrund der Platzknappheit perfekt ausgetüftelt, sodass unsere gesamten Utensilien Platz finden. Koffer und Rucksäcke können zwischen Bett und Wand gestellt werden. Waschbecken, Toilette und Dusche sind nichts für Übergewichtige. Zweimeter-Schränke oder Biertrommel-Besitzer bekommen hier echte Platzprobleme. Manches „Brauereigaul-Hinterteil" würde einfach nicht auf die Toilette oder in die Dusche passen. Alles ist sauber und gepflegt. Wir sind hochzufrieden. Das Leben findet außerhalb der Kabine statt, die gerade zum Schlafen reicht.

Olivier, unser Kapitän, stellt sich beim Begrüßungscocktail vor und ist uns gleich sympathisch. Ebenso Hinano und Tatjana, wobei Hinano den resoluteren Eindruck macht. Sie hat seit kurzer Zeit den Kapitänsschein in der Tasche und ab und an erweckt sie den Eindruck, dass sie lieber selbst das Kommando führen würde, als am Herd zu stehen. Dessen ungeachtet ist sie eine exzellente Köchin, die immer ein ausgewogenes, fast diätetisches Essen kredenzt, das hervorragend mundet. Olivier versteht es intuitiv, als Kapitän wahrgenommen zu werden, indem er eine angenehm freundliche Distanz wahrt. Nach der obligatorischen Sicherheitsinfo erläutert er grob den Fahrplan der nächsten elf Tage. Danach beginnt das Abenteuer und wir stechen in Richtung Taha'a in See.

Da Raiatea und Taha'a von demselben Riff umgeben sind, erfolgt unsere „Jungfernfahrt" nach Taha'a in ruhiger See, was Rita, Julien und Chantal genauso gut genießen können wie der Rest, da sie aufgrund Seekrankheit nie echte Piraten werden könnten. Wir erreichen bald Taha'a und fahren unter Segeln mit Motorunterstützung an der Küste entlang. Im Ort Tiva zieht eine Kirche mit ihrem beigeroten Dach und Turmhelm mit strahlend weißen Mauern die Blicke auf sich. Ihre Fenster- und Turmecken sowie der untere Teil der Mauereinfriedung erstrahlen angenehm hellblau – ein Ansichtskartenmotiv. Unser Ziel ist das Motu Tautau im äußersten Westen, vor dem sich an zwei langen Holzstegen die Überwasserbungalows des Luxushotels *Le Taha'a Island Resort & Spa* ***** in der hellblau bis türkisfarbenen Lagune aufreihen. Die Preise für Doppelzimmer beginnen ab 900 € pro Nacht.

Wir ankern zwischen Tautau und einem kleineren Nachbar-Motu, auf das wir mit dem Dingi (Beiboot) übersetzen. Mit unserer Schnorchel-Ausrüstung gehen wir auf einem geschwungenen Pfad durch dichte, niedere Sträucher und üblichen Baumbewuchs (Kokospalmen, Kasuarinen, Pandanus) bis zum Ende des Motus. In 16 Kilometern Entfernung wächst die unverwechselbare Silhouette Bora Boras mit den Hausbergen Mont Otemanu (727 m) und Mont Pahia (661 m) aus dem tropischen Meer. Die schönsten Inseln geben sich hier auf einer Wasserfläche von 140 x 80 Kilometern ein Stelldichein: Bora Bora, Tupai (unbewohnt), Maupiti, Taha'a, Raiatea, Huahine. Sie gehören wie Raiatea zu den Inseln unter dem Wind. Ich schaue mich um und erkenne die geballte Ladung europäischer Urlaubs-Sehnsucht – weißer, palmengesäumter Strand, die Farbpalette glasklaren Wassers von glänzendem Türkis bis zum zarten Hellblau. Wir ziehen unsere Schnorchel-Ausrüstung an und gleiten in die bis höchstens zwei Meter tiefe Unterwasserwelt, die zu allem bis jetzt Erlebten unvergleichlich anmutet. Ich kann vorwegnehmen, dass das hiesige Korallenmeer das schönste unseres gesamten Urlaubs darstellte. Das von Olivier verteilte Baguette wird mir von wahren Fischschwärmen aller Arten, Formen und Farben förmlich von den Fingern gerissen. Die bereits aus vorherigen Schnorchel-Abenteuern bekannten Arten begleiten uns neugierig und hungrig; dazu kommen heute Feuerkorallen, ein Schwarm von hunderten schwarz-weiß gestreifter, 10-15 Zentimeter langer Fische, Anemonen mit dem bekannt orangefarbenen Kragen, der ihre

Polypen bündelt, und Fischarten in von mir in dieser Vielfalt noch nicht erlebtem Ausmaß. Wir sind begeistert. Bernard und Markus tauchen um die Wette und machen mit ihren Unterwasserkameras unentwegt Fotos.

Wer will, verzichtet auf das Dingi und schwimmt zum Katamaran. Wir fahren wieder zurück und werfen in Höhe der pittoresken Kirche am Ufer den Anker. In der Lagune erleben wir ein fast unnatürlich glänzendes Türkis, das mit dem von Bora Bora wetteifert. Wir duzen uns alle und einer der französischen Brüder ergreift die Initiative zum Karten spielen. Die Küche ist schon voll des Duftes nach gebratenem Lamm und um sieben Uhr wird das Essen aufgetischt. Wir erleben einen Sonnenuntergang mit gelb-orangeroten Tönen, die sich mit grau-blauen Wolken mit unscharf abgegrenzten Rändern mischen. Über Raiatea vereinen sich die rotgoldenen Sonnenspeere mit verbliebenem Blau zu lilafarbenen Wolkenteilen, die schräg und nach oben zunehmend am Horizont verlaufen. Eine friedliche Atmosphäre, von Stille und dem leisen Plätschern der Wasserzungen an die Bordwand geprägt. Einlullend, die laute Welt mit ihren Problemen verdrängend. Wir sitzen am großen Tisch, lesen, schreiben oder hängen unseren Gedanken nach. Gedanken einer friedlichen Welt, derer wir in unserer hektischen Heimat mehr und mehr beraubt werden. Die Idee drängt sich mir auf, ob wir hier für immer bleiben könnten.

Einer der Brüder nimmt das Kartenspiel UNO und spielt mit uns Deutschen, danach bringt er uns noch ein anderes Kartenspiel bei. Kurz vor zehn liegen wir auf unseren Betten, denn um punkt zehn werden das Licht und die Klimaanlage an Bord ausgeschaltet. Wir müssen uns noch an das Plätschern des Wassers gewöhnen, das im Hohlraum zwischen den Katamaran-Auslegern unablässig an die Schiffsrümpfe schlägt. Die Luftfeuchtigkeit macht uns wieder zu schaffen, sich zuzudecken wäre eine Qual. Da muss ein Hinano zum Einschlafen her, da wir von dem heute Erlebten recht aufgedreht sind.

Am Sonntagmorgen, dem 21. Mai, lichten wir um acht Uhr den Anker und segeln in Richtung Passe, um aus der Lagune von Raiatea/Taha'a herauszukommen und Kurs auf Bora Bora zu nehmen. Kurz vor der Durchfahrt gesellen sich am rechten Bug Delphine zu uns. Die hiesigen Delphine werden nicht so groß, sie messen vielleicht einen Meter Länge. Vorher sehen wir zwei Rochen im circa zwei Meter tiefen Wasser. Nach der Durchfahrt schweben Vögel knapp über den Wellen und einige fliegende Fische wetteifern mit ihnen. Auf der offenen See wird der Wellengang intensiver und Rita füttert ungewollt die Fische. Ich bin bei ihr und halte sie fest, tätschele ihr den Rücken, da sie sich tief über die Reling beugt. Zu allem Übel werden ihre spitzen Schreie später auch noch von Julien, diesem Kindskopf, nachgeäfft. Sie nimmt es gelassen. Schade um das gute Frühstück. Da wir bei Taha'a zur Passe nach Süden segeln und Bora Bora an seinem Riff entlang halb umrunden müssen, werden aus den 16 Kilometern Luftlinie 45 Kilometer Seestrecke. Bei einer Geschwindigkeit von fünf bis acht Knoten (9-15 km/h) benötigen wir vier Stunden.

Der Tag auf Bora Bora vergeht mit Schnorcheln, dem Bestaunen und Bewundern der Farbpalette des Wassers, der Silhouette der Berge und des Palmenbestandes der Strände, die die Lagune zum offenen Meer hin begrenzen. Während der beiden Schnorchelstopps machen wir mit den bereits von der Aranui 5 her bekannten Rochen und Schwarzflossenriffhaien Bekanntschaft.

Dann entdecken wir plötzlich einen kapitalen Barrakuda, der, in der Mitte zwischen Boden und Wasseroberfläche förmlich schwebend, Respekt einflößt. Wir springen natürlich ins Meer, um uns diese Gelegenheit nicht entgehen zu lassen. Jedoch wagt sich keiner in seine direkte Nähe. Junge Barrakudas bewegen sich in Schwärmen, alte wie dieser Kerl werden zu Einzelgängern. Kalte Augen starren uns an, der vorstehende Unterkiefer mit den herausragenden, dolchartigen Zähnen lässt uns respektvoll einen gewissen Abstand wahren, um dieses einmalige Erlebnis unbeschadet zu überstehen.

Das Meer birgt hier eine immense Menge an Fischen. Tatjana taucht mit Fabian nach *Benetier*-Muscheln, einer Delikatesse, die wir gleich, mit Limonensaft beträufelt, probieren. Es gibt diese Muscheln in allen Größen. Man erkennt sie an ihrer Muschelöffnung, die in Schlangenlinien verläuft und im Gegensatz zum sonstigen weißgrauen Körper kräftige Farben von blau bis lila aufweist. Der gedrungene Körper verläuft ebenfalls in Wellenlinien. Olivier erklärt den Namen Benetier auch mit „Eau sacré" (Weihwasser). Die Muscheln schmecken hauptsächlich knorpelig – eine Delikatesse stelle ich mir anders vor. Delikatessen werden oft gemacht, so wie Austern, Kaviar oder Trüffel. Da spielen Emotionen und gute Public Relations eine wichtige Rolle. Die arme Tatjana erhält danach von Hinano noch einen Rüffel, da Benetiers wohl nicht gefangen werden dürfen. Wie bereits erwähnt: Hinano würde gerne das Kommando übernehmen.

Scharf heben sich die Konturen der Felssilhouette der Hauptinsel wie ein Schattenspiel gegen den bewölkten Himmel ab, als wir um halb sechs den Anker im Osten der Lagune werfen. Auf der Pirogenfahrt hatten wir an diesem Platz drei Katamarane der Dream Yacht gesehen. Olivier kann, zeitlich gesehen, nicht dabei gewesen sein. Aber die Dream Yacht Charter verfügt weltweit über 800 Katamarane, und hier auf den Gesellschaftsinseln wird wohl auch eine kleine Armada von ihnen unterwegs sein. Ein ereignisreicher Tag geht zu Ende, ereignisreich im Sinne von Entdecken der Unterwasserwelt. Olivier erklärt uns, dass die Auslastung dieser Überwasserbungalow-Anlagen deswegen sehr gering sein soll, da für Promis und Filmsternchen immer ein gewisses Kontingent vorgehalten wird, um disponibel zu sein, wenn sie mal Lust darauf haben sollten.

Um sieben Uhr gibt es diesmal kein Frühstück, sondern eine Entdeckungstour. Wir schnorcheln in einem Bereich, der für das Vorkommen von Mantas, diesen „Segelflugzeugen der Tiefe", bekannt ist. Tatsächlich sehen wir einen kleineren in circa 20 Metern Tiefe, aber etwas nebulös. Es handelt sich um Riffmantas mit einer Spannweite von maximal 5,5 Metern, die Riesenmantas erreichen 7 Meter Breite. Das Wasser ist tatsächlich aufgrund des hier vorkommenden Planktons, von dem sich die Mantas hauptsächlich ernähren, nicht klar. Vorher sehen wir eine circa 40 Zentimeter große Schildkröte. Ansonsten bleibt uns das Entdeckerglück versagt. Als Entschädigung kredenzt uns Hinano um acht Uhr ein feines Frühstück.

Die nächste Schnorcheleinheit findet am Lieblingsstandort der Adlerrochen, deren Köpfe denen von Pinguinen gleichen, statt. Wir beobachten sie im vier Meter tiefen Wasser von oben, da wir ihren einen Meter über dem Meeresgrund stattfindenden Gleitflug nicht stören wollen. Zur Belohnung gibt es auf einem Privatmotu gegrilltes Huhn, Poisson cru und sehr fein marinierten, gegrillten Fisch. Die Hühnchenschlegel werden hier allgemein derart eingeschnitten, dass sie die Form eines Steaks erhalten. Während des Grillens, das einmal mehr einem Räuchervorgang ähnelt, wird das Fleisch mehrfach mit einer Marinade bestrichen und ab und an mit Wasser besprenkelt. Zu der Grillhitze gesellt sich die Sonnenglut und trotzdem vertreiben wir uns die Zeit mit Boulespielen und Volleyball. Zur „Abkühlung" springen wir ins mindestens 26° C „kühle" Wasser.

Je länger wir uns in dieser Lagune bewegen und immer wieder dieses fast unnatürlich schön erscheinende Farbenspiel zwischen intensivem Türkis und allen denkbaren Blautönen, von hell bis tiefdunkel, wahrnehmen, desto stärker sind wir davon überzeugt, uns auf einem der schönsten nautischen Flecken dieser Erde zu bewegen. Dazu tragen auch die Küsten, Motus und die über allem thronende Felskorona bei. Der weiße Sand, die teils wie Windmühlenflügel um die Spitze der Kokospalmen angeordneten Blätter, das betörende Grün der Berghänge, deren oberer Rand wabenmäßig glatt wie von Schirmakazien abgeschlossen erscheint. Pirogen, Katamarane, Motorboote und Kanuausleger durchfahren kreuz und quer die Lagune.

Mittlerweile segeln wir im Verband, da sich noch zwei Katamarane der Dream Yacht Charter zu uns gesellt haben. Die Passagiere einer Dream Yacht, alle im gesetzteren Alter und Italiener/Spanier, sind derart aufgedreht, dass es schon fast peinlich wirkt. Wir machen zwar auch unsere Scherze, mit kräftiger Unterstützung unserer in dieser Beziehung federführenden „Enfants terribles", bleiben aber trotzdem auf dem Teppich und bilden eine weitaus coolere Crew. Später kreuzt die „Wind Spirit" unseren Weg, ein Viermast-Kreuzfahrtschiff mit computergesteuerten Segeln. Im Licht der untergehenden Sonne bildet sie vor dem Bergmassiv eine traumhafte Ansichtskarten-Kulisse.

Am nächsten Morgen sitzen wir Deutschen vollzählig bereits um sieben am Frühstückstisch, als die Franzosen ein wenig später erscheinen. Die übliche Obstplatte mit (viel zu saurer) Sternfrucht, Kiwi, Trauben, Ananas und Papaya steht bereit. Es gibt Käse, polynesische Mortadella (eingängig rot ohne weiße Fettaugen) anstatt der üblichen Salami. Erdnussbutter, Guaven- und Pampelmusen-Marmelade, Honig und, wer will, Spiegeleier. Die angenehmen, freundlich-zuvorkommenden Passagiere unterstützen die wohltuende Urlaubsstimmung in dieser Lagune. Gegen acht lichtet Olivier mithilfe von Hinano den Anker und unter Segeln verlassen wir die Lagune und steuern auf hoher See Raiatea an.

Nach dem Mittagessen, zu dem es pochierten und sehr fein marinierten Schwertfisch „Espada" gibt, steuern wir eine Perlenzuchthütte im

Meer an. Die Amerikanerin, die hier schon seit 20 Jahren lebt, erklärt die Perlenzucht ausführlich und gut verständlich (Ausbeute ca. 1000 Perlen/Monat). Die im Meer in sechs Metern Tiefe hängenden Austern (genau: Schwarzlippige Perlenauster) sind wegen des trüben Wassers nur sehr unscharf beziehungsweise gar nicht zu erkennen.

Später ankern wir circa 500 Meter vom Ufer entfernt direkt in Höhe des Stadtzentrums von Uturoa. Wolken ziehen auf. Im Hintergrund verschwindet die Silhouette von Bora Bora unter einer Wolkenfront, die sich schon vorher bildete.

Wir sind „Bora Bora-geschädigt", was so viel bedeutet, dass dieses wunderschöne Atoll Taha'a/Raiatea in seiner weiterhin existierenden Schönheit doch zurückstehen muss. Während des Sonnenuntergangs genießen wir wieder dieses Dümpeln vor den zunehmend dunkler werdenden, gewaltigen Wolkenbänken im Hintergrund und beobachten die ihrem Ziel zustrebenden Motorboote, Pirogen oder Auslegerkanus unter dem rotblau getränkten, wolkenfreien Firmament. Der Abstand zum belebten Ufer garantiert Ruhe und Erholung, nur unterbrochen vom natürlichen, herzhaften Lachen der beiden Frauen unserer Crew und dem angenehmen und scherzhaften Palaver der sich richtig gut verstehenden Passagiergemeinschaft.

Am Mittwoch, dem 24. Mai, legen wir nach dem Frühstück mit zwei weiteren Dream Yachten am Pier in Uturoa an. Ein wenig später starten wir mit den Passagieren eines anderen Katamarans in drei Wagen zu einer Inseltour, die uns wieder zur Perle d'O führt, wo wir bereits beim Aufenthalt in der Raiatea Lodge mit Christian waren. Beim Erläutern der Perlenzucht staunt Madame nicht schlecht, dass sie Rita und mich zum zweiten Mal begrüßen darf – doppelt genäht hält besser. Wir folgen der Ringstraße bis zum Ende der größten Bucht Raiateas, Faarea. Dort biegen wir rechts ab und fahren auf einer engen, kurvigen Straße durch das Inselinnere zur Baie Farepati. Unser Fahrer ist ein junger Insulaner, der uns nicht nur die Landschaft näherbringt, sondern selbstbewusst über sich und die heutige Situation der Polynesier berichtet. Auch hier vollzieht sich nach seinen Worten ein Wandel, weg von der schweren Tätigkeit auf den Plantagen exotischer Früchte, hin zur Dienstleistung, zum Beispiel der Tourismus-Branche.

Die Landschaft strotzt vor Fruchtbarkeit, der Dschungel ist undurchdringlich. Und dann das Unfassbare: Treibhäuser in dieser Treibhaus-Natur! In diesen werden mediterrane Früchte (Zucchini, Auberginen), Tomaten und Salate angebaut. So richtig will ich es nicht verstehen, aber in den Treibhäusern soll wohl die Luftfeuchtigkeit nicht so hoch sein wie unter freiem Himmel. Tomaten würden ansonsten von Braunfäule befallen; die anderen Gemüse, auch Salate, haben ebenfalls Probleme mit dem feucht-heißen Klima. Produziert wird hauptsächlich für die Touristentempel, die ihren Gästen alles bieten und keine Annehmlichkeiten vorenthalten wollen. Unser Tempel (auf Moorea) setzt uns auch solche Extravaganzen vor, aber wir wurden nicht gefragt. Unter dem Motto „Der Kunde will es", oder anders „Damit wir damit angeben (glänzen) können". Wir würden gerne zu Gunsten einheimischer Produkte darauf verzichten, auch wenn sich das Angebot dadurch verringern würde.

Wir besichtigen zum zweiten Mal die nationale Tempelanlage Taputapuatea, die wir bereits von Christian – der übrigens auch zu den Fahrern unserer Karawane gehört – ausführlich erklärt bekamen. Ich übe mich wieder im Einlochen der Tamanu-Nüsse auf dem „N-Loch-Krabben-Golfplatz". Entlang der Küstenstraße fahren wir zum Ausgangspunkt zurück.

An Bord gibt es zum Mittagessen fein marinierten Roten Thun. Am Nachmittag brechen wir nach der zusätzlichen Besichtigung einer Perlenfarm in der Lagune nach Taha'a auf und passieren dort die Baie Haamne, laut Olivier die größte von Französisch-Polynesien. Wir segeln wieder im Verband mit den beiden Katamaranen und ankern vor dem Motu Mahaea, wo wir schnorcheln (nicht überragend, teils starke Strömung) und die Nacht verbringen.

Der Himmel ist hier über die Maßen klar, die Anzahl der sichtbaren Sterne viel höher als zu Hause und die Himmelskörper erscheinen auch größer. Olivier erklärt die Positionen verschiedener Sternbilder (wie großer Bär oder Skorpion). Dazu noch das berühmte „Kreuz des Südens", das den Seefahrern als Orientierungshilfe diente. Die senkrechte Achse dieser aus vier sehr hellen Sternen bestehenden Konstellation weist in ihrer Verlängerung zum südlichen Himmelspol. Im antiken Griechenland war das Kreuz des Südens noch vom Mittelmeerraum aus zu sehen, während es heute nur noch in Äquatornähe betrachtet werden kann (Verschiebung der Erdachse – Präzessionsbewegung).

Im Schein von Juliens Taschenlampe sehen wir einen Rochen, wohl ein Adlerrochen, am Heck unserer Dream Yacht. Die zuerst sternenklare Nacht wird später wolkenverhangen und der Wind pfeift um die geöffneten Luken und Fenster. Das stellt im Vergleich zu geschlossenen Luken und Fenstern das kleinere Übel dar, dünstet man doch ansonsten in dem kleinen Raum in seinem eigenen Saft. Wir schlafen trotzdem wunderbar.

Am nächsten Morgen schippern wir nach dem Frühstück in Richtung Huahine. Die See ist recht aufgewühlt und während der Fahrt knallen die mittels der Rümpfe zerteilten Wellen, einem imaginären Hammer gleich, wütend an die Decke des Tunnels. Um kurz vor halb elf vollführt Olivier plötzlich einen 90 °-Schwenk nach rechts und die Schreie „Whale“ lassen uns, wie ein Rudel Rehe bei dem Schrei „Wolf“, aufschrecken und auf die obere Etage stürmen. Drei Wale umkreisen unsere Dream Yacht und tauchen leider nur dreimal auf. Es handelt sich um Zwergwale mit einer geschätzten Länge von sechs Metern.

Nach diesem aufregenden Ereignis setzen wir unsere Fahrt nach Huahine fort, wo wir um zwölf Uhr in die Lagune einfahren. Wir haben Glück und eine Delphinschule umkreist uns in – leider – gebührendem Abstand. Direkt vor dem Land biegen wir rechts, also nach Süden, ab und fahren an einer wunderschönen Küste entlang. Mein erster Eindruck: gepflegt, schöne Häuser an einer Straße, die an dicht bewachsenen Felsen verläuft. Bis ins Meer überhängende Äste großer Bäume, die im Hintergrund gleich terrassenförmig die niederen Berghänge erklimmen. Wieder diese Schirmbäume, von Kokospalmen und groß- und kleinblättrigen Bäumen verschiedenen Ausmaßes durchsetzt.

In der Baie Bourayne werfen wir den Anker. Begrenzt wird diese traumhafte Kulisse von einem fast glänzenden Türkis, dessen schmales Band das Riff mit den sich daran brechenden Wellen begleitet. Leicht wellige Hügel gewähren einen weiten Blick auf das Innere der Insel. Vulkanische Felsen und Felsbrocken, im Meer verschwindend, bewachsen mit einem Teppich aus schier unerschöpflicher Flora. Bäume, Blüten und Sträucher – Sinnbild der Fruchtbarkeit.

Olivier will uns eine Art Seepferdchen zeigen, die hier vorkommen soll und fährt uns mit dem Dingi an die bezeichnete Stelle. Wir werden tatsächlich fündig und bestaunen das kleine Tier. Einige bisher noch nicht gesehene Fische kommen hinzu. Danach setzen wir mit dem Dingi zu dem vor uns liegenden Strand über. Das Paradies bleibt aus – Moskitos warten auf unbedachte Besucher.

Von See her ahnt man nicht, welch verwunschene Natur sich hinter den Laubbäumen und Kokospalmen verbirgt, sieht nicht den anfangs nur leicht ansteigenden Pfad, der gewunden an riesigen Bambusstauden mit einem geschätzten Stammdurchmesser von bis zu 25 Zentimetern entlangführt. Ich folge ihm ein kleines Stück. Undurchdringliches Unterholz, dessen Fülle durch einige mächtige Bäume aufgelockert wird, schafft diese Traumnatur. Ich kann die Mannschaften der frühen Entdecker verstehen, die von ihren Kapitänen zur Weiterreise befehlsmäßig aufgefordert werden mussten. Auch ich könnte hier einfach bleiben und die Zeit vergessen. Manche Stämme verzweigen sich gleich über dem Boden, stammähnliche Äste bereichern in ihrer Größe das Unterholz, das von roten Ingwerblüten farblich aufgepeppt wird. Ich wandele weiter, während der Weg langsam steiler wird und im dichten Unterholz einem mir doch zu weit erscheinenden Scheitelpunkt zustrebt.

Die überdrehten europäischen Südländer erkunden ebenfalls den Strand und laufen auf demselben Weg weiter nach oben. Die Flora ist gewaltig, undurchschaubar, verwunschen. Ich verliebe mich in diese Insel, in die Baie, die mir auf dieser Reise als die bisher schönste erscheint.

Am Strand lernen wir Siggi kennen, einen Eremiten, der aus Muscheln und roten Steinen (hoffentlich keine Korallen) Ketten fertigt. Wir brechen wenig später die Robinsonade ab und gleiten noch ein Stück an der Küste entlang, wo wir vor einer Anlage mit palmgedeckten Strandbungalows mit den anderen beiden Dream Yachten vor einer grandios im Meer versinkenden Sonne, deren Strahlen die Wolken durchdringen und das Firmament erhellen, den Anker werfen.

Am Freitagmorgen, dem 26. Mai, erkunden wir Huahine auf einer Rundfahrt mit Pierre, dem Besitzer des Hotels *Lapita Village*.

Der Amerikaner lebt seit über 10 Jahren hier. Mit Begeisterung bringt er uns Land und Leute näher. Man merkt, dass er gerne hier lebt, sich seinen Lebenstraum erfüllen konnte. Schöne Häuser mit gepflegten Anlagen säumen die gut asphaltierte Straße, die oft wie ein Damm über

Wasser führt. Wir überwinden einen Hügel und fahren in ein sich anschließendes Tal. Während einer Pause erklärt uns Pierre verschiedene Baumarten, darunter der großblättrige Teakbaum, Miconia-Pflanzen und Flamboyant-Bäume.

Wir überqueren die Brücke *Pont de Maroe*, die Huahine Nui und -Iti (groß und klein, s. Tahiti) verbindet und fahren über einen weiteren Hügel zu einem Bach, in dem die „Secret blue eyes ales" leben. Diese stattlichen, armdicken, gut einen Meter langen Aale mit den blauen Augen kommen nur hier vor und werden als heilig verehrt und gefüttert.

Weiter besuchen wir einen Marae mit Museum, danach den „See", der eigentlich keiner ist, weil direkt mit dem Meer verbunden. Hier werden auch Barrakudas gefangen, die sich in den pfeilspitzenartigen Steinfallen „verheddern". Am Ende der Rundfahrt zeigt uns Pierre stolz sein Hotel, ein wahres Schmuckstück mit einem halbseits offenen, großzügigen Restaurant und im landestypischen Stil erbauten Bungalows. Die Anlage gleicht einem Park und wird von Wasser durchzogen, in dem große Seerosen mit ihren zartlila Blüten zuhauf gedeihen und eine wohlige und friedliche Atmosphäre schaffen. Wir bleiben noch ein wenig im Hauptort Fare und starten um viertel vor zwei nach Taha'a zurück.

Teilweise segeln wir mit 10 Knoten (18,5 km/h) Taha'a entgegen und erreichen die Insel gegen fünf Uhr. Während des Törns hängt, liegt, sitzt jeder faul herum oder starrt auf die See, die Wellen, das Panorama. Vielleicht taucht ein größerer Meeresbewohner auf oder fliegende Fische. Vögel segeln über uns oder halten, ein paar Meter über den Wellen schwebend, nach Beute Ausschau. Vielleicht fliegt ja auch etwas Essbares von der Dream Yacht über Bord, wenn Hinano das Abendessen vorbereitet. Olivier hat mal wieder die starke Hochseeangel ausgeworfen, an deren Schnurende ein Wobbler mit kreisenden Bewegungen auf sich aufmerksam machen soll. Das Anglerglück bleibt uns aber jedes Mal verwehrt.

Die Silhouetten der Inseln bilden einen Teil des Horizonts in der unendlich erscheinenden Weite des Pazifiks. Rechts und links der Katamaran-Spitzen ist je ein Sitz installiert. Julien sitzt rechts mit seinem schwarzen Hut – ein unzertrennliches Paar – und hält Ausschau. Ich schreibe, andere lesen oder dösen, auf der oberen Plattform in der Sonne liegend. Südseealltag. Auch Olivier überlässt die Navigation der Automatik. Die

Segel knarren am Mast wie krächzende Raubkatzen mit Sprachfehler oder Hunde mit Rachitis. Wenn der Katamaran gegen die Wellen aufläuft, meint man, jemand hielte ihn zurück, um ihm gleich darauf einen kräftigen Stoß ins Wellental zu geben. Wir machen unsere Späße über den harten Job eines Kapitäns, während Tatjana und Hinano noch ein wenig arbeiten. Stéphane, Bernard und Julien führen nach dem Essen eine intensive Debatte über französische Politik und Gesellschaft.

Bald liegen wir in der Baie von Apu auf Taha'a vor Anker. Um halb sieben fahren wir mit dem Dingi an den Strand zum „Tahitianischen Abend". Ein Erdofen wird geöffnet. Dieser ist noch zusätzlich mit runden „Deckeln" bedeckt, die aus geflochtenen Palmblättern bestehen. Fisch, Schwein, Kochbananen, Spinat, sonstiges Gemüse und der Pudding aus Poi Poi (Brotfrucht), der anschließend mit Kokosmilch übergossen wird, werden aus dem Ofen befördert. Zu später Stunde werden Tanzeinlagen geboten. Zuerst tanzen die Frauen, dann die Männer, und zum Schluss wird ein beeindruckender Feuertanz aufgeführt. Um viertel nach zehn kehren wir auf die Lagoon zurück, wo Tatjana, die uns morgen verlässt, zu ihrem Abschied einen exzellenten Tanz vorführt – ihre Art, sich bei uns zu bedanken.

Am Morgen sehen wir die *Arctic* in einer Bucht, eine beeindruckende Luxusjacht von 90 Metern Länge, die wir schon im Hafen von Papeete bestaunen konnten und eigentlich die Architektur eines Polarforschungsschiffes aufweist. Sie gehört dem früheren Verlobten von Mariah Carey, James Packer, der den ehemaligen Hochseeschlepper erwarb und zu einer Luxusjacht umbauen ließ. Vor der Hochzeit mit der Diva machte er in letzter Sekunde einen Rückzieher, da nach eigener Aussage sogar ihm als Milliardär die Forderungen im seitenstarken Ehevertag als zu hoch erschienen.

Am Samstag, dem 27. Mai, segeln wir wieder nach Uturoa und legen im Hafenbecken an. Shoppen ist für uns beide – und für die meisten von uns Passagieren – nicht angesagt, und so sitzen wir im Bistro am Markt-Carré und genießen Kaffee oder Hinano. Julien und Stéphane haben den Bogen raus und bestellen einen großen Krug Hinano, der in der Menge billiger ist. Unsere Unterhaltung lässt dabei auch ein wenig die Zeit Revue passieren, in der wir zusammen waren und eine solch wundervolle Zeit auf den Gesellschaftsinseln erleben durften. Wir genießen den Augenblick und checken wieder E-Mails, WhatsApps und dergleichen mehr. Ein Blick auf die Tränenbox signalisiert Rödeln. Um elf Uhr treffen sich alle an der Dream Yacht und werden von Christian begrüßt, der als Ersatz für Tatjana an Bord gekommen ist – ein freundlicher, sympathischer und sportlicher Typ. Er passt zu uns und wird gleich vor unseren „Enfants terrribles" gewarnt. Seine erste Tat besteht darin, unsere Schnorchel-Utensilien, die seit Beginn unseres Törns an ihrem Platz in einer Nische vor dem hinteren linken Ausstieg (in Fahrtrichtung) liegen, in eine der Sitztruhen am Heck zu räumen. Wir wissen noch nicht warum und fragen uns deshalb, was das soll. Wir ahnen ja noch nichts von unserer anstrengenden Überfahrt nach Moorea. Am Morgen war es stark bewölkt und es sah wettermäßig gar nicht gut aus. Nun sind die meisten Wolken von der Sonne verjagt worden, die auch uns mit ihren gleißenden Strahlen in die persönlich bevorzugten Schatten drängt.

Sozusagen als Henkersmahlzeit gibt es feine gegrillte Hühnchenschlegel und -brust mit Gnocchi und eine Schüssel grünen Salat. Das Dîner wird nämlich wegen hohen Seegangs ausfallen und anstatt einer vollwertigen Mahlzeit werden Sandwiches verteilt. Die Entfernung zwischen Raiatea und Moorea beträgt 180 Kilometer. Somit steht uns die längste Non Stop-Fahrt unserer zehntägigen Reise bevor.

Ich sehe es Olivier an, dass keine angenehme Überfahrt nach Moorea vor uns liegen wird. Auch ihm als erfahrenem, wellenerprobtem Seemann merkt man an, dass er diese Tour bei den vorhergesagten Bedingungen nur ungern unternimmt. Die Meteorologen warnen vor starkem Südostpassat mit hohem Wellengang. Er erklärt uns, dass die Motoren bei diesen widrigen Verhältnissen eine Höchstgeschwindigkeit von nur fünf Knoten erreichen können. Ich rechne schnell: fünf mal 1,8 sind neun, 180 geteilt durch neun sind nach Adam Riese und Eva Zwerg *zwanzig*. Wir werden also zwanzig Stunden unterwegs sein.

Das lässt nichts Gutes hoffen! Olivier macht sozusagen alle Luken dicht und bittet uns, in den Kajüten darauf zu achten, dass alle zerbrechlichen Gegenstände gut und sicher verstaut sind. Auch das ist Südseeurlaub! Er wartet noch den heranbrausenden Schauer ab und startet kurz vor zwei die beiden Volvo-Motoren. Rita und Julien stopfen alles in sich hinein, was gegen Seekrankheit helfen soll (mit Erfolg). Bis zur Passe nimmt das Riff alle Wellenschläge wie eine schützende Membran auf und wägt uns in

Sicherheit. Schon auf der Durchfahrt nimmt aber das Schaukeln beachtlich zu und mit der Geschwindigkeit eines Wetterumschwungs in den Bergen beginnt der Tanz auf den Wellen. Nur wenige Katamaranlängen weiter, als die Rümpfe das erste Mal ganz im Meer verschwinden und meine Turnhose, da ich in Erwartung der ersten Brecher natürlich ganz vorne links stehe, klatschnass an meinen Oberschenkeln klebt, wird der vor uns liegende Höllenritt erkennbar. Mir machen die hohen Wellen nichts aus – Olivier hat seine Freude daran. Wenigstens einer, der nicht mit aschfahlem Gesicht den Naturgewalten entgegensieht, sondern dem das sogar noch Spaß macht. Ich hangele mich vorsichtig nach hinten, wo sich die Mehrzahl bereits in der Horizontale, längs- oder querseits des Tisches, darüber oder auf der Hecksitzbank befindet. Jetzt verstehen wir, warum Christian unsere Ausrüstung so sicher verstaute.

Es ist nicht nur das Auf und Ab, sondern auch das unkoordinierte Bewegen nach seitwärts, das die Kontrolle über den aufrechten Gang unmöglich macht. Manchmal bewegt sich die Lagoon auf einem schmalen Grat, um in der nächsten Sekunde in ein Tal zu stürzen, wieder wie Phoenix aus der Asche emporzusteigen, um gleich schwer mit den Schnauzen auf den nächsten Wellenkamm zu klatschen. Es sind diese schweren Brecher, die dem Katamaran unweigerlich das Rückgrat brechen würden, bestünde sein Schiffskörper aus Haut und Knochen. So bleibt uns nichts anderes übrig, als der Hightech und somit dem bewährten, unverwüstlichen Polyester zu vertrauen. Ich entsinne mich an den Text, der die Lebensdauer der Roadtrains auf ihrer tausende Kilometer langen Fahrt durch die australischen Outbacks aufgrund der unaufhaltsamen Lockerung der Nieten auf einen niedrigen Lebenszeitraum begrenzte und bin froh, dass der Rumpf aus einem Stück gegossen, beziehungsweise ohne Nieten zusammengespachtelt ist. Bei jedem Knall gegen den Schiffsrumpf stelle ich mir den Meeresgott Poseidon aus der griechischen Mythologie vor, wie er wütend von unten mit seinem Dreizack dagegen schlägt; neben ihm Cerberus, der Höllenhund, mit seinen gebleckten Zähnen, der grinsend die Pforten des Hades für uns großzügig geöffnet hat. Ein vielversprechender Rabatt an Dream Yacht Charter – die Nächsten bitte.

Hightech hin oder her – auch hier muss improvisiert werden. Handtücher halten die Kühlschranktüren zusammen, Besenstiele die Schiebetüren des Backofens. Die Besteckschublade macht klirrend auf sich aufmerksam. Die Stühle werden gemieden. Himmel, Wellen und Schiffsrumpf bewegen sich wie die Trickaufnahmen in den Kultfilmen der 1950er Jahre, während Gestalten herumirren, deren Arme gar nicht lang genug sein können, um den nächsten festen Gegenstand mit klauengleichen Greiforganen wie eine Planke auf dem Floß der Medusa zu umklammern. Oktopusse sind zu beneiden. Befänden wir uns auf einer Party, würden jedem mindestens zwei Promille zugedacht. Ich liege als einziger in der Kabine und döse, quer auf dem Bett liegend, dahin. An geordneten Schlaf ist nicht zu denken, quietscht und knarrt doch der Schiffsrumpf, dröhnt und schlägt es immerfort an den Seiten und Hohlräumen der „Dream" Yacht. Allein das Schaukeln lässt mich (und mich wohl allein) wohlig schlummern.

Am Sonntagmorgen, dem 28. Mai, lässt der Wind endlich nach und um kurz nach sieben ertönt Fabians Ruf „Land in Sicht". Tatsächlich, Mooreas gewaltiger Fels, der Tohiea mit seinen 1.207 Metern Höhe, erhebt sich schemenhaft aus der Gischt vor uns und den nebligen Wolken um ihn herum. Wir steuern um kurz nach zehn – nach einem gut 20stündigen Törn auf hoher See – direkt in die Baie d'Opunohu, drehen mit Blick in die Baie nach rechts ab und werfen den Anker vor dem Weiler Papetoai am linken Rand der Baie (von Norden her gesehen). Hier schnorcheln wir rund eine Stunde in Richtung Riff. Bekannt sind hier die Tikis, welche ganz in der Nähe unserer Lagoon im Meer versenkt wurden, um ihrer Zerstörung durch die Missionare zu entgehen. Wieder müssen wir auf diese Raser mit den Jet-Skiern (Scooteur du Mer) achtgeben. Des Weiteren auf ein paar Motorboote, welche Touristen kutschieren.

Danach bekommen wir ein Diätessen, um später zum Füttern von Stachelrochen zu starten, um die sich Schwarzflossenriffhaie gesellen. Die Haie wissen genau, dass eigentlich nur die Rochen gefüttert werden dürfen, lauern aber auf irgendeine Delikatesse, die von den Rochen übersehen worden sein könnte. Die Stelle befindet sich übrigens ganz in der Nähe des Hotels *Les Tipaniers*, in dem wir die letzten vier Wochen unserer Zeit auf Französisch-Polynesien verbringen werden. Danach sitzen wir wieder am Tisch und spielen UNO und „6 qui prend".

Fabian schaut auf, grinst und fragt, ob jemand das Hinanospiel mitspielen möchte. Die Männer spielen natürlich gerne mit. Die Frauen schauen sich an. Rita sieht mich fragend an, sozusagen, was das denn für ein Spiel wäre – sie kennt es nicht. Ich lache laut auf und rufe: „Olivier, quatre bières s'il vous plaît!" Rita fällt es wie Schuppen von den Augen. „Männer …!"

Es hat zwischenzeitlich geregnet und über der Bucht zeigt sich ein regelrecht strahlender Regenbogen.

Für uns heißt es am Montag Abschied nehmen. Die Reise mit der Lagoon endet zwar erst in Tahiti, für uns wäre es aber ein Umweg, da wir wieder nach Moorea zurück müssten. Deshalb bleiben wir hier. Zuvor gibt es aber noch einen Programmpunkt, den wir natürlich mitnehmen. Wir starten gleich nach dem Frühstück zusammen mit den Passagieren der anderen beiden Dream Yachten auf Pick-ups mit Sitzbänken für acht Personen zu einer Erkundungstour auf Moorea. Wir Deutschen plus Chantal und Bernard auf einem Pick-up, unsere Enfants terribles nehmen auf einem weiteren Pick-up Platz.

Zuerst fahren wir zum *Magic Mountain*, der auf gut 200 Metern Höhe einen traumhaften Panoramablick auf die Lagune und die Opunohu-Bucht bietet. Vorher werden wir auf einer engen und enorm steilen Betonpiste regelrecht durchgeschüttelt. Für nicht Schwindelfreie das reinste Martyrium. Dafür liegt der Aussichtspunkt wirklich genial. Für uns ist dies die *Amuse Gueule* auf das Gourmetmenü der schönen Schwesterinsel Tahitis. Nach einer längeren Foto- und Aussichtspause holpern wir zurück auf die Ringstraße, um den *Tropical Garden* zu besichtigen, was sich eher als Verkaufstour entwickelt. Am Ende der Opunohu-Bucht biegen wir ab und fahren sechs Kilometer, die letzten drei recht steil durch tropischen Regenwald bis zum bekanntesten Aussichtspunkt (Belvédère) Mooreas, der einen tollen Blick auf beide Buchten – die Opunohu-Bucht und Cook-Bucht – gewährt. Wenn der Hausberg Tohiea sich nicht gerade, wie so oft, hinter Wolken versteckt, genießt man auch auf ihn einen tollen Blick. Wir hatten zwischenzeitlich leider Regen und die Sicht ist bei dunklen Wolken nicht gerade optimal.

Als weiterer Punkt steht die Besichtigung der Ananasplantage auf dem Programm. Auf einer Fläche von 1,5 km^2 werden die besten Ananas angebaut. Auch unsere „super sweet" zuhause können mit dem Aroma und Geschmack der hiesigen Früchte nicht konkurrieren, da diese frisch geerntet werden. Eine Ananaspflanze wird im Schnitt vier Jahre alt und produziert in dieser Zeit drei Früchte, wobei die Folgefrüchte an Volumen abnehmen. Die Pflanze trägt ihre erste Frucht nach anderthalb Jahren und benötigt sandige Böden, verträgt keine Staunässe und keine Temperaturen unter 20 ° C. Der rotbraune Boden auf Moorea bringt die besten Früchte hervor, bei körperlich schwerer Arbeit. Auf Herbizide kann bei solchen Großkulturen leider nicht verzichtet werden.

Die einzelnen Felder sind durch breiteren Baumbewuchs voneinander getrennt. In der Verkaufshalle beschränkt sich unser Einkauf nach der Degustation auf Ananaswein „Moelleux“, da uns der trockene Wein doch zu trocken erscheint. Nach der Besichtigungstour fahren wir mit der Dream Yacht an der Ostküste entlang bis zum Jachthafen, dem Port Maritime.

Nach dem Mittagessen nehmen wir Abschied, drücken uns herzlich und wünschen allen eine gute Heimfahrt und alles erdenklich Gute. Vielleicht sieht man sich ja wieder – die Welt ist klein. Wir wuchten unsere Koffer ins Dingi und fahren mit Olivier zum Hafeneingang, wo er mit uns auf den Kleinbus wartet, der uns zu unserer nächsten – und leider letzten – Station in Französisch-Polynesien bringt.

Hinter uns liegen zehn märchenhafte und interessante Tage, vollgepackt mit Sehenswürdigkeiten und angenehmen Begebenheiten. Wir waren eine tolle Truppe. Trotz engen Raumes gab es nie Streit, keine Egomanie, keinen Disput, keine verletzenden Worte oder Anschuldigungen. Jeder hat sich zurückgenommen, die Privatsphäre des Anderen geachtet und den Fokus auf die Kreuzfahrt, die Entdeckung der Inseln und Lagunen gesetzt.

Drei der fünf Archipele Französisch-Polynesiens haben Rita und ich auf mehr oder weniger unsteten Schiffsböden erforscht und uns für eine Insel entschieden, auf der wir nun das polynesische Leben kennenlernen wollen. Zuerst wollten wir diese Zeit auf Tahiti verbringen, als mir auffiel, dass sich dort die schönsten Strände in Privatbesitz, meistens Hotelanlagen, befinden. Zudem gibt es dort nur ein paar weiße Strände, die wir nun mal bevorzugen. Das Wasser ist unter weißem Sand eben auch klarer als unter dunklem. Moorea war unter diesen Kriterien ihrer Schwesterinsel gegenüber eindeutig im Vorteil. Außerdem ist es hier ruhiger und beschaulicher, der Vergleich Dorf/Stadt ist absolut angebracht. Wir hatten die richtige Wahl getroffen!

Hôtel Les Tipaniers
Abenteuer auf Moorea

Moorea

Die Landfläche von Moorea beträgt 133 km², auf denen 18.000 Menschen leben, was 135 Einwohnern pro km² entspricht. Ihre große Schwester Tahiti ist 17 Kilometer entfernt. Die höchste Erhebung ist der Mont Tohiea mit 1.207 Metern Höhe. Hauptort ist Afareaitu. Die Insel ist durchgängig von einem Riff umgeben, das mehrere große Durchlässe besitzt.

Touristische Vorteile gegenüber Tahiti bieten das durchgängige Riff mit ruhiger See, die weißen Sandstrände, von denen viele öffentlich zugänglich sind und der geringere Verkehr. Die 60 Kilometer lange Ringstraße ist gut asphaltiert und weist auf der Hälfte der Strecke einen Radstreifen auf. Die Einwohner dieser wunderschönen Insel grüßen immer und jeden.

Es heißt, dass die Sicht auf die Baie de Cook vom Meer aus das meist fotografierte Südseemotiv überhaupt ist. Dieses Panorama, das tiefblaue Meer mit weißen Segeljachten vor der gezackten Silhouette der Basaltspitzen und der Felsmasse des 830 Meter hohen Mont Mouaputa im Hintergrund, mit sattgrüner tropischer Biomasse besetzt, kann tatsächlich als einzigartig beschrieben werden. Die gleich große Baie de Opunohu direkt daneben bestätigt diesen Eindruck.

Um kurz vor drei halten wir vor dem Hotel *Les Tipaniers* und checken ein. Das Personal ist freundlich und hilfsbereit, unsere Koffer werden zu unserem Strandbungalow Nummer 27 gebracht, der von allen Hütten dem Strand am nächsten liegt. Wir haben extra darauf geachtet, dass unsere Bleibe eine kleine Küche enthält, da wir nicht immer im Restaurant essen und auch sonst über einen kleinen Lebensmittel- und Getränkevorrat verfügen wollen. Das entlastet auch die Urlaubskasse. Nachdem alle Formalitäten erledigt sind, werden wir vorbei an Palmblatt-gedeckten Hütten durch die gepflegte Gartenanlage geleitet, die uns auf Anhieb gefällt. Die Einrichtung unseres Bungalows behagt uns ebenfalls, Bad und Dusche sind in Ordnung, das Bett einwandfrei. Der Bungalow besteht des Weiteren aus einem Wohn-/Essraum mit Couch und Stühlen, einem Esstisch mit vier Stühlen und dem um zwei Stufen höheren Schlafzimmer, wo es rechts zum Bad geht. Eine Holzveranda mit Blick auf Meer und Strand, der direkt unter ihr beginnt, rundet die Sache ab. Unser Strandbungalow ist der letzte auf dieser Seite und direkt daneben können Kajaks gemietet und Tauchgänge gebucht werden. Unser Hotel verfügt über zwei Ausleger-Pirogen, die wie die Fahrräder kostenfrei genutzt werden können – schon wieder Geld gespart.

Ich muss natürlich Strand und Meer erkunden, welches auf den ersten 60 bis 70 Metern einen Tiefgang von höchstens einem Meter erreicht. Der hölzerne Laufsteg an der rechten Seite des Hotelareals führt zwar 70 Meter ins Meer hinaus, verfügt aber über keine Leiter wie der auf Raiatea, an der ein Gleiten ins Meer möglich wäre. Ich muss also meine Flossen weit draußen anziehen, da ich nicht über die Gangart eines Frosches verfüge. Alle Einrichtungen werden kurz inspiziert, die kostenfreien Räder machen nicht den besten Eindruck auf mich und gleichen denen auf Raiatea. Ob sie eine längere Fahrt überstehen? Wir wollen doch die Insel auf Fahrradsätteln umrunden. Die Probefahrt wird morgen stattfinden. Die Anlage selbst ist traumhaft und sehr gepflegt, mit vielleicht 70 Metern nicht gerade breit, aber zur Rezeption hin weitläufig. Auf geschwungenen Betonpfaden erreicht man die einzelnen Bungalows im landestypischen Stil. Einige neuere Bungalows sind leider mit Blechdächern versehen, was keine Schule machen sollte. Auf dem gepflegten grünen Rasen wachsen Kokospalmen, Hibiskus- und Tiarébäume, Bananenstauden, Agaven und viele blütenberankte Sträucher. Die Anlage bietet zwei Restaurants – das Hauptrestaurant zum Abendessen und eine Strandbar mit ebenfalls exzellenter Küche, wo wir uns vor dem Abendessen zur Happy Hour jeweils einen Cocktail gönnen und den Sonnenuntergang mit seinem überragenden Farbenspiel bestaunen. Wir beenden den Tag auf unserer Veranda, wo wir die gekaufte Flasche Wein entkorken. Er schmeckt wirklich wie vergorener Ananassaft. Wir sind sehr froh, dass wir anstatt einer Klimaanlage über einen großen Ventilator mit einstellbarer Stärke verfügen. Rita ist bei Klimaanlagen, die meistens viel zu kühl eingestellt sind, erkältungsanfällig und war nach unserer Reise mit der Aranui 5 leicht angeschlagen. Als wir uns schlafen legen, hören wir die Wellen, die mit steter Regelmäßigkeit in rund 700 Metern Entfernung wütend gegen das Riff schlagen. Der Klang wird durch die Wölbung des Dachs nach oben leicht verstärkt. Es ist ein monotones, natürliches Geräusch, an das wir uns schnell gewöhnen und selig einschlafen.

Am nächsten Morgen bin ich noch vor dem Sonnenaufgang im Meer, schlüpfe so früh wie möglich in die Flossen und suche den richtigen Weg, vorbei an den Korallenbänken, ins tiefere Wasser. Wir wollen doch so bald wie möglich mit der Piroge die beiden Motus erkunden, von denen das erste rund 600 Meter von unserem Strand entfernt liegt. Durch das anfangs sehr seichte Wasser gilt es, den richtigen Weg zu finden, da viele Korallenfelsen einen direkten Kurs dorthin verhindern. Das habe ich gestern schon festgestellt, als ich einige Paddler dabei beobachtete, wie sie auf die Korallen aufliefen. Es ist noch dämmrig und ich schramme nur knapp an einigen Korallen vorbei. Nach einer halben Stunde gebe ich entnervt auf und kehre zurück, um das Frühstück einzunehmen. Rita wartet nämlich schon ungeduldig. Ich werde aber den richtigen Weg noch finden, das können sich diese Korallenbänke hinter die Ohren schreiben. Die kennen meine Hartnäckigkeit noch nicht, wenn es darum geht, ein bestimmtes Ziel zu erreichen. Und ich *werde* dieses Ziel erreichen!

Wohlgemut marschieren wir zu unserem ersten Frühstück im Les Tipaniers, wo die zweite unliebsame Überraschung auf uns wartet. Wir haben gestern an der Rezeption Frühstücksbüfett vereinbart – aber es gibt kein Büfett. Dazu sei folgendes erklärt: Das Hotel bietet sowohl ein Büfett als auch Frühstücks-Einheiten, wie zum Beispiel verschiedene Früchte, Rührei, Spiegelei, Baguettes mit Marmelade und so weiter. Das Frühstück kann somit individuell gestaltet werden.

Die Bedienung ist verunsichert und flitzt zur Rezeption. Es gibt aber trotzdem kein Büfett! Kein Problem – wir dürfen uns unser Frühstück trotzdem selbst zusammenstellen. Aber der Controller a. D. in mir stellt irgendein organisatorisches Problem fest. Irgendetwas stimmt hier nicht. Er soll Recht behalten – ein paar Tage später ist wieder ein Büfett eingerichtet. Das schert uns nicht mehr, da wir zu diesem Zeitpunkt schon festgestellt haben – auch mithilfe der netten Bedienung –, dass wir als Menschen, die grundsätzlich kein großes Frühstück einnehmen, mit den Frühstücks-Einheiten günstiger liegen. Die Portionen sind so reichlich angesetzt, dass eine Einheit für uns beide reicht. So bestellen wir zum Beispiel eine Portion Früchte und zum zweiten Baguettes mit Butter und Marmelade, oder Rührei mit Schinken. Passt immer für uns beide. Schon wieder Geld gespart! Das Büfett selbst ist auch nicht überschwänglich, muss es auch nicht sein. Baguettes, Croissants (für Franzosen ein Grundbestandteil), Ananas, Pampelmusen, Bananen, Papayas, verschiedene Joghurts, Marmelade, Honig, Rühr- oder Spiegelei. Das reicht doch! Ich entscheide mich an diesem Morgen für Rührei mit Schinken, wobei auch Rita nicht zu kurz kommt. Wir genießen das Frühstück, hören den sanften Wellengang direkt unterhalb des Strand-Restaurants und amüsieren uns über die Tauben und Stare, wie sie keck die Brosamen sogar von den Tischen stehlen wollen.

Derart frisch gestärkt, wollen wir unseren ersten Einkauf mit den kostenfreien Rädern in dem vielleicht einen Kilometer entfernten Einkaufszentrum *Le Petit Village* organisieren. Der nächste Rückschlag folgt. Schon beim Besteigen dieser Eingang-Rücktritt-Räder wird uns klar, dass sie nur für einen Einkauf in der Nähe zu gebrauchen sind. Ein Vorderreifen muss aufgepumpt werden, ein Schloss funktioniert nicht richtig, und wenn ich bei meinem den Rücktritt bis zum Stillstand betätige, muss ich schnell ein Stück schieben, da sonst das Laufrad blockiert. Mir kommen Zweifel auf. Haben wir mit diesem Hotel vielleicht die falsche Entscheidung getroffen? Ich bin kein Freund von vorschnellen Entschlüssen. Warten wir's also ab. Die Umrundung der Insel per Rad können wir uns mit diesen Rädern – aus heutiger Sicht – wohl abschminken. Wir kaufen nur Getränke, hauptsächlich Wasser, da wir darauf hingewiesen wurden, dass das Leitungswasser im Hotel nicht als Trinkwasser deklariert ist. Der Meeresforscher Michael Poole, mit dem wir später auf eine Delphin-Safari gehen, erklärt uns, dass Moorea in Bezug auf Trinkwasser in Distrikte eingeteilt ist, in denen Leitungswasser Trinkwasserqualität aufweist oder nicht. Er kann das Wasser in seiner Wohnung trinken, hat aber leider keine Übersicht der einzelnen Distrikte.

Heute Nachmittag gilt es wieder, die passende Furt zu finden, um den tieferen Bereich der Fahrrinne für die Schiffe zu erreichen. Die Fahrrinne ist durch Poller gekennzeichnet und gilt als Fahrstrecke für die Schiffe. Hier herrscht eine nicht zu unterschätzende Strömung und zu gewissen Zeiten reger Verkehr. Aus der Vogelperspektive, wie zum Beispiel auf dem Magic Mountain, ist sie an ihrem dunkleren Blau eindeutig als tieferes Wasser erkennbar. Ich muss außerdem berücksichtigen, dass Pirogen einen größeren Tiefgang als Kajaks aufweisen. Nach anderthalb Stunden bin ich noch zu keinem befriedigenden Ergebnis gelangt. Es muss, es wird aber möglich sein. Dagegen hat mich die Unterwasserwelt mit den anfänglichen Unannehmlichkeiten rund um das Hotel versöhnt. Ich bin begeistert über die Fülle an Meerestieren und Korallen, die mich regelrecht gefangen hält, sodass ich kaum loslassen kann.

Um halb fünf wollen wir das Einkaufszentrum, das zweitgrößte dieser Art auf der Insel, genauer inspizieren. Wir müssen uns auch hier auf andere Dimensionen einstellen. Ein Einkaufszentrum mit vielleicht 10 (!) Lokalitäten (Supermarkt, Presse, Bank, Café, Bekleidung, Souvenirs) gilt hier als groß. Den Weg dorthin säumen aber noch ein paar Juweliergeschäfte mit schwarzen Perlen, Ateliers, Geschäfte mit einheimischen Stoffen und Kunsthandwerk-Gegenständen. Trotz der geringen Auswahl werden wir in einem Kleidershop mit sonstigen Artikeln fündig: Ich bekomme eine Badehose, ein Baumwollhemd und eine kurze Hose, Rita ein schönes Tiaré-Kleid. Es gibt einen recht gut sortierten Supermarkt (Magasin) und einen Zeitungsshop mit Souvenirs und Zigaretten/Lotto. Auf dem Heimweg essen wir im Restaurant Tiahura zu Abend. Wir erhalten ein wohlschmeckendes Essen – geschnetzeltes Huhn mit Kokosmilch, Reis und tropischen Früchten, Bier, ein Eis und Pastis als „Dessert" für 55 Euro. Die Preise entsprechen wieder denen von zuhause.

Beim morgendlichen Schnorcheln entdecke ich endlich die optimale Strecke zur Fahrrinne. Auf unserem vormittäglichen Einkaufsbummel, den wir um einen halben Kilometer verlängern, entdecken wir nach dem Hotel Hibiscus (das sich übrigens in unserer engeren Auswahl befand, aber weniger Schatten bietet) ein kleines Restaurant, wo man gegrillte Hühnchen für 1.300 XPF (11 €) zum Mitnehmen bestellen kann.

Aus Reiseführern bereits vorgebildet, durchforsten wir die in unserem Bungalow ausgelegte Informationsmappe nach Ausflugsmöglichkeiten

(Wanderungen, Rundfahrten und ähnliches), werden fündig und begeben uns zur Rezeption. Dort reservieren wir bei der sympathischen und hilfsbereiten Véronique die geführte Wanderung zum „Col des 3 Cocotiers – Vallé d'Opunohu" zu 5.250 XPF pro Person (44 €) für nächste Woche. AVIS bietet bei seinen Mietwagen denselben Hol- und Bringservice wie in Papeete zum reduzierten Preis von 6.000 XPF (50 €) pro Tag bei einer Mindestmietzeit ab acht Tagen. Diesen kostenfreien Hol- und Bringservice offerieren hier übrigens auch fast alle Restaurants.

Uns ist schon aufgefallen, dass wir als „Dauergäste" (wer bleibt hier wohl vier Wochen am Stück?) einen Sonderstatus genießen. So werden wir zum wiederholten Male gefragt, ob wir „bien installé" seien, ob es uns hier gefällt und was wir schon alles unternommen haben und noch unternehmen werden. Véronique avanciert dabei mit ihrem exzellenten Organisationstalent zu unserer bevorzugten Ansprechpartnerin.

Um kurz vor zwei ordern wir die kleinere der beiden Pirogen an der Strandbar. Vorgestern sahen wir zwei Männern zu, die mit diesem Auslegerkanu irgendwie planlos umherirrten. Das kann nicht daran gelegen haben, dass sie es versäumten, vorab die beste Route entlang der Korallenfelsen zu eruieren. Wir wollen aber zu dem ersten Motu und alles andere ist uns egal. Auch bei uns funktioniert es nicht auf Anhieb und nach der ersten Pirouette erklärt mir ein freundlicher Mann, dass ich mich vom vorgezogenen Beobachtungsposten nach hinten zum Steuern verfrachten sollte. Das Steuern erklärt er mir gleich mit, da die Fortbewegung dieser Piroge zum überwiegenden Teil aus Steuern und nicht aus Paddeln besteht. Das „verdanken" wir der Strömung, die hier in der Fahrrinne herrscht und deren Kraft sich noch in Richtung Ufer auswirkt. Rechtes Paddel schräg nach hinten und innen gedrückt bedeutet Drehung nach rechts, links funktioniert natürlich umgekehrt. *Der Mann hat den Pirogen-Einführungs-Nobelpreis verdient!*

Obwohl meine liebe Frau immer genau dorthin paddelt, wo sie nicht soll, verfüge ich nun über das ultimative Steuerungsinstrument, mit dem ich die Richtung angeben kann. Das ist in diesem Fall sogar effektiver als das letzte Wort – und das will was heißen und gibt mir in diesem Fall uneinholbaren Vorsprung. Mein „Sakra", nachdem sie mal wieder in die falsche Richtung paddelte, wird fröhlich von einem aus einer Sechser-Auslegercrew, die uns gerade entgegenkommt, repetiert. Ich antworte lächelnd, aber mit zusammengebissenen Zähnen. Wir schaffen es irgendwie doch und erreichen nach abenteuerlicher Fahrt – die Strömung ist nicht zu verachten –, hauptsächlich dank meiner frisch erworbenen Steuerungskünste, das angestrebte Motu. Unterwegs sehen wir sogar einen Rochen und einen Hai. Leider ist das Motu Privatbesitz und Picknick ist hier für andere nicht erlaubt. Ich erkunde trotzdem das Motu ein wenig, welches dicht mit großen Bäumen vielerlei Art bewachsen ist. Zu den Baumarten zählen auch wieder gewaltige Kasuarinen. Das Gras wächst hier hoch und sehr dicht, das Innere des Motus besteht aus undurchdringlichem Wald – sehr schön und romantisch. Seine Fläche ist fast quadratisch und hat einen Durchmesser von rund 300 Metern (9 ha). Das Schnorcheln ist hier nicht so interessant. Wir genießen die Zeit noch ein wenig am schönen Strand und treten danach die Heimreise an. An unserem Strand legen wir sogar eine Punktlandung hin, auch wenn einige Kajak- und Stand-up-Paddler unsere Kreise stören.

Ein Ehepaar erwartet uns bereits und übernimmt die Piroge. Ich erkläre dem Mann, der sehr gut Deutsch spricht, welche Route er nehmen soll. Sie sind genau solche Frischlinge wie wir, aber unser Lehrmeister ist für sie leider nicht vor Ort. Ihnen zuzusehen, wie sie ihre Pirouetten drehen und nur unwesentlich vom Fleck kommen, treibt uns die Tränen in die Augen – natürlich keine Schadenfreude. Sie schlagen trotz meiner Erklärung die falsche Richtung ein und verfranzen sich in den Korallenfelsen derart, dass der Mann aussteigen und die Piroge zu Fuß aus dem Gewirr herausdrehen und -drücken muss. Madame bleibt natürlich im Boot sitzen. Mir fällt bei der Gelegenheit der Songtext „Männer sind Schweine“ ein. In dieser Situation fehlt das Adjektiv „arm“. Anhand der Pirouetten, die das Paar weiterhin – auch noch während der Landung – dreht, kann ich mir sehr gut vorstellen, dass die beiden eigentlich erfahrene Schlittschuhläufer sein müssten. Wer den Schaden hat, spottet jeder Beschreibung.

Bereits nach dieser kurzen Zeit habe ich mir morgens und abends einen Kontrollgang auf den Steg angewöhnt, unter dem eine ebenfalls recht starke Strömung herrscht. Zum Meer hin rechts zeigt sich mir auf diesen vielleicht 70 Metern eine unheimlich dichte Fischbesatzung. Wenn ich ein Stück Baguette ins Wasser werfe, beginnt es fast zu brodeln. Die linke Seite wird wiederum von vielen fetten Seegurken bevorzugt. Die rechte Seite ist mit kleineren Korallenfelsen förmlich übersät, weswegen die Badegäste diese meiden und den Fischen durch die Korallen ein exzellentes Weidegebiet geboten wird. Die höchste Dichte an Fischen konzentriert sich grundsätzlich um die Korallenfelsen (s. Korallenriffe).

Ein Rochen segelt im seichten Wasser dahin. Um die Betonstelen, die den hölzernen Laufsteg tragen, sind schwere Steinplatten zur Verankerung gelegt. Ein gutes Revier für eine Muräne, die ich heute Abend in den Spalten der Steinblöcke erspähe. Da Muränen ihr Revier täglich wechseln, muss ich jedes Mal die Suche nach ihr von neuem beginnen. Auf unserer Veranda mache ich Bekanntschaft mit einem unserer Hüttengeckos, der so zutraulich ist, dass ich seine kleine Schnauze mit dem Finger betupfen darf. Am Abend zähle ich vier Geckos. Trotz dieser geballten Moustiques-Vernichtungsmaschinerie nerven uns heute Abend die Stechmücken ganz besonders.

Am Donnerstag, dem 1. Juni, machen wir eine Einkaufstour mit anderen Rädern, die mir auf Anhieb besser als die letzten gefallen. Dem ist auch so! Wir verlängern unsere Tour und erreichen nach nur fünf Kilometern das „Tiki Village“, von dem Claudia Gacek, die selbst zwei Jahre hier lebte, ausführlich in ihrem Buch „Flucht in die Südsee“ berichtet.

Das Künstlerdorf Tiki Village versteht sich als Einrichtung, die Touristen die Kultur und Lebensweise der Insulaner näherbringen will. Dazu gehören auch Tanzdarbietungen und Demonstrationen bestimmter Fertigkeiten, wie zum Beispiel die Verarbeitung der Kokosnuss. Hier werden auch Hochzeiten auf polynesische Art vorgenommen. Zu Gaceks Zeit, Ende des letzten Jahrhunderts, wohnten noch mehrere Künstler auf diesem Areal, heute sind es nur noch zwei. Tiki Village steht unter Führung eines Direktors, dem die Anlage gehört und der von staatlicher Seite (Tourismus / Kulturamt) Zuschüsse erhält. Das Dorf präsentiert in einigen Gebäuden Ausstellungen und bietet ein paar Verkaufsstände mit kunsthandwerklichen Gegenständen und Kleidern. An die überdachte Tribüne für die Showabende schließt sich ein Restaurant an. Von beiden gelangt man an den schönen Strand. Wir kommen mit der Betreiberin eines Verkaufsladens ins Gespräch, die hier seit ein paar Monaten aus Muscheln und Perlen gefertigte Gegenstände anbietet. Sie erzählt uns, dass das Dorf vor fünf Jahren den Besitzer wechselte und nun von einem

Neukaledonier geleitet wird. Vor Jahren gab es einen größeren Brand, dem auch die Hütte, in der Gacek wohnte, zum Opfer fiel. Die Frau verweist uns an „Maman", die älteste in der Gemeinschaft, die mit einer Nähmaschine der Marke Singer die Kostüme für die Artisten näht. Gacek ist eine Freundin von ihr und sie kann sich sehr gut an sie erinnern. Ich darf ein Foto von ihr machen, um es Gacek per E-Mail zu senden. Als wir ihr erzählen, dass wir Gäste des Les Tipaniers sind, erklärt sie uns stolz, dass ihre Tochter dort seit 24 Jahren arbeitet.

Wir radeln zurück und ich „kühle" mich gegen zwei Uhr mal wieder im Meer ab, da wir nur am Schwitzen sind. Um drei Uhr starten wir mit unseren Rädern in die andere Richtung, radeln an der Hotelanlage des Intercontinental vorbei und insgesamt sieben Kilometer bis zum Ende der Opunohu Baie, in die ein Fluss mündet und an der die Straße zum Belvédère abzweigt. Auf dem Rückweg kaufen wir sehr preiswertes Obst an zwei Straßenständen: Unter anderem eine große Mango für 200 XPF (1,70 €), die wir aber für 130 XPF bekommen, da der Mann auf den 5.000 XPF-Schein (42,- €) nicht herausgeben kann. Da dies öfters passiert, sind wir zukünftig bemüht, immer ein wenig Kleingeld im Portemonnaie zu haben. An einem anderen Stand erstehen wir noch sechs Maracujas und eine riesige Papaya für 450 XPF (3,75 €). Als wir zu Mittag die im Magasin im Petit Village gekaufte Ananas probieren, lobt Rita sie als die beste, die sie in ihrem ganzen Leben gegessen hat. Sie muss es wissen – Ananas ist ihre Lieblingsfrucht. Sogar das Herz der Ananas, die so genannte Blütenstandsachse, schmeckt hier wunderbar und ist nicht zu hart oder faserig. Um kurz nach sechs Uhr abends holen wir das gegrillte Hühnchen ab, das wir auf der Rückfahrt vom Tiki Village bestellt hatten. Für 2.300 XPF (19,20 €) bekommen wir ein sehr gut gewürztes Riesenhühnchen mit einer Portion Pommes Frites und für jeden einen gemischten Salat – Sparurlaub pur. Zusammen mit zwei halben Litern Bier und einer Flasche Wein (460 + 1.280 XPF = 14,50 €) kostet uns dieses wunderbare Abendessen 33,70 €. Im Hotel hätten wir knapp 80 € bezahlt.

Aus einem Gespür heraus spreche ich am nächsten Morgen eine der drei Bedienungen beim Frühstück an – und lande einen Volltreffer. Ich spreche mit Mamans Tochter Hilda, der mit 24 Beschäftigungsjahren Dienstältesten des Les Tipaniers. Das Hotel, erzählt sie uns, existiert schon seit

40 Jahren. Wir berichten ihr von Claudia Gacek und dass wir ihr ein Foto von ihrer Maman senden. Sie ist darüber hoch erfreut und dankt uns herzlich. Wir erklären weiter, dass wir hier nicht nur einfach Urlaub machen wollen, sondern das Leben der Polynesier während unseres vierwöchigen Aufenthaltes soweit kennenlernen möchten, wie es uns in dieser Zeit möglich ist; zumal ich einen Reisebericht darüber verfassen und veröffentlichen werde. Mit großen Augen dankt sie uns nochmals für unser Interesse. Wir laden sie spontan mit ihrer Familie zu einem Abendessen im Les Tipaniers ein, wo wir uns über Vieles unterhalten möchten. Sie fühlt sich sehr geehrt und gibt uns noch kurz mit auf den Weg: „La vie est simple." Dass das Leben hier einfach ist, bezieht sie nicht allein auf den Lebensstandard, sondern auch auf die Art, wie sich das Leben hier abspielt.

Um zwei Uhr machen wir mit der Piroge einen Ausflug auf das kleine Motu rechts von unserem Strand, also in Richtung Intercontinental. Es ist nicht so interessant, da es aus reinem Vulkangestein besteht, das durch viele feine Spitzen das Gehen beschwerlich, ohne Schuhe gar unmöglich macht. Deshalb sind auch schmale betonierte Pfade angelegt. Es gibt keine einzige Kokospalme – für diese Inselwelt eigentlich unvorstellbar. Der spärliche Bewuchs besteht aus einer einzigen, vielleicht bis drei Meter hohen Strauchart mit kleinen, rundlichen Blättern und noch kleineren weißen Blüten. Am Abend essen wir das erste Mal im Restaurant des Hotels und sind mit der Qualität sehr zufrieden. Meine Fischsuppe ist perfekt. Kosten: 2 x Salat, 2 x Suppe, ¼ l Chardonnay, 2 x 0,3 l Hinano für 6.710 XPF = 56,- €.

Auf dem Weg zurück lade ich Rita zu unserer eigenen „Rum-Coconut-Punch-Party" im Strandbungalow Nr. 27 ein. Als Antwort auf ihren erstaunten Blick erzähle ich ihr von meinem dreiwöchigen Urlaub auf Jamaika, den ich mit zwei Freunden 1983 dort verbrachte. An einem Abend machten wir uns in der Hotelanlage einen Spaß daraus, heimlich Kokosnüsse zu stibitzen und uns mit ihrem Saft und natürlich Rum einen „hausgemachten" Punch zu mixen. Er war phantastisch. Vor unserer Veranda streckt uns eine Kokospalme mit niedrigem Stamm seit unserer Ankunft ihre prallen Früchte entgegen. Ich erkläre Rita die Vorgehensweise. Sie grinst nur – keine Ermahnung, kein Einwand, was einer nonverbalen Zustimmung entspricht. Beim Einkauf im Magasin entscheiden wir uns für den Rum mit Vanille, den ich an den Vortagen sowieso schon ins Auge gefasst hatte.

Noch im Dämmerlicht, gleich nach dem Sonnenuntergang, wechselt ein Verandastuhl seine Position direkt unter die Kokospalme, wache Augen beobachten die Umgebung. Alles ruhig. Füße nutzen die Sitzfläche des Verandastuhls als Plattform, Arme recken sich der schon vorher ins Visier genommenen, sattgelben Frucht entgegen. Hände umschlingen ihren Körper, ihren Hals, der im Stiel endet, mit dem sie an der Palme befestigt ist. Nach fünf bis sieben Umdrehungen gibt der Stiel den Widerstand auf und landet in einer auffangbereiten Hand. Alles eine Sache von breiten Nerven und einer Minute. Das Corpus Delicti, der Verandastuhl, steht binnen Sekunden wieder auf seinem angestammten Platz, die Kokosnuss liegt auf dem Seziertisch, sprich, der Spüle. Die Säge des Schweizer Messers mit ihrem unerreichten Hohlschliff übernimmt den Part des Skalpells. Kein Fingerspitzengefühl, sondern rohe Gewalt und Ausdauer zeichnen den Chirurgen aus. Unbeirrt frisst sich die Säge in die dicke Schale der nach oben sich verjüngenden Frucht. Ihre Enthauptung ist nur eine Frage der Zeit. Ein Siegesschrei begleitet den Fall des Kokosnusshauptes. Knapp ein Liter feinen Saftes ergießt sich in den bereitgestellten Wasserkrug. Wir wussten damals schon, warum wir uns für einen Strandbungalow mit Küchenzeile entschieden! Kühlschrank mit Gefrierfach, genial. Rum trifft auf Kokossaft, Eiswürfel klimpern darin die Ode an den Genuss. Ein Cocktail der Superlative verwöhnt unsere Gaumen. Der Controller a. D. kalkuliert in Windeseile den monetären Schachzug, natürlich konservativ: Allein der Rum spart uns locker 30 Euro ein, genau den Kaufpreis. Da wir erst einen Bruchteil davon verbraucht haben, kann ich mir auch die noch anstehenden Digestifs im Hotel Restaurant sparen und bei Candle-Light auf unserer Veranda mit dem Mondschein in Begleitung der Sterne anstoßen – und natürlich mit meiner lieben Frau. Wir reden nun über runde fünf Euro, was wiederum ein Sechstel… …ich lass‘ es nun gut sein. Fazit: Ein erklecklicher Betrag wird in die waidwunde Urlaubskasse gespült – wir haben einen Begriff dafür entwickelt: SPARURLAUB. Die Geckos genießen die Moustiques, wir unseren Cocktail „à la maison“, beziehungsweise „à la Strandbungalow Nr. 27“ und parlieren über die Südsee, über Gott und die Welt. Das unablässige Rauschen der sich in der Ferne am Riff brechenden Wellen, der sternklare Himmel über uns lullen uns ein und bescheren uns einen unvergesslichen Südseeabend.

Und zur Gewissensberuhigung: Die Kokosnuss wäre sowieso runtergefallen und vermodert. Wir behalten das aber für uns, liebe Leserin, lieber Leser.

Am Samstagmorgen gehe ich um sieben wie gewöhnlich auf den Steg und füttere die Fische mit altem Baguette. Eine bis dato noch nicht gesehene Fischart weckt mein Interesse: samtiges Dunkel- bis Schwarzgrün mit einem weiß-hellblauen Tupfer über dem Kopf und circa 40 Zentimeter Länge. Seine Mundpartie und die Stirn sind mit der eines Delphins vergleichbar. Jetzt sind wir schon fünf Wochen auf Französisch-Polynesien, ich habe schon etliche Schnorchelgänge in verschiedenen Regionen hinter mir und erfahre mit diesem Fisch wieder etwas völlig Neues. Dieser Urlaub birgt auch in dieser Hinsicht immer wieder Überraschungen. Ich genieße die Stille und die traumhafte Schönheit dieser Hotelanlage mit ihrem Strand. Meine anfänglichen Zweifel sind vollständig ausgeräumt und meine Philosophie des Abwartens, beziehungsweise nicht vorzeitigen Handelns, wird mir mal wieder bestätigt.

Wenn ich auf unserer Terrasse sitze und schreibe, höre ich im Hintergrund die sich am Riff brechenden Wellen. Direkt vor mir das fast glatte Meer in der Lagune. Im Vordergrund rechts das kleine eintönige Motu, das eigentlich keines ist, da sein Untergrund aus reinem Vulkangestein und nicht aus dem Sand zermahlener, abgestorbener Korallen besteht. Links das große Motu, das sich in Privatbesitz befindet und dahinter, oder auch daneben, je nach Blickwinkel, das zweite größere Motu, zu dem wir auch noch per Piroge paddeln wollen. Auf der Fahrrinne, ungefähr in der Hälfte zwischen Strand und Riff, fahren Motor- und Segelschiffe, Fischerboote und Kanus. Der gedämpft hier ankommende Lärm der Außenborder stört nicht. Das zarte Blau des Meeres, unterbrochen durch dunklere Punkte dort, wo sich Korallen befinden, die bis kurz unter die Oberfläche ragen. Leichte Türkistöne reichen bis an das Riff, der weiße Schaum der sich daran brechenden hohen Wellen und dahinter das dunkle Blau des schnell tiefer werdenden Ozeans. Schrille Rufe im Wasser planschender Kinder, Schnorchler, im Wasser sitzende Gäste bilden eine einzigartige Idylle. Jeder Tag verläuft anders und lässt keine Langeweile aufkommen. Im Frühstücksraum, zur See hin offen, dasselbe

Ambiente. Vögel, besonders unsere bekannten Tauben, aber auch die Stare, sind derart keck, dass sie von den Tischen schon etwas Nahrhaftes stibitzen wollen, wenn man sich nur zum Nachfassen an das Büfett begibt. Die Stare keckern übrigens des Morgens in aller Frühe und ersetzen auch ungewollt einen Wecker – für Langschläfer störend.

Die von Hygiene Besessenen seien gewarnt: Wer sich vor winzigen Ameisen fürchtet, hier sind es Termiten, die schon mal über die Spüle krabbeln, oder auch dem nicht verpackten Baguette ihre fresswütige Aufmerksamkeit widmen, aber auch kleineren Käfern, die schon mal irgendwo auftauchen und mehr Angst vor sich selbst haben als der Gast vor ihnen, sollte zuhause bleiben. Wir sind hier in den Tropen! Natürlich geht das auch ohne. Aber nur mit jeder Menge Chemie oder ganz einfach Gift. Sie verpestet die Luft in der Hütte und ist gesundheitsgefährdend. Im Sofitel, dem teuersten Hotel auf Moorea, laufen auch keine Hühner oder Hähne herum. Die letzteren stören somit durch ihr Gekrähe, das auch schon mal gegen vier Uhr morgens erschallen kann, nicht die hochwohlgeborenen Touristen der Extraklasse. Weil sie vergiftet wurden! Wir selbst haben dort einen sterbenden Hahn gesehen, gerade dann, als wir uns fragten, warum es hier keine der besagten Spezies gibt. Weil die Touristen wohl nicht gestört sein sollen. Wurden diese überhaupt gefragt, ob sie das stört? Diese Viecher tun keinem Menschen etwas zuleide. In unserer Anlage laufen zur Zeit vier Hennen mit ihren putzigen, zart fiependen Küken umher. Wen sollte das stören? Sie trauen sich sogar mit ihrem Nachwuchs in die Rezeption, die zwei Kater in Beschlag nehmen. Normale Kater würden mit gespreizten Krallen, gebleckten Zähnen und Lätzchen um den Hals ihre Ankunft erwarten – diese hier nicht, werden sie doch von Véronique durch allerlei Köstlichkeiten aus der Dose (vermutlich auch Hühnchenfleisch!) gemästet. Sie sehen dementsprechend aus – schläfrig und immer satt. Wer spätnachmittags am Tisch auf der Terrasse sitzt und schaut, liest, schreibt oder döst, kann durch einen leichten Plumps und ihn angaffende süße Knopfaugen mit hellblauem Rand, geweckt werden. Sie gehören einem possierlichen Gecko, der uns neugierig anschaut. Er und seine Kumpane sind fleißige Helfer im Kampf gegen die diabolischen Stechmücken, ihre Leibspeise, die das vermeintliche Paradies infrage stellen. Eine perfekte Symbiose. Mit ihren niedlichen Saugnapfpfoten bewegen sie sich blitzschnell und flitzen kopfüber an der Decke herum. Legen Sie eine Scheibe Banane auf den Tisch. Bald wird sich einer trauen, den süßen Saft der Frucht mit seiner breiten Zunge zu schlecken. Nähert sich eine Mücke, die die Süße ebenfalls riecht, wird sie gleich vertilgt. Die nervt Sie nicht mehr. An einer Mücke muss der Gnom richtig schlucken, weil sie im Gegensatz zu den Moskitos ein richtig dicker Brocken ist. Manchmal verschlägt es auch Geckos in unsere Hütte. Wir sahen den Chef der Bande, den größten, unter unserer Spüle. Vorher war die Spüle mit Termiten übersät gewesen. Diese Kerle sind sogar Kühlschrank- und Katamaran-resistent. Als der Gecko verschwand, waren auch die Termiten weg. Dafür war sein schon vorher kräftiger Bauch um einiges dicker geworden. So sieht eine eingeschworene Gemeinschaft aus. Der zutraulichste ist der kleine hellgrüne, der mir auch schon über den Unterarm lief.

Zur festgelegten Zeit werden wir um viertel nach elf von einem Mann des Tiki Village mit einem alten, klapprigen, koreanischen VW-Bus-Imitat abgeholt. Er fährt barfuß, wie viele Polynesier das tun. Während der kurzen Fahrt erzählt er uns, dass er sich vor zwanzig Jahren als Tänzer auf einer zweijährigen Europatournee befand, um auf Französisch-Polynesien aufmerksam zu machen. Er war in Bad Vilbel und auch in München auf dem Oktoberfest. Begeistert erzählt er uns, dass er damals auf der Wiesn fünf Maß in sich geleert hatte und dass es danach nicht nur auf der Wiesn, sondern auch in seinem Kopf „rundging“. Er fuhr von Paris elf Stunden nach Bayern und erzählt uns von seinen Erlebnissen mit dem dichten Verkehr und der Kälte im November, aber ohne Schnee. Rita hat im Tiki Village einen einstündigen Tanzkurs für 3.000 XPF (25,- €) gebucht. Vor dem Tanzkurs dürfen wir noch einer Hochzeitszeremonie beiwohnen. Dafür müssen wir uns gedulden und haben als Urlauber dementsprechend Zeit. So verhält sich das mit der Zeit und den Terminen in Polynesien, was uns überhaupt nichts ausmacht. Die Tanzlehrerin ist sehr nett, hat Geduld und erklärt hervorragend. Rita hat einen Riesenspaß daran, während unser Fahrer die Tanzversuche mit Holzschlägen auf einer Trommel begleitet. Wir beide unterhalten uns kurz: Er erklärt mir, dass auf den Inseln der Anteil der Protestanten überwiege. Er sei für die Unabhängigkeit, da Frankreich zu viel an Steuern und Gebühren einziehe. Es wäre immer nur der kleine Mann (wie bei uns), der die Hauptzeche zahlen würde. Wir aber wissen, dass Frankreich seine Prestige-Kolonial-Regionen (zu Recht) viel Geld kosten.

Am Nachmittag paddeln wir mit der Piroge zu dem zweiten großen Motu. Bei der Rückkehr ist der Strand von Einheimischen belegt und auch ein neuer Schwung Gäste ist im Hotel angekommen. Die Einheimischen sind meistens Franzosen und kommen von Tahiti mit der Fähre.

Als ich dem bunten Treiben interessiert zuschaue, taufe ich unseren Strandbungalow in „Bungalow au Beauregard" – „Zur schönen Aussicht"!

Neue touristische Gäste erkennt man am Staunen, Fotografieren, den Videoaufnahmen und der ersten Stranderkundung. Wir selbst verhielten uns nicht anders.

Am heutigen Sonntag, dem 4. Juni, finden Wahlen statt. Das erfuhren wir gestern durch das allgemeine Alkohol-Verkaufsverbot in allen Läden und abends auch im Hotel. Diese Repressalie wird nicht von Frankreich gesteuert, sondern von der Polynesischen Regierung.

Um zehn Uhr starten wir mit den Rädern – wir haben uns die besten ausgesucht – nach Pao Pao am Ende der Cook Baie. Bis zur Opunohu Baie (7 km) kennen wir die Strecke. In der ältesten erhaltenen Kirche Französisch-Polynesiens in Papetoai begann gestern eine Messe um zehn Uhr. Hier sind tatsächlich Frauen und Männer in ihrem Sonntagsstaat zu betrachten – die Frauen mit weißen Kleidern und Hüten, die Männer in schönen Hemden und Hosen.

Wir radeln bald aus der Opunohu Baie heraus. Das Ostufer ist auf einem Kilometer nicht besiedelt und der gewaltige, senkrecht emporragende Fels rechts wird fast fühlbar. Nach 11 Kilometern (PK15) passieren wir das *Hilton Moorea Lagoon Resort & Spa* und radeln vorher auf der Nordseite zwischen der Opunohu und Cook Baie am langläufigen und gepflegten öffentlichen Strand Ta'ahiamanu vorbei und bald in die Cook Baie, die wirklich traumhaft wirkt. Die sich fast mit jedem Meter verändernden Blicke auf die Felsmassive und -spitzen bilden schöne Ansichtskartenmotive. Nach 16 Kilometern (PK10) radeln wir durch das Ende der Cook Baie und den Anfang von Pao Pao, wo wir unseren Wasservorrat an einem größeren chinesischen Essensstand auffüllen. Hier können auch belegte Brötchen, Hühnchenschlegel (falls noch vorhanden) und dergleichen mehr erworben werden.

Wir sind bereits 16 Kilometer geradelt und ich eröffne Rita, dass wir einfach eine Umrundung der Insel probieren sollten. Wenn wir zurückradeln würden, entspräche die Gesamtstrecke bereits gut der Hälfte einer Umrundung. Rita stimmt zu und wir gehen das Abenteuer einer Inselumrundung an.

Ein verfallendes großes Gebäude im Kolonialstil halten wir aufgrund seines weißen Anstriches fälschlicherweise für das „Maison Blanche", das um die vorletzte Jahrhundertwende von einem wohlhabenden Vanilleplantagenbesitzer erbaut wurde und sehen das Original ein paar Kilometer später hinter Maharepa. Davor legen wir eine Pause ein und nehmen eine Kleinigkeit zu uns. Im *Centre Socredo*, dem größten Einkaufsensemble von Moorea, gibt es viele Geschäfte und auch zwei Bankschalter. Ich empfehle die Socredo Bank, wo wir im Gegensatz zur Banque Polynésie (nur bis maximal 15.000 XPF) keine Probleme haben und mit unserer Kreditkarte an einem Schalter sogar bis zu 80.000 XPF abheben könnten.

Auf dieser Strecke in Richtung Temae radeln wir an vielen schönen Anwesen mit wunderschönen Gartenanlagen vorbei. Hier wohnt wohl der wohlhabendere Teil von Moorea, sehr wahrscheinlich wieder viele Chinesen. Vor dem Flughafen teilt die Straße den 18 Loch-Golfplatz *Green Pearl*.

Wenn bereits vorher zwei leichte und kurze Anstiege mit geschätzten fünf bis sechs Prozent Steigung uns kampferprobte Mont Ventoux-Bezwinger mit diesen „rollenden Gurken" auf eine harte Probe gestellt haben, bringt uns die Steigung von sieben Prozent vor dem Sofitel an die Grenze des Belastbaren – und die Räder ebenfalls. Während des Wiegetritts, bei dem ich alles gebe, quietscht und knarrt der Lenker, die Kette ächzt und stöhnt. Ich habe Angst, den Lenker auf einmal solo in der Hand zu halten oder die Kette zu zerreißen. Nachdem sich mein Atem im Gleichklang mit den Radteilen befindet, erreiche ich tatsächlich ohne abzusteigen den Scheitelpunkt und bin überwältigt von der Aussicht vom *Belvédère Ia Ora*. Und bin gleichermaßen total erleichtert: Das Rad hat gehalten! Rita hat kapituliert und schiebt – Frauen haben es halt einfacher als wir Männer, die unbedingt meinen, den Helden spielen zu müssen.

Die Aussicht auf die Lagune, das Riff und Tahiti im Hintergrund ist die schönste auf der ganzen Insel. Ein dreifach abgestuftes Blau, von türkis-hellblau im seichten Wasser der Lagune bis zum Riff leicht dunkler werdend und das Stahlblau des tiefen Meeres bis nach Tahiti, dessen Berge teilweise in Wolken liegen. Das Sofitel ***** unter uns mit seinen Überwasser-Bungalows, die Nummer Eins unter den Hotelanlagen Mooreas, bietet somit auch die schönste Lage. Daneben befindet sich ein großer öffentlicher Strand, der aber jüngst an einen Investor verkauft wurde. Kurz vor dem Aussichtspunkt passieren wir den PK0 und sind somit 26 der insgesamt 60 Kilometer messenden Ringstraße um Moorea geradelt.

Wir sausen bergab und erreichen bald Vaiare, den Hafen der zwischen Moorea und Tahiti korrespondierenden Fähren (Ferries). Das Dorf bietet wieder sehr schöne Häuser und Gartenanlagen. Dazwischen stehen aber auch ärmlich anmutende Häuser – aber dazu später mehr.

Auf den 60 Kilometern gibt es nur ganz wenige, kurze nicht besiedelte Strecken. Mancherorts stehen Gestalten herum, meistens zu zweit oder bis zu vier Personen, denen man im Dunkeln nicht begegnen möchte. Wilde Bärte, ungepflegtes Äußeres. Und immer spielt Hinano eine Rolle. Sie blicken finster auf die Vorbeigehenden oder –fahrenden, grüßen zwar, sind aber wohl von ihrem tristen, chancenlosen Dasein, das sich vielleicht aus Tagelohn finanziert, verbittert. Aber sie stellen die Ausnahme dar. Wir radeln an einem Sonntag rund um die Insel und oft sehen wir Großfamilien oder irgendwelche Cliquen oder Clubs, die picknicken. Dazu gehören Grillen, Musik, Plaudern – und immer wieder Hinano. Die Atmosphäre ist jedoch ausnahmslos ruhig und freundschaftlich. Oft wird auch Boule gespielt, ohne das Franzosen wohl nicht existieren können – und somit auch die damit angesteckten Polynesier. Bei PK5 passieren wir den Bootshafen, die Marina de Vaiare, und bei PK10 radeln wir in Afareaitu, dem Verwaltungszentrum Mooreas, am Hospital von Moorea vorbei.

Wer hier ernsthaft erkrankt, hat natürlich nicht die medizinische Superversorgung wie zum Beispiel durch das Universitätsklinikum Heidelberg. Es gibt eben nicht alles für uns hochverwöhnte Mitteleuropäer. Obwohl es auch in deutschen Kliniken vorkommt, dass Verletzte in der Notaufnahme stundenlang warten müssen und obendrein noch eine Falschdiagnose erhalten. Dann werden die mit schmerzverzerrten Gesichtern Dasitzenden auch noch ermahnt, sich nicht so anzustellen. Von einer Bediensteten im Les Tipaniers erfahren wir, dass sie für eine Schilddrüsenbehandlung nach Paris fliegen musste und im Krankenhaus von dem Pflegepersonal unfreundlich behandelt wurde. Der französische Staat kommt zwar für die Kosten auf, hat es aber versäumt, den Angestellten im Mutterland zu vermitteln, dass diese Menschen aus dem „Kolonialreich XY“ freundlich zu behandeln sind. Sie wurden lange genug ausgebeutet.

Auf unserem Weg sehen wir große Kokosplantagen und immer wieder tropische Früchte und Blüten. Der Blick auf die gezackten Felsen und turmartigen Berge ändert sich mit jedem Pedaltritt. In der Bucht von Vaianae legen wir eine Pause ein und trinken eine Kleinigkeit. Zwischen Vaianae und Haapiti bietet sich die wohl schönste Sicht auf die Berge. Sattgrün ist hier die Landschaft und alles sieht überaus fruchtbar aus. In Haapiti gibt es bei der aus Korallenfels (was aber durch den weißen Putz nicht sichtbar ist) erbauten Kirche mit den Doppeltürmen ein lohnendes Fotomotiv. An kleinen Mangrovenansammlungen vorbei erreichen wir die Stelle, wo ab PK36 in unserer Fahrtrichtung wieder rückwärts gezählt wird. Einmal sehen wir sogar Vanillepflanzen am Wegesrand, die aber wohl nicht kultiviert werden. Bei PK31 rollen wir am Tiki Village vorbei und erreichen fünf Kilometer später (PK26) unser Hotel. Die Räder haben die Tortur ohne Blessuren überstanden.

Als wir Véronique mit stolz geschwellter Brust von unserer Inselumrundung mit den hoteleigenen Rädern berichten, ist sie zuerst perplex und erleidet fast einen Schwächeanfall. „Wenn das der Chef mitkriegt! Eigentlich dürfen (oder taugen) die Räder nur zum Einkauf in der Nähe genommen werden. Das steht da hinten.“ Sagt es mit vorgehaltener Hand. „Das hatten wir aber nicht gewusst, und das haben wir auch nicht gelesen. Was wir aber gelesen haben, ist die Homepage-Werbung mit den kostenfreien Rädern. Da steht nichts von Kilometer-Beschränkung. Zum Nachlesen empfohlen.“ Ich klopfe ihr auf die Schulter und verspreche, die nächste Inselumrundung, die unweigerlich folgen wird (wir haben nämlich Blut geleckt), mit Leihrädern vorzunehmen. Sie empfiehlt uns die von der Tankstelle direkt beim „Le Petit Village“. Sie kommt nicht umhin, uns trotzdem nochmals ihren Respekt zu zollen. Sie fährt nämlich selbst mit einem Halbrenner, einem „echten“ Rad, um die Insel.

Zu erwähnen ist auch, dass es auf der Hälfte der Strecke eine Radspur gibt. Alle Achtung! Jetzt müsste nur noch eine Kehrmaschine angeschafft werden, die den sich auf der Radspur ansammelnden Belag aus

Steinchen, Hölzchen und sonstigem verhärtetem Staub wegfegt.

Wir wissen nun auch, warum die Fahrradlenker so überdimensioniert breit sind und dem weit ausladenden Gehörn eines Wasserbüffels gleichen. Die breite Ebene vor dem nach oben führenden Schwung des Lenkers dient als Sitz für MitfahrerInnen. Bei den Buben sitzen die Mädels, bei den Pärchen die Frauen auf den Lenkern und lassen sich, sichtlich vergnügt, kutschieren. Das sieht ulkig aus, besonders wenn die weibliche Spezies mit dem Rücken zur Fahrtrichtung auf dem Lenker sitzt und den Rikschafahrer sichtlich erfreut anhimmelt. Spaß bereitet es den Halbstarken auch, bei einer Solofahrt den Lenker und mit ihm das Vorderrad ruckartig hochzureißen (s. Tahiti) und akrobatisch nur auf dem hinteren Laufrad die Fahrt zügig fortzusetzen. Vollends zirkusreif wird es dann, wenn das hintere Laufrad in der Luft hängt, auf dem vorderen Laufrad gerollt und nach dem Bremsvorgang nach vorne abgestiegen wird.

Am nächsten Tag ist Erholung angesagt.

Am Dienstag, dem 6. Juni, erleben wir auf der geführten Wanderung zu den „Drei Kokospalmen“ *Les trois Cocotiers* den tropischen Regenwald im Inselinneren von Moorea.

Dazu holt uns unser Wanderführer Michel um acht Uhr vor dem Hotel ab. Er stammt aus Grenoble und lebt bereits seit 17 Jahren hier. Er muss aber während des Jahres mal woanders hin, erzählt er mir auf Nachfrage, da ihm persönlich Moorea als zu klein erscheint. Chacun à son goût.

Um halb neun starten wir die Wanderung am bereits bekannten Belvédère mit dem tollen Blick auf die beiden großen Buchten (Opunohu und Cook). Die Luftfeuchtigkeit ist extrem hoch und wir sind bereits nach kurzer Zeit schweißgebadet, was sich auch während der zweieinhalbstündigen Wanderung nicht ändert. Wir sind zu acht: Ein Münchener Ehepaar aus unserem Hotel, ein junges Pärchen, Franzosen aus dem Intercontinental, und ein weiteres, das bereits im Wagen saß.

Der Weg, obwohl als einfach bis mittel angegeben, ist aufgrund des nächtlichen Regens recht schmierig, steinig und von Wurzeln übersät. Eigentlich besteht er nur aus Steinen und Wurzeln. Die riesigen Mape Bäume (Kastanien, s. Rundfahrt Raiatea) bilden mit ihren dicken Stämmen und Brettwurzeln einen Großteil des Bewuchses. Mit ihren großen Früchten könnten sie wohl aufgrund ihrer Häufigkeit die gesamte Bevölkerung Französisch-Polynesiens ernähren. An einer Stelle wandern wir an Bambus vorbei und oft liegen die leuchtend karmesin- bis orangeroten, tulpenähnlichen Blüten des „Tulipier de Gabon“ (Afrikanischer Tulpenbaum), auf dem Boden. Nicht zu verwechseln mit dem „Flamboyant“, dem Flammenbaum, dessen farbgleiche Blüten nicht tulpenförmig sind. Der Tulpenbaum trägt übrigens in jedem Land, in dem er vorkommt, einen anderen Namen (Rugtoora – Indien, Flame of the Forest – Jamaica, Tulipan Africano – Mittel- und Südamerika, Mampolo – Dominikanische Republik). Auf dem Belvédère und auch in der Ananasplantage sind mir die leuchtend roten Tupfer aufgefallen, die das grünwogende Blättermeer farblich angenehm unterbrechen. Michel weist aber darauf hin, dass sich diese Baumart aufgrund ihrer enorm hohen Anzahl von Samen zu stark verbreitet und andere verdrängt (invasiv). Diese Wurzeln, Stämme, Farne und Äste, zwischen denen wir uns bewegen, muten an wie ein verwunschener Zauberwald, aus einem Märchen entlehnt. Kurz vor dem höchsten Punkt des Pfades, wo wir auf beide Seiten Mooreas hinunterblicken können, führt ein Pfad links nach Vaianae, welches, von unserem Ausgangspunkt aus betrachtet, auf der anderen Seite von Moorea liegt. Hier kämpfen wir uns durch mannshohen Farn und haben eine phantastische Aussicht auf die beiden Buchten, dann auf den Felsen vor uns, der an seinen Flanken von Wolken umgeben ist. Wir sind am Ziel dieser Wanderung und sehen nur eine Kokospalme. Michel erklärt dazu grinsend, dass von den ehemals „Drei Kokospalmen“ nur diese hier überlebt hat, der Name aber zum Gedenken an die beiden anderen nicht geändert wurde. Dieser Wanderweg ist im Gegensatz zu den Angaben der Reiseführer, die Wanderwege wären schlecht markiert, mittlerweile recht gut beschildert.

Ich erzähle Michel von unserer Radtour, auf der man, anders als mit dem Auto, viel intensiver beobachten kann. Von dem krassen Unterschied an schönen Häusern und ärmlichen Hütten, in denen Hygiene eigentlich nur, wie auch die Einrichtung, eine untergeordnete Rolle spielen kann. Michel erklärt mir, dass viele Menschen hier nur wenig oder keinen Wert auf das Aussehen ihrer Häuser legen. Dadurch kann es sein, dass eine ärmlich aussehende Hütte von Menschen bewohnt wird, denen es trotzdem nicht schlecht geht. Wohnungen zum Mieten gibt es nur in den Städten. Da Moorea keine richtige Stadt aufweist, wird es so gut wie gar keine Mietwohnungen geben. Im Gegensatz dazu haben mehr als die Hälfte der Einwohner Deutschlands kein Wohneigentum. Bei den zu vermietenden Häusern am Wegesrand handelt es sich um Ferienwohnungen. Diese kleinen Appartements kosten um die 500-600 € im Monat. Die Nebenkosten sind nicht nennenswert, ebenso Steuern und Gebühren. Strom kostet rund 40 € im Monat, das Wasser ist umsonst, aber eben nicht überall als Trinkwasser zu verwenden. Unterwegs führen wir mit dem Münchener Ehepaar eine angeregte Unterhaltung. Sie sind uns auf Anhieb sympathisch und wir begegnen uns nachmittags wieder im Le Petit Village, wo sie auf Shopping-Tour waren. Die Frau rückt demonstrativ ihren weißen Sonnenhut hin und her. Es braucht nicht viel Kombinationsgabe, um zu fragen, ob er neu wäre. Sie bejaht ganz stolz. Das Preisschild prangt auch noch dran und ihr Mann klebt es ihr lachend auf den Arm. Das Thema Handtaschen und Frauen wird in Bezug auf Einkauf von uns Männern ebenfalls behandelt. Dann sagt er, dass sie sich diese Inselwelt unbedingt noch anschauen wollten. Er ist 67 und „die Uhr tickt“, wie er treffend bemerkt. Wir wünschen uns einen schönen Abend.

Am nächsten Morgen das böse Erwachen. Sie kommen atemlos und nass zu unserer Veranda. Ein Unglück ist passiert. Sie waren mit der Piroge in Richtung Intercontinental unterwegs und sind in Nähe der Fahrrinne gekentert. Sie können es sich selbst nicht erklären, wie das passierte. Trotz Ausleger schlug die Piroge plötzlich um, sie landeten im Wasser und die Piroge sozusagen auf dem Rücken. Meine Vermutung: Sie schlugen wohl zur selben Zeit beide auf derselben Seite mit den Paddeln ins Wasser und lehnten sich zusätzlich zur Schlaghand hin. Im Hohlraum zwischen Wasser und Kiel befand sich ihr wasserfester Beutel mit Handy, Safeschlüssel und Kamera – aber zu allem Unheil geöffnet, da die Frau gerade fotografiert hatte. Die Piroge wieder umzudrehen war verständlicherweise nicht möglich. Der Franzose, der neben unserer Strandhütte Kajaks vermietet, fuhr gerade mit seinem Motorboot vorbei und sammelte sie auf. Er musste wohl sehr in Eile gewesen sein und zurrte die Piroge an den Auslegern am Boot fest. Der Münchener wollte den Beutel mit den Utensilien retten, aber der Franzose, nervös und unter Zeitdruck, gab bereits Vollgas. Aufgrund der hohen Kielwellen brachen die recht dünnen Äste, mit denen die Auslegerschiene am Pirogenrumpf befestigt war. Ergebnis: Piroge kaputt, Beutel samt Inhalt untergegangen. Fortan nennen wir den Franzosen nur noch den „kleinen, jähzornigen“ Franzosen. Ich lieh dem Münchener meine Flossen und Taucherbrille, sie mieteten sich ein Kajak, kamen aber ergebnislos zurück. Die starke Strömung hatte den Beutel wohl mit sich gerissen. Es war Gott sei Dank nur ihr Zweithandy darin und der Verlust der Kamera war wohl auch zu verkraften, aber für den verlorenen Safeschlüssel mussten sie eine Gebühr von 100 Euro zahlen. Ihr Humor geht ihnen trotzdem nicht aus. Als Rita während einer späteren Unterhaltung unter anderem sagt, dass sie auch mal was liegenlässt, antwortet der Münchener: „Da sind wir konsequenter: Wir versenken's gleich.“

Am Donnerstag, dem 8. Juni, sind wir mit dem bekannten amerikanischen Meeresbiologen Dr. Michael Poole, der seit über 20 Jahren mit seiner Familie auf Moorea lebt, auf Delphintour unterwegs. Er ist ein anerkannter Wal- und Delphinforscher sowie Gründer und Direktor des *Marine Mammal Research Program* auf Moorea. Er führte entlang der kalifornischen Küste und im Golf von Mexiko namhafte und umfangreiche Studien an verschiedenen Delphinarten, Schwert- und Grauwalen durch. Seit 1992 veranstaltet er hier Wal- und Delphinbeobachtungs-Touren und ist gegenüber anderen, rein kommerziellen Mitbewerbern, unbedingt zu bevorzugen, da bei ihm die Forschung und Erhaltung dieser faszinierenden Tiere im Vordergrund stehen. Auch hat er ein profunderes Wissen als die rein touristisch agierenden Reiseveranstalter. Für die Hin- und Rückfahrt zum Manava-Hotel (20 km einfach) und die mehrstündige Fahrt mit einem größeren Motorboot bezahlen wir 17.000 XPF (140,- €).

Auf der Fahrt mit Dr. Michael Poole starten wir vom Manava-Hotel westwärts und wechseln dreimal von der Lagune ins offene Meer und zurück. Auf dem offenen Meer sehen wir mehrere Karettschildkröten, deren Standort der Forscher mit Akribie notiert. Auf der Höhe von Haapiti fahren wir wieder circa 200 Meter aus der Passe und stoßen auf eine Schule von Delphinen, in der auch ein Babydelphin seine Pirouetten dreht. Poole erzählt und erklärt sehr viel, aber auch sehr schnell mit hartem amerikanischem Slang, weswegen wir leider manches nicht verstehen. In der Gruppe sind außer uns fünf Amerikaner und ein Neuseeländer.

Unterwegs fragen wir Poole, wie es hier auf Moorea mit der Klärung der Abwässer bestellt ist. Er erklärt, dass alle Einwohner und Gewerbetreibenden, also auch die Hotelanlagen, per Gesetz zur Klärung ihrer Abwässer verpflichtet sind. Das geschieht in drei unterirdischen Tankanlagen. Was mit dem geklärten Wasser passiert, wissen wir nicht genau. Aber es kann wohl ins Meer geleitet werden. In der Nähe von Haapiti soll eine offene, überirdische Kläranlage erprobt werden. Nun wissen wir auch um die Bedeutung der leicht aus der Erde ragenden Behälter im Les Tipaniers, die sich zwischen dem Restaurant und der Straße befinden.

Wir erfreuen uns an den Pirouetten dieser Spinnerdelphine (aus dem Englischen „to spin" für drehen) und besonders an dem kleinen, sehr agilen Kerl. Es gibt nämlich einen Unterschied zwischen Delphinarten, die einfach nur aus dem Wasser hochschnellen und klatschend auf dessen Oberfläche zurückfallen und denjenigen, die sich dabei um ihre Achsen drehen. Wir fahren auch an unserem Hotel vorbei und genießen die Sicht aus dieser Perspektive. Das offene Meer bietet uns ein traumhaftes Panorama auf die Silhouette Mooreas mit ihren unverwechselbaren Bergzacken, die Zähnen eines Riesenfisches gleichen. Die Bootstour ist überaus interessant und jeder, der hier Urlaub macht, sollte sie sich nicht entgehen lassen.

Im Hochgefühl des heute Erlebten buchen wir für den 14. Juni eine ganztägige Tour auf Tahiti, die uns durch das Tal von Papenoo bis zur Mitte Tahitis führen wird. Véronique handelt den Preis des Taxis für die Fahrt zum Fährhafen und zurück von 10.000 auf 8.000 XPF runter. Für 50 Kilometer sind umgerechnet 67 € schon ein stolzer Preis. Die Hin- und Rückreise mit der Fähre nach Tahiti kostet 4.640 XPF, die Inseltour selbst mit Pick-up inklusive Mittagessen 18.000 XPF. Somit kostet uns diese Tagestour umgerechnet 255 Euro.

Am Samstag, dem 10. Juni, erfolgt die zweite Inselumrundung, diesmal umgekehrt gen Westen, mit an der Tankstelle gemieteten Mountainbikes. Diese Räder sind auch schlecht. Meines fängt nach kurzer Zeit an zu quietschen, Ritas Rad lässt nach dem fünften Bremsvorgang manche Sirene erblassen. Die mögliche Ausrede von Fußgängern oder auch Autolenkern, uns hätte niemand wahrgenommen, rückt somit in den Bereich des Lachhaften. Bei meinem springt die Kette zweimal ab. Kostenpunkt:

für 8 Stunden zusammen 2.400 XPF (20 €). Mein lieber *Mécanicien*: zieh' dich bei unserer Rückkehr warm an!

Wir genießen die Radtour trotzdem und stellen wieder fest, dass sich die Kfz-Lenker auch bei höherem Verkehrsaufkommen uns Radlern gegenüber weitaus rücksichtsvoller verhalten als zuhause. Bei der Rückgabe unserer Räder bekommt der Mécanicien sein Fett ab. Ich gebe ihm zu verstehen, dass beim nächsten Mal die Räder technisch überprüft und voll funktionstüchtig sein müssen. Er legt buchstäblich die Ohren an und gelobt Besserung.

Um halb drei nehmen wir das Mittagessen in der Strandbar ein. Rita genießt einen „Salade Fraîcheur", ich „Brochette avec Poulet et Crevisses avec Salade". Das Essen ist wirklich gut. Dabei werden wir von der Chefin zu einem Drink eingeladen, den wir zum Sonnenuntergang in der Strandbar zu schätzen wissen.

Für den morgigen Sonntag haben wir uns vorgenommen, der Messe in der oktogonalen Kirche im vier Kilometer entfernten Papetoai beizuwohnen. Genau hier hatten wir mit der Dream Yacht das erste Mal vor der mooreanischen Küste geankert. Nun fühlen wir uns auf Moorea schon richtig heimisch. Die protestantische Kirche ist das älteste Gotteshaus im gesamten Pazifik und wurde 1822 auf den Fundamenten eines Marae erbaut. Bis heute wurde sie mehrfach wiederauf- und umgebaut.

Beim allmorgendlichen Kontrollgang habe ich die Muräne außerhalb ihres Verstecks gesehen, als sie sich wohl einen neuen Standort suchte. Sie ist mindestens einen Meter lang, 10 Zentimeter hoch und 6-7 Zentimeter dick und hat eine Leopardenhaut, grün-braun mit gelbbraunen Punkten. Auch ein quittengelber Kofferfisch war zu sehen.

Als wir die Räder vor der Kirche abstellen, werden wir von verschiedenen Kirchgängern freundlich begrüßt. Die 50-60 Gläubigen, die vielleicht ein Drittel der Plätze belegen, sind zum überwiegenden Teil Frauen mit guter Bekleidung und Hüten, die aber diesmal bunt und nicht in weißer Farbe gehalten sind. Kein Mann ist mit einem Anzug bekleidet.

Als wir in der Kirche sitzen, kommt eine Frau und hängt Rita und mir eine Kette aus Tiaréblüten um. Bald erzählt uns eine zweite, über welche Themen der Pfarrer auf Polynesisch berichten wird und über den Zweck der heutigen Kollekte. Gesammelt wird für Personen, hauptsächlich

Frauen, die im Juli das größte Volksfest in Französisch-Polynesien, *Heiva* auf Tahiti, besuchen und auch daran teilnehmen wollen. Dieses traditionelle Volksfest mit Tänzen und sportlichen Wettkämpfen zieht sich über Wochen hin.

Die wunderschönen Blütenketten, die uns geschenkt wurden, berühren uns sehr. Der Schweiß, der an uns nur so herunterläuft und bereits die Kleider durchtränkt hat, wird durch den betörenden Duft der Blüten wohltuend übertüncht. Beruhigt stellen wir fest, dass auch die Einheimischen eifrig ihre Schweißtücher benutzen und Luftfächer schwingen. Obwohl alle Fenster der Kirche geöffnet sind und der oktogonale Bau den Durchzug begünstigt, steht die Luft und es ist unerträglich schwül, da Regen in der Luft liegt. Eine Frau beginnt die Messe und zwei Gruppen von Musikanten singen und musizieren mit den nicht wegzudenkenden Ukulelen. Danach hält der Pfarrer seine Predigt. Er hat uns natürlich gesehen und sehr wahrscheinlich auch die Frauen bezüglich der Kränze und Information instruiert.

Ein offensichtlich alkoholisierter oder unter Drogen stehender junger Mann stört die Andacht und quatscht uns laufend an, dass wir genervt bald den Platz zur Mitte der Kirche hin wechseln. Die Leute schütteln zwar den Kopf über ihn, aber auch nicht mehr. Keine Aggressivität ist bemerkbar, auch bei dem Halbstarken nicht. Vor der Kollekte schildert eine Frau ganz genau, wieviel Geld bereits gesammelt wurde. Nach der Kollekte wird nochmals für ein Aufstocken der Spenden geworben und fast alle gehen nach vorne und spenden nochmals, wir natürlich auch. Das Musizieren und die Gesänge bilden das Leben der polynesischen Messen. Mit ihnen schaffen sie eine opulente, fast übernatürlich anmutende Aura. Das Klangvolumen füllt den Kirchenkörper fast zum Bersten und hinterlässt eine Gänsehaut auf den Armen. Auch das ist Südsee, hierin drückt sich ihre Vitalität aus.

Die Messe endet mit allgemeiner Verabschiedung mit Wangenküsschen, an der auch wir beteiligt sind. Rita wird von einem Mann angesprochen und gefragt, wo wir herkommen und wo wir hier wohnen. Nachdem sie das Les Tipaniers nennt, sagt er, das wäre doch so teuer. Im Gegensatz zum Hilton, Manava oder Intercontinental wohnen wir aber noch preiswert, obwohl auch unser Zimmerpreis für die hiesigen Menschen astronomische Summen darstellt. Wir erinnern uns an Hildas Worte:

„La vie est simple ici“.

Wir sind wieder sehr über die Herzlichkeit, Freundlichkeit und Wärme dieser Menschen berührt – kein erkennbarer Neid herrscht hier vor.

Um viertel nach zwei gehe ich wieder für eineinhalb Stunden schnorcheln. Abends essen wir im Hotelrestaurant jeweils zwei Gänge. Rita einen gemischten Salat und Gemüsesuppe, ich einen feinen grünen Salat mit Crevetten und gegrilltem Fisch und die bereits bekannte, sehr gute Fischsuppe (Fisch aus der Lagune). Davor einen Pastis beziehungsweise Martini Bianco, dazu einen Chardonnay 0,5 l en Pichet (hier: en carafe). Alles für 7.700 XPF, was 65,- € entspricht. Wir fragen die Restaurant-Chefin nach der Herkunft des Salates und der Tomaten. Sie erzählt uns, dass diese von Tahiti kämen, wo sie – wie auf Raiatea – nicht in der Erde, sondern im Mineralbad produziert würden. Sie bedeutet uns, dass es bei den Tomaten besonders schwierig sei, da sie von außen gut aussehen würden, innen aber schon faulig sein könnten.

In der Nacht trommeln immer wieder Regenschauer auf das Dach unseres Bungalows. Während unseres bislang vierzehntägigen Aufenthaltes auf Moorea regnet es nun zum dritten Mal. Wir erscheinen erst um halb acht zum Frühstück, obwohl wir gestern Abend bereits um zehn nach acht im Bett lagen. Wegen eines erneuten Regengusses fallen der Kontrollgang zum Laufsteg und die Suche nach der Steg-Muräne aus. Auch die Hüttenkrabbe hat ihren von uns allmorgendlich mit Tamanu-Nüssen blockierten Gang nicht wie sonst freigeräumt; an den nächsten Tagen ebenfalls nicht mehr. Wir haben sie wohl zu sehr geärgert und sie hat sich wahrscheinlich in der großen Anlage eine neue Bleibe gegraben. Beim Frühstück fehlen sogar die keckernden Stare. Um elf nimmt Rita den zweiten Tanzkurs wahr. Wir müssen, obwohl so vom Hotel gebucht, wie vormals noch eine Stunde warten, da eine Gruppe von Japanern im Flechten mit Pandanusblättern unterrichtet wird.

Der Unterricht ist wieder toll und danach essen wir vor Ort im Restaurant. Bei unserer Ankunft sehe ich den „Chef de Cuisine“ im Restaurant vor einem Teller mit Van-Dyck-Braun gebratenen Lammrippen an einer solchen nagen und mir läuft buchstäblich das Wasser im Munde zusammen. Die Ernüchterung folgt, als mir die Bedienung mitteilt, dass diese Köstlichkeit Gästen leider nicht angeboten wird. Dafür schmeckt mein „Ersatz-Entrecôte“ hervorragend. Wir zahlen 5.350 XPF (45 €) für: Entrecôte mit Reis (die auf der Speisekarte erwähnten grünen Bohnen sind an diesem Tag leider nicht im Repertoire), großer gemischter Salat, eine große Flasche Wasser, ein Hinano 0,5 l und ein Glas feinmundigen roten Bordeaux.

Als wir auf Ritas Tanzlehrerin warten, sehe ich in vielleicht 100 Metern Entfernung eine Frau im seichten Wasser sitzen. Sie nimmt die kleinen Fische aus, die sie zuvor mit einem Wurfnetz gefangen hat. Dieses Bild inspiriert mich dazu, an das doch mögliche einfache oder auch natürliche Leben hier zu denken. Ich unterhalte mich mit der Frau. Sie wird die Fische frittieren. Die Bäume ganz in der Nähe könnten mit ihren Früchten die Beilagen liefern. Da es auf Moorea, wie bereits berichtet, keine Mietwohnungen gibt und somit jeder Haus und Garten sein eigen nennen kann, wäre ein solches Leben durchaus denkbar.

Während Ritas Tanzstunde besuche ich wieder den Strand und erblicke in direkter Nähe einen kapitalen Stachelrochen, der majestätisch durch das seichte Meer segelt. Rochen entlocken mir aufgrund der Art ihrer Fortbewegung immer wieder die Bezeichnung „Unterwasser-Vögel“.

Am Mittwochmorgen, dem 14. Juni, marschieren wir kurz vor sechs zur Rezeption. Der Ausflug nach Tahiti ins Tal von Papenoo ist angesagt. Der Taxifahrer wartet bereits auf uns, als wir drei Minuten vor der Zeit den Parkplatz vor der Rezeption erreichen. Er ist recht wortkarg, was ich aber nicht auf einen Gemütszustand zurückführe, sondern eher auf eine Einstellung, als Chauffeur die Gäste in Ruhe zu lassen und nicht durch Geschwätz zu belästigen. Er versteht sich wohl als zurückhaltender Dienstleister. Bei der Frage nach dem Alter seines Autos taut er jedoch auf und antwortet voller Stolz, dass er mit diesem japanischen Fabrikat in 20 Jahren *280.000* Kilometer auf Moorea gefahren ist, was *4.667* Inselumrundungen entspricht – eine wahrhaft gigantische Leistung, für ihn wie für sein treues Gefährt. Er fährt gemütlich-spritsparend mit 60 km/h dahin und hält damit die vorgeschriebene Höchstgeschwindigkeit konstant ein. Das Wetter sieht nicht gut aus und während der Überfahrt regnet es sogar. Wir gewinnen immer mehr die Überzeugung, dass der Winter erst ab Juni und nicht, wie allgemein behauptet, ab Mai beginnt, was uns Hilda am folgenden Morgen bestätigt. Wir fahren zum ersten Mal mit „Terevau Ferry“, dem Fährdienst zwischen Moorea und Papeete. Da der Frühstücksraum im Les Tipaniers erst um halb sieben öffnet, genehmigen wir uns in der offenen Fährhalle einen Kaffee und belegte Baguettes. Hier werden auch Obst und Obstsäfte feilgeboten.

Die moderne Katamaran-Fähre ist anhand des Vodafone-Schriftzugs, der sich über das ganze Schiff erstreckt, gut zu erkennen. Daneben bedient die noch größere Katamaran-Fähre „Aremiti 5“, in deren Bauch auch Lkw Platz finden, dieselbe Strecke. Nachdem sich die Fähre aus dem Hafenbecken entfernt hat, drehen die gewaltigen Motoren auf volle Last und erzeugen eine weiß schäumende meterhohe Gischt, die auch noch nach gut 100 Metern das Meer mit weißen Schaumkronen bedeckt. Im Vergleich dazu waren die Heckwellen der Aranui 5 ein leises Plätschern. Die 17 Kilometer bis Papeete werden in 35 Minuten bewältigt, was einer Geschwindigkeit von 29 km/h entspricht.

Auch der Fahrer der „Tahiti Exkursion“, mit dessen Pick-up wir unterwegs sein werden, kommt eine Viertelstunde früher. Sag‘ auch nur einer noch mal, die Polynesier wären unpünktlich! Mit Jerôme, einem vielleicht 28jährigen Franzosen aus Montpellier, einem älteren Ehepaar aus Colmar und zwei Frauen aus Neuseeland starten wir die Tour ostwärts ins Tal von Papenoo. Bevor wir im Ort Papenoo von der Ringstraße abbiegen (PK16,5), machen wir eine kurze Pause, um uns in einem Supermarkt mit Lebensmitteln zu versorgen und das Rathaus zu inspizieren, das in Ausstattung und Einrichtung als gepflegt und modern bezeichnet werden kann. Kurios wird die Fahrt, als uns unser Fahrer bittet, wegen des Polizeipostens am Anfang der Strecke die Sitzgurte anzulegen und dann gerade dieser Polizist einem Einheimischen gestattet, auf das Trittbrett am Heck des Geländewagens zu steigen, wo er sich nur am Gestänge für die Plane festhalten kann.

Die Fahrt durch grüne Vegetation mit vielen Wasserfällen auf abenteuerlicher Strecke wird richtig holprig. Bald ist die Straße nur noch geschottert und mit tellergroßen und handtiefen Schlaglöchern förmlich übersät. Rückgratgeschädigte haben hier nichts verloren. Alles ist sattgrün, aber die Anzahl und Vielfalt der Blumen nimmt ab. Die Fahrstrecke erinnert mich mit ihren Steigungsprozenten an diejenige zum Magic Mountain auf Moorea. An einem Fluss, dessen breites Bett aus dicken Kieseln besteht, legen wir an einer aufgestauten Stelle eine Pause ein.

Die Piste führt durch zwei Flüsse, während die Landschaft durch die über tausend Meter hohen Berghänge ringsum überwältigende Ausmaße annimmt. Meter um Meter und Kurve um Kurve schrauben wir uns in diesem grünen Wellenmeer höher, mit Allrad sowieso und teilweise mit Differentialsperre. Zur Mittagszeit erreichen wir nach 18 Kilometern (ab PK16,5) das *Relais de Maroto*, in dem auch übernachtet werden kann und nehmen unser vorbestelltes Essen ein. Durch diese Übernachtungsmöglichkeit kann Tahiti auch ohne Zelt auf 40 Kilometern Länge durchwandert werden. Wer das tut, sollte aber sportlich und gut trainiert sein. Das Wetter hat sich gebessert, die gleißende Sonne sticht durch weiße Wolken und prangt im hellblauen Himmel.

Das Hotel besitzt eine einmalige Lage. Ich bin überwältigt, kann mich einfach nicht sattsehen an diesem Blick auf die grandiose, gewaltige grüne Bergwelt, unter der die höchsten Gipfel, der Mont Orohena mit seinen 2.241 m und der Pitu Iti mit 2.110 m Höhe, hervorstechen.

Nach der Pause geht es weiter bergan, wo das erste und einzige Schild auf eine „Gefährliche Strecke" hinweist. Wie soll die beschaffen sein, wenn erst hier auf Gefahren hingewiesen wird, obwohl die Strecke, die wir bereits befuhren, der reinste Bergtrail war? Es wird tatsächlich noch enger, steiler und holpriger. Auf dem Scheitel der Strecke durchfahren wir einen Tunnel am 884 m hoch gelegenen Col Urafaau, wo das Wasser von der Decke trieft. Am anderen Ende wechselt das Wetter schlagartig, die Sonne ist verschwunden. Es geht kurz bergab und wir halten an und schauen auf den Lac de Vaihiria tief unten im Tal. Eine Weiterfahrt von hier würde bis zur Südküste bei Mataiea führen.

Wir machen eine längere Pause, während der wir mit unserem Fahrer viele offene Fragen besprechen. Er entpuppt sich als echter Kenner der Flora und Fauna Tahitis, was mir schon bei unserem Halt an dem Fluss aufgefallen war.

Ich gebe nachfolgend seine Erläuterungen zu unseren Themen inklusive eigener Recherchen wieder:

Seit rund 30 Jahren (vor allem im karibischen Raum) setzt eine Insektenart – er nennt sie *„Mouche de Cocotier"* – den Kokospalmen zu (genauer im Kapitel Flora). Sie zerstört das Herz der Palmen und kann wegen des Verbots eines Pestizid-Einsatzes nicht wirkungsvoll bekämpft werden.

Die *Population an Hähnen und Hühnern* breitet sich deswegen so stark aus, da ihr Fleisch von staatlicher Institution (Veterinär) als nicht empfehlenswert eingestuft wurde. Steckt dahinter vielleicht die Industrie oder irgendwelche ihr nahestehende Politiker? Wir erfuhren nämlich auf Raiatea von Christian, dass amerikanische Hühner wegen ihres größeren Körpers und besseren Fleisches eingeführt werden. Auch hier leistet der Lobbyismus wohl ganze Arbeit.

Wie bereits auf Fatu Hiva gesehen, stellt die bodendeckende und bis zu einem Meter hohe giftige Singapur-Daisy ein großes Problem dar, da sie die anderen Pflanzen überwuchert.

Es gibt *keine Schmetterlinge* und *keine Bienenpopulation* und somit fehlende Möglichkeiten der Bestäubung. Wie bereits festgestellt, bestätigt er, dass in diesem grün wogenden Meer die Anzahl der Blumen abnimmt.

Staatliche Institutionen mit ihren fragwürdigen (seine Wortwahl) Wissenschaftlern tüfteln seit Jahrzehnten herum, um Mittel gegen diese Probleme zu finden. Es wird aber nichts richtig zu Ende gebracht und landet immer wieder in Sackgassen. Er lässt an dem CEP, dem „Centre d'Expérimentation du Pacifique", das nach seiner Meinung auch hierfür verantwortlich zeichnet, kein gutes Haar. Für mich sehr verständlich, da über diese politische Institution die Atomversuche auf Mururoa und Fangataufa liefen.

Auch er sieht die Komplikationen bei der *Produktion europäischen Gemüses* im feucht-heißen Klima, die durch die hohe Luftfeuchtigkeit zu schnell wachsen würden. Auch bei Kartoffeln wäre das sehr gut zu beobachten.

Das gilt jedoch für alle tropischen Regionen.

Es gibt auf Französisch-Polynesien nur *sieben Landvogelarten.* Schuld an der fehlenden Integration von zusätzlichen Vogelarten sollen vor allem die Ratten sein, die die Nester plündern. Man hat bestimmte Greifvögel eingesetzt, was aber aufgrund dornenbesetzter Bodendecker nicht fruchtete.

Unser Gespräch gestaltet sich so interessant, dass wir die Zeit vergessen. Zu guter Letzt meldet sich der disziplinierte Controller in mir und ich nenne ihm unsere Abfahrtszeit der Fähre nach Moorea. Prompt fahren wir zurück, legen aber noch eine Pause bei dem sympathischen Insulaner ein, der zu Anfang mit dem Einverständnis des Polizisten auf dem

Trittbrett bis zu seiner Hütte mitfuhr, die an einem Fluss liegt. Er bewirtet uns mit Kokosmilch, Kokosraspeln und Papaya und zeigt uns rund einen Meter lange Flussmuränen, die er mit Brot anfüttert. Ich zeige nochmals auf die Uhr und unser Fahrer verspricht mir hoch und heilig, dass er uns noch vor Abfahrt der letzten Fähre im Hafen von Papeete abliefern wird – er hätte nämlich nicht das Geld, uns den sonst notwendigen Flug zu bezahlen. Dementsprechend zügig und damit noch holpriger verläuft die Rückfahrt. Auf der Ringstraße sind wir das schnellste Fahrzeug und er kann sein Versprechen einhalten. Unser verlässlicher Taxifahrer erwartet uns schon auf Moorea.

Ach, und noch etwas: Die beiden Damen aus Neuseeland geben uns zu verstehen, dass sie vor ihrer Heimreise noch ein paar Tage in einem dieser sündhaft teuren Overwater-Bungalows in der Lagune von Bora Bora genießen werden. Wir fragen natürlich, was sie in dieser traumhaften Lagune und auf der Insel noch unternehmen wollen – also anschauen, erkunden. Nein, sie brauchen die Hotelanlage nicht zu verlassen, da dort alles geboten wird!

Am Samstag, dem 17. Juni, findet ein Ruderwettbewerb statt, dessen Ziel unser Motu gegenüber ist. Zudem sind wieder Wahlen und deshalb Alkoholverkauf untersagt. Hilda hat uns gestern bereits unterrichtet. Wir kaufen folglich vorher ein. Am Ruderwettbewerb nehmen geschätzt 40 Recken teil, darunter 6-8 mit Doppelpaddel (Kajak). Dazu muss man wissen, dass Rudern ein Nationalsport der Polynesier ist und sie in dieser Kategorie zur Weltelite gehören. Ich meine diese schnittigen Auslegerboote, wie wir sie in der Halle auf Ua Huka gesehen haben. Es gibt sogar eine Ruderregatta, bei der die 180 Kilometer von Moorea nach Raiatea unter fünf Stunden auf offener See zurückgelegt werden. Wenn ich an die Wellen auf unserer Überfahrt mit der Dream Yacht denke, sehe ich darin eine sportliche Extremleistung, besonders auch in Bezug auf die Zeit. Das liegt ihnen im Blut, galten doch ihre Ahnen, die ihre Inseln vor rund 2.000 Jahren besiedelten, als die besten Seeleute, die unsere Erde je gesehen hat.

Von wegen Alkoholverbot! Eine unsinnige Maßnahme, da sich die Bürger eben tags zuvor mit dem Sprit eindecken. Als wir um halb drei mit unserem Kajak am Motu vorbeipaddeln, dröhnt uns fetzige Musik entgegen und Hinano und sonstige Drinks machen allerorts die Runde.

An unserem Lieblingsplatz zwischen den Motus sehe ich wieder einen großen Stachelrochen, dem aber der halbe Schwanz fehlt. Auch die beiden großen Fische sehe ich wieder. Sie werden wohl von den Bootsleuten angefüttert, die Tauchen mit großen Helmen für Nichttaucher mit direkter Luftversorgung vom Boot aus anbieten. Auf unserem Rückweg paddeln wir an zwei Burschen vorbei, die in ihrem Motorboot sitzen und uns mit verblitzten Augen ausgelassen und lautstark grüßen. Ihre lagunenblauen Drinks haben es wohl in sich. Wer sich den Erlass zum Verbot des Alkoholverkaufs und -ausschanks hat einfallen lassen, muss schon selten dämlich sein.

Am Abend kommt Hilda mit ihrer Familie – Mann und Tochter. Wir hätten genauso gut auch andere Personen des Hotels einladen können. Als absolut positiv empfinde ich, dass nirgendwo Neid zu spüren ist, weil Hilda von uns eingeladen wurde. Wir werden wie immer freundlich bedient und die Kolleginnen scheinen sich mit Hilda zu freuen. Wäre das bei uns auch der Fall? Wir unterhalten uns sehr angenehm. Die sechzehnjährige Tochter verschwindet aber nach dem Essen im Auto, um Musik zu hören. Die Eltern beschweren sich wie bei uns über die Jugend, die nicht mehr zuhören und sich am Gespräch Erwachsener beteiligen will oder kann. Sie deuten auf die Stöpsel in den Ohren.

Die Tochter besucht ein Gymnasium auf Tahiti, obwohl es auch auf Moorea Gymnasien gibt. Sie will aber zur Polizei und diese Ausbildung gibt es nur auf Tahiti, wo sie von Montag bis Freitag in einem Internat untergebracht ist. Die Kosten für drei Monate liegen bei 19.000 XPF, was 160,- € entspricht.

Als ich den beiden erzähle, dass wir hier noch *keine Gaststätten* entdecken konnten, in denen die Einheimischen mal auf ein Bier ein Schwätzchen halten oder sich in geselliger Runde versammeln können, bestätigen sie unsere Annahme, dass den Einheimischen in dieser Beziehung keine Möglichkeit geboten wird. Es gibt also nur Restaurants, die für die normale Bevölkerung meistens zu teuer sind oder nur zu großen Festivitäten besucht werden. Diese Art an Konversation bleibt somit auf der Strecke. Die Einheimischen bleiben unter sich und auch Touristen wie uns, die gerne mit ihnen ins Gespräch kommen würden, wird diese Chance verwehrt. Nun ist mir auch klar, warum diese Menschengruppen abends irgendwo an der Straße stehen und zusammen ihr Hinano trinken. Somit handelt es sich um eine regelrechte Ausgrenzung. Ich denke weiter an die Marquesas und alle anderen polynesischen Inseln, ausgenommen Tahiti beziehungsweise Papeete. Es ist fatal, aber so erfährt der Ausspruch von Jörg, dass er in den zehn Jahren, in denen er hier schon wohnt, noch keinen Zugang zu einer polynesischen Familie hatte, in dieser Hinsicht zumindest eine logische Erklärung.

Wir wechseln zu einem anderen Thema, das uns brennend interessiert. Wir haben uns immer schon gefragt, wo denn das *Brot herkommt*, da wir keine einzige Bäckerei gesehen haben. Die beiden lachen und erklären uns, dass Brot in den Supermärkten gebacken wird. Die Bäckerei ist dem hinteren Bereich der „Magasins" angeschlossen, was uns auch später Marylène bestätigt.

Als der erste Gang aufgetragen wird, spricht Hilda zusammen mit ihrer Familie ein Gebet, bevor wir zu essen beginnen. Ich werde an meine Kindheit erinnert – auch wir beteten bis zu einem gewissen Alter vor jeder Mahlzeit, aber nur zuhause.

Danach taucht das Thema *Wetter* auf, auch der globale Klimawandel. In allen Reiseführern, auch den Statistiken, werden die Wintermonate Mai bis Oktober als die regenärmeren und etwas kühleren Monate erklärt. Nun hören wir zum zweiten Mal, dass die Monate Juli und August eher unbeständig und teilweise verregnet sind. Das hatte uns auch Michel während unserer Wanderung zu den Trois Cocotiers erklärt. Auf Moorea gibt es nur selten Zyklone. Der letzte wütete hier vor circa 20 Jahren. Allerdings erlebte Tahiti gerade in diesem Jahr in den Monaten Februar und März sintflutartige Niederschläge, so dass die Menschen in den Straßen von Papeete mit Booten fuhren. In einem Magazin habe ich Fotos dieser Überschwemmungen gesehen. Das letzte Hochwasser wurde am 21. März durch heftigen Regen ausgelöst.

Wir erfahren von den beiden, dass die *politische Landschaft* aus vielen kleineren Parteien und Gruppierungen besteht, von denen keine eine gewisse Majorität besitzt. Eine starke separatistische Bestrebung herrscht vor, um sich vom Mutterland Frankreich abzunabeln. Hilda ist davon überzeugt, dass die Polynesier „so langsam aufwachen" und das angeborene „Laissez Faire-Prinzip" in punkto Selbstständigkeit und Geschäftswesen am Abklingen ist.

Sie nennt uns auch die *Preise der Ferienwohnungen* der großen Wohnanlage direkt neben dem Hotel, die einen guten Eindruck auf uns macht. Eine *Gîte rural* in der Größe unseres Strandbungalows ist für 700 Euro die Woche zu haben, so viel zahlten wir auch auf Guadeloupe. Diese war zwar größer – mit einer 60 m² großen Terrasse und eigenem Garten –, was aber nicht unbedingt notwendig ist. In der Toskana oder Südfrankreich liegen die Preise für vergleichbare Wohneinheiten bequem darüber.

Zwischen den *Religionen* soll es keine Probleme geben. Muslime gibt es nur wenige. Islamismus, das heißt der fundamentalistische Islam mit seinen bestialischen Auswüchsen, ist bekannt (sie haben davon gehört oder gelesen) und sie haben Angst, dass er auch zu ihnen kommen könnte. Das ist unserer Meinung nach sehr unwahrscheinlich, da der Islamismus seinen Hass gegen die westliche Welt richtet und Französisch-Polynesien, obwohl zu Frankreich gehörig, als Zielobjekt des IS einfach zu weit weg ist. Jörg berichtete auf der Aranui 5 von einem Muslim, der aufgrund der im französischen Recht verankerten Religionsfreiheit auf Tahiti unbedingt den Bau einer Moschee durchsetzen wollte. Er gab auf, nachdem ihm ein abgeschnittener Schweinekopf vor die Tür gelegt worden war. Marylène ist diese Begebenheit ebenfalls bekannt.

In der Nacht zum Montag, dem 19. Juni, regnet es wieder verstärkt. Tagsüber ist es bewölkt. Beim Kajakfahren ist die Strömung auf Höhe des ersten Motus so stark, dass wir trotz größter Anstrengung kaum von der Stelle kommen und ich manchmal die Befürchtung hege, umdrehen zu müssen. Wir kämpfen weiter und werden zwischen den Motus belohnt durch glasklares Wasser und auch dadurch, dass wir einen Rochen vom Kajak aus in circa vier Metern Tiefe eine längere Zeit beobachten können, wie er erhaben den Meeresgrund nach Fressbarem absucht.

Am Abend nehmen wir das Dîner wieder im Hotelrestaurant ein. Rita bestellt sich „Poisson du jour“, also den Fisch, der heute wohl den Tagesfang bestimmte. Meine arme Frau, ihres Zeichens Fettfleisch-Verachterin, tappt sozusagen unverschuldet in den Eimer hinter der Tür und bekommt gerade das fetteste Stück des „Saumon des Dieux“ (Lampris guttatus), eines ansonsten außergewöhnlich delikaten Fisches. Mit Lachs hat dieser „Lachs der Götter“ nur so viel gemeinsam, dass einige seiner verschiedenen Teilstücke dem der Lachse ähnlich sind. Rita hätte sich auch ein trockenes Stück Fleisch vom „Götterlachs“ bestellen können, was wir später von Marylène erfahren. Hiermit erhält der Küchenchef seinen ersten (und einzigen) Minuspunkt, da er (oder die Bedienung) Rita nicht nach ihren Vorlieben fragte.

Außergewöhnlich ist dieser fast kugelrunde Fisch (dem Mondfisch vergleichbar) deshalb, weil er seine Körpertemperatur im Gegensatz zu fast allen anderen Fischarten bis zu 10 ° C über die des Meerwassers erwärmen kann. Das schafft er mit der Kraft seiner Flossen, einer schleimigen Hülle und einer Fettummantelung der Kiemen von einem Zentimeter Stärke. Ritas Portion wurde somit wohl von den Kiemen abgelöst – Schande über den Koch! Oder wollte er dem Dauergast Rita etwas Gutes tun, da die Polynesier fettes Schweinefleisch besonders mögen? Wer weiß. Der Götterlachs ist vor allem auf Tahiti sehr beliebt, erreicht eine Länge (eher Durchmesser) von bis zu zwei Metern und ein Spitzengewicht von 80 kg. Zum Fang bedienen sich die Fischer der „Longline", einer Hauptleine, an der beliebig viele mit Köderhaken versehene Nebenleinen hängen. Hoffentlich senken sie dabei die Hauptleine entsprechend tief oder schießen die mit den Ködern versehenen Haken durch lange Rohre, da dieser Fisch in tieferen Regionen (200 bis 400 m) lebt. Ansonsten reden wir über eine sehr umstrittene selektive Fangtechnik mit hoher Beifangrate. Haie und Rochen, aber auch Seevögel wie Albatrosse und Fregattvögel, die nach den in geringer Tiefe lockenden Ködern tauchen, werden zu Opfern; auch Meeresschildkröten verheddern sich in den Schnüren und treiben sich dabei die Widerhaken ins Fleisch.

Nach dem Essen lädt uns Jacques, der Geschäftsführer des Restaurant-Bereiches, zu einem Gespräch ein. Wir nehmen auf den Hockern am Tresen der Restaurantbar Platz und führen ein langes und intensives Gespräch, wobei er auch viel über sich preisgibt. Auch er hat wohl schon erfahren, dass wir nicht nur des Urlaubs wegen hier sind, sondern uns für das Land und seine Gesellschaft interessieren. Jacques ist Franzose und lebt seit 30 Jahren hier. Er kehrte zweimal nach Frankreich zurück, konnte sich aber von Französisch-Polynesien nicht mehr lösen und blieb beim dritten Mal für immer hier. Als wir uns verabschieden und die Rechnung signieren wollen, bedeutet uns die Chefin der Servicekräfte, dass wir von Jacques eingeladen worden sind. Eine sehr großzügige Geste, die uns berührt!

Am Dienstag, dem 20. Juni, treffen wir uns, wie bereits vor Tagen abgesprochen, mit Marylène zu einer vierstündigen Wanderung. Sie hat ihren Hund „Le Rose“ dabei und holt uns vor dem Hotel mit ihrem alten, klapprigen Kleinwagen ab. Die mittelwüchsige Le Rose, mit hellbraunem Kurzhaar, begrüßt uns eher ängstlich-zurückhaltend. Marylène kennen wir bereits vom Frühstück her, da sie für die Zubereitung von Sonderwünschen wie zum Beispiel Eier auf verschiedene Art, zuständig ist. Sie kocht mittags im Strandrestaurant und hilft später dem Küchenchef im Abend-Restaurant. Vor drei Jahrzehnten hatte sie eine geraume Zeit in Heilbronn gearbeitet, konnte aber ihre Deutschkenntnisse, außer einigen Bruchstücken, nicht bis zur heutigen Zeit bewahren. Marylène brauchte keine drei Anläufe wie Jacques, um hier zu bleiben. Sie verfiel dem Charme dieser Insel gleich beim ersten Mal vor 19 Jahren. Sie ist intelligent, einfühlsam und ihre Mimik strahlt Selbstbewusstsein und Ehrlichkeit aus. Als gute Freundin von Hilda wurde sie garantiert von ihr über uns unterrichtet, da sie in ihrer Freizeit gerne mit ihrem Hund mehrstündige Wanderungen unternimmt. Sie ist naturbegeistert und weist mehrfach darauf hin, wie sehr sie in dieser Natur aufgeht. Als Grundvoraussetzung bei jeder Wanderung gilt der intensive Gebrauch von Sprays oder Crèmes gegen die Stechmücken, um nicht nachher wie ein Streusel auszusehen. Wir werden mit Marylène die Wanderroute zu „Den drei Pinien“, „Les trois Pinus“ (die stehen tatsächlich alle noch) unternehmen. Dazu fahren wir in Richtung Belvédère und parken das Auto ein paar Kilometer – bevor die Steigung beginnt – dort, wo es zur riesigen Ananasplantage abgeht. Die Wanderung führt teils bergauf durch die Plantage, bevor wir auf einen schmalen Pfad in die grüne Wildnis eintauchen und uns zuerst durch hohe Gräser, Farne und dichte kleinwüchsige Büsche kämpfen. Le Rose hat sich bald an uns gewöhnt und wird zutraulicher.

Marylène erzählt uns von der Begegnung mit Le Rose – der Name bedeutet nicht das Substantiv „Rose“, sondern die Farbe „rosa“. Vor knapp einem Jahr begegnete sie Le Rose bei einer Wanderung im Dschungel und nahm das völlig verwahrloste, arme Tier mit zu sich nach Hause. Sie wurde wohl ausgesetzt, wie es hier – und auch bei uns – oft vorkommt. Bei uns gibt es Tierheime – hier nicht. Das Aussetzen von Hunden steht mittlerweile unter Strafe. Aber: wo kein Kläger, da kein Richter. Le Roses kurzes Fell existierte fast nicht mehr, sie war praktisch nackt mit ihrer rosigen Haut – daher ihr Name. Marylène ging mit ihr zum

Tierarzt, bekam Medikamente und wandte auch eigene Salben und Kunstkniffe an und pflegte die Hündin gesund. Dabei musste sie sehr behutsam vorgehen und das völlig verängstigte Tier ganz langsam an sich gewöhnen. Nun hat sie in Le Rose die denkbar treueste Wegbegleiterin.

Wir wandern zu den drei Pinien nicht den offiziellen Wanderweg. In dichtem Regenwald führt unser Weg durch gewaltige und atemberaubend schöne Natur. Ein riesiger Banyanbaum säumt unseren Weg, der mehrfach Wasserläufe quert. Der Unterboden dieser urwüchsigen Natur mit ihren brüchigen Gesteinsformationen ist nicht grün überwuchert, da die Sonne diesen nur spärlich erreicht, sondern besteht hauptsächlich aus Steinen und armdicken, in sich verwobenen Wurzeln (s. Wanderung zu den Trois Cocotiers). Wir genießen eine absolut unverfälschte Natur, in der nur ganz wenige Menschen unterwegs sind. Am Ziel bei den drei Pinien angekommen, welches wie der Belvédère und die „Trois Cocotiers" einen schönen Blick auf die Opunohu und Cook Baie bietet, legen wir eine kleine Pause ein. Marylène verköstigt uns mit Ananas, Bananen und selbst gebackenem, nicht zu süßem Gebäck, in dem Curcuma und Ingwer verarbeitet sind. Das Gebäck schmeckt erstklassig. Sie erzählt uns von ihren früheren Verdauungs- und Magenproblemen, die durch Verwendung von frischem Curcuma und Ingwer verschwanden. Nicht umsonst gilt Curcuma als gesündestes Gewürz der Welt. Le Rose isst mit Vorliebe Bananen.

Wir unterhalten uns angeregt und haben natürlich viele Fragen an Marylène, die sie gerne beantwortet. So erfahren wir, dass die Polynesier zwar freundlich, zuvorkommend und hilfsbereit sind, aber auch schnell aufbrausend und aggressiv werden können – besonders nach Alkoholgenuss. Sie schlagen dann ihre Frauen. Marylène sieht jedoch Zeichen, dass sich dieser Umstand in der letzten Zeit leicht gebessert habe und die Frauen selbstständiger und selbstbewusster geworden seien.

Der *Alkoholmissbrauch* sorgt auch, hauptsächlich an den Wochenenden, für viele Verkehrsunfälle. In diesem knappen halben Jahr forderten Verkehrsunfälle einen Toten und 72 Verletzte auf Moorea. Im gesamten Jahr 2016 waren es 137 Verletzte, wobei Gott sei Dank niemand zu Tode kam. Würden wir diese Zahl ins Verhältnis zur Einwohnerzahl von Deutschland setzen (circa 18.000/82.000.000), kämen wir auf die schier unvorstellbare Zahl von 624.000 Verkehrsopfern!

Wir erzählen ihr von der *großen Anzahl von Hunden*, die uns auf unseren Radtouren um die Insel am Straßenrand aufgefallen ist. Manche laufen einfach unkoordiniert auf der Straße und die Autofahrer nehmen große Rücksicht, werden nicht ungeduldig und unterlassen auch das Hupen. Die Hunde verhalten sich tagsüber friedlich, bestätigt sie, warnt aber zugleich davor, dass sie des Nachts gefährlich werden können. Die beste Wehr gegen Hunde ist, sich zu bücken, um einen werfbaren Gegenstand aufzuheben. Und das funktioniert, wie wir heute unfreiwillig feststellen können, als wir einer jungen Frau im Wald bei einem Bach begegnen, die drei Hunde ausführt, darunter zwei Dobermänner, die sich von ihr kaum bändigen lassen. Ihre Hunde haben etwas gegen Le Rose und laufen uns auch nach. Als ich sie anschreie, mich bücke und einen Ast ergreife, um ihn nach ihnen zu werfen, suchen sie das Weite.

Fleisch und Wurst können auf Moorea nur als verschweißte oder tiefgefrorene Ware, in der Tiefe minimal sortiert, erstanden werden, da es keine Metzgereien gibt. Die Produktion konzentriert sich auf eine einzige Fabrik auf Tahiti.

Ich habe spaßeshalber das Federvieh der *Wilden Hühner* nach den Ratten und Moustiques als erfolgreichste Population auf ganz Französisch-Polynesien eingeordnet, da man ihnen praktisch überall begegnet (außer im Sofitel, s. Kommentar auf der Inselrundfahrt). Sogar auf unserer heutigen Wanderung hören wir Hähne mitten im Regenwald krakeelen und Hennen gackern, wobei eine, von Le Rose aufgescheucht, einen halsbrecherischen Slalom-Flug an den Urwaldriesen vorbei auf längerer Distanz mit Bravour meistert. Nach Marylènes Auffassung können sie sich derart stark vermehren, weil sie von der Bevölkerung zur allgemeinen Tierwelt gezählt werden. Nach der zweiten Brut könnten sie meines Erachtens sowieso nur noch als Suppenhuhn verwendet werden, da sie aufgrund des nun zähen Fleisches nicht mehr als Grillgut taugen.

Wir erfahren von Marylène viel Wissenswertes über Baumarten, aber auch Nutzpflanzen, als wir an kleinen Plantagen vorbeigehen. Im tropischen Regenwald wurden an einem alten Marae Hütten nachgebaut, um den Interessierten die Behausungen der einstigen Bewohner dieser schönen Insel näher zu bringen. Nach rund vier Stunden erreichen wir unseren Ausgangspunkt und bedanken uns herzlich bei ihr. Sie betrachtet ihre Hilfsbereitschaft als selbstverständlich, hatte sie doch nach ihren Worten eine angenehme Begleitung in uns.

Der Abend gehört der Show im Tiki Village, die wir nun endlich anschauen können. Aus allen Hotels auf Moorea werden Besucher mit Bussen zu dem Event gebracht. Wir reisen mit einem Kleinbus an. Rund 100 Personen werden an Tische mit Nummern verteilt. Man lernt sich kurz kennen und schon beginnt gesittet und geordnet nach Tischnummern der Gang zum Büfett, sodass die berühmte Schlacht an selbigem ausbleibt, obwohl ich die meisten Besucher nach meiner Einschätzung davon freispreche. Das Essen ist außergewöhnlich gut und vielseitig. Alles, was Lagune, Garten und Gehege zu bieten haben, wird in erlesener Qualität aufgetischt. Feine Salate runden die Tafel ab. Der Tischwein mundet ebenfalls vorzüglich. Danach nimmt das Publikum auf der Tribüne Platz und wird von einem Einheimischen begrüßt, der die Verwendung der Kokosnuss demonstriert. Im Schälen der Kokosnuss ist er schneller als unser Entertainer auf der Aranui 5, der eigentlich von seiner Statur her eine Kokosnuss mit bloßen Händen hätte zerquetschen können. Dieser Mann jedoch nimmt die teils schweren Bearbeitungsschritte – schälen, ausschaben und pressen – mit einer Leichtigkeit vor, die Erstaunen und Applaus hervorrufen. Danach präsentieren die Tanzgruppen verschiedene Tänze, wobei ich den Kopfschmuck der Frauen als wahre Kunstwerke bezeichnen möchte. Zum Schluss bietet uns ein Akrobat einen beeindruckenden Feuertanz – den besten, den ich auf Französisch-Polynesien gesehen habe. Noch voller Begeisterung werden wir gegen zehn Uhr zum Hotel zurückgebracht.

Am Donnerstag, dem 22. Juni, radeln wir noch einmal um die Insel, sozusagen unsere Abschiedstour. Diesmal sind die Mountainbikes in Ordnung – der Mechaniker hat Wort gehalten, als er mir tags zuvor versicherte, die von uns ausgesuchten Mountainbikes diesmal genauestens zu überprüfen. Es ist sehr windig, und kurz vor dem Ende unserer Tour schlägt mir eine Windböe derart stark entgegen, dass ich für einen Moment stehe und kräftig reintreten muss, um nicht umzufallen. Unterwegs sehen wir einen schwer verletzten, abgemagerten Hund – den einzigen misshandelten Hund während unseres gesamten Aufenthaltes auf Französisch-Polynesien. Er hat eine handgroße, offene Fleischwunde in der Mitte seines Rückgrates. Sie kann von einem kräftigen Schlag, aber auch von einem Biss herrühren.

Marylène berichtete uns, dass man im Strandrestaurant des Sofitel, auch ohne dort zu wohnen, essen kann. Was wir natürlich ausprobieren. Die Gäste sitzen hier – im Fünf-Sterne-Hotel – mittags mit kurzen Hosen und Flip Flops. Manche liegen am Pool – meines Erachtens ein unnötiger Luxus –, wo doch das Meer so schön, seicht und direkt greifbar ist. Wir bezahlen für zwei hervorragende gemischte Salate mit Getränken umgerechnet 60 Euro, was für diese Kategorie ebenfalls nicht überteuert ist. Hier sehen wir auch den sterbenden Hahn, wie bereits oben berichtet. Am Abend pfeift der Wind um unsere Hütte.

Da Hilda am Wochenende nicht arbeitet, bekommen wir bereits am Freitagmorgen von ihr zum Abschied zwei wunderschöne Muschelketten und Rita zusätzlich einen sehr schönen Blütenkranz geschenkt. Am Abend hören wir, wie jeden Freitag, in der Strandbar der Gitarre und Ukulele des „Trio Infernal“ (es sind nur zwei Musikanten) und ihren schönen Liedern zu. Wehmut liegt in der Luft.

Den Samstag verbringen wir am Strand und beginnen langsam mit den Vorbereitungen zum Packen. Es ist insgesamt in den letzten vier bis fünf Tagen etwas kühler geworden und hat öfter, hauptsächlich in den Nächten, geregnet. Wir hatten schon Sorge um den Rasen, da er bereits bräunliche Töne angenommen hatte. So erholt er sich wieder. An zweieinhalb Tagen gab es sehr starken Wind. Vielleicht hat sich der Winter verschoben, wie bereits von einigen Einheimischen behauptet, vielleicht beginnt aber auch der wohl unbeständigere Juli oder die globale Wetteränderung setzt auch hier ihre Duftmarken. Der Wind war übrigens so stark, dass er eine Bananenstaude umgeknickt, ein Bungalowdach beschädigt und einige Kokospalmenblätter abgerissen hat, obwohl sie sehr zäh sind!

Am Sonntag, dem 25. Juni, heißt es Abschied nehmen. Véronique hat uns bereits vor zwei Tagen mitgeteilt, dass wir bis zu unserer Abholung um vier Uhr nachmittags in unserem Bungalow bleiben können, obwohl normalerweise bis elf Uhr morgens ausgecheckt werden muss. Wieder eine großzügige Geste gegenüber uns Dauerurlaubern. Es ist zwar bewölkt, aber trotzdem schön mit Sonnenschein, da die Bewölkung im Hintergrund am Riff vorherrscht. Dann folgt es Schlag auf Schlag mit den Abschiedsketten. Sogar Jacques lässt es sich nicht nehmen, extra zu unserer Hütte zu kommen und seine Abschiedskette zu überreichen. Am

Nachmittag sind wir auf dem Foto mit Véronique, die nah am Wasser gebaut hat, jeweils mit acht Ketten beladen. Es wird richtig schwer um den Hals. Man muss sie aber tragen, alles andere wäre ein Affront und würde die Wertschätzung torpedieren. Wir werden wieder pünktlich abgeholt. Alles klappt wunderbar bis auf den Transfer vom Fährhafen in Papeete zum Flughafen. Da wir nur den DIAMIR-Voucher und von der beauftragten Reiseagentur „Tahiti Tours" nur die Information und keinen Voucher haben, lassen wir uns den Transfer nochmals per E-Mail an die Hotelrezeption bestätigen. Trotzdem fehlt unser Name auf der Liste des Fahrers und er rauscht ohne uns ab. Am Informationsschalter des Fährhafens sprechen wir mit der Angestellten, die gleich mit Tahiti Tours korrespondiert, was natürlich sonntags schwierig ist. Es soll ein Taxi geschickt werden. Sie zeigt uns die ungefähre Stelle, an der das Taxi ankommen soll. Bald stehen wir am Boulevard Pomare und halten nach taxiähnlichen Karossen Ausschau. Nach einigen Minuten halten wir einen kleinen Reisebus an. Der Fahrer hat eine andere Destination, ruft aber nach unserem Gespräch mit ihm sofort Tahiti Tours an und sagt uns noch, dass derjenige, der uns abholt, schon unterwegs ist und dass es sich nicht um ein Taxi handelt. Wenig später hält dieser Fahrer vor uns – und überreicht uns noch je eine Perlenkette. Das ist nun die Nummer neun für jeden von uns – eigentlich unvorstellbar.

Durch diese Umstände kommen wir eine Stunde später als geplant am Flughafen an. Das macht uns aber nichts – müssen wir nun anstatt sechs „nur" noch fünf Stunden bis zum Abflug warten. Was uns – vor allem mich – mehr als erstaunt und uns auch wieder andere Dimensionen aufzeigt, ist die Tatsache, dass der Hauptflughafen Französisch-Polynesiens, das Dreh- und Angelkreuz dieses riesigen Konglomerats von Inseln, *geschlossen* ist. Wir stehen vor dem Eingang und die Rolltüren sind heruntergelassen. Ich bin völlig perplex. Wenigstens ist die Information besetzt. Da unser Flug um viertel vor zwölf der letzte dieses Tages sein wird, werden die Schalter erst um viertel vor neun geöffnet. Wir konnten nicht online einchecken und müssen nun die Plätze annehmen, die uns zugeteilt werden. Wir bekommen leider zwei Plätze in einer Viererreihe zugewiesen. Der Sitzabstand ist gering und wir verbringen die acht Stunden Flug ziemlich eingeengt und deswegen ungemütlich. Schlafen kann man hier nicht wirklich, eher dösen.

Wir starten um null Uhr. Nach achtstündigem Flug mit drei Stunden Zeitumstellung (vorstellen) landen wir pünktlich um elf Uhr morgens in Los Angeles. Durch die Zeitumstellung beginnt es bereits nach fünf Stunden zu dämmern. Aber niemand – außer mir – öffnet die Fensterschieber und ich werde prompt vom Steward höflich gebeten, doch bitte die Jalousie wieder herunterzulassen. Ich entgegne ihm, dass das Frühstück doch sowieso in Kürze serviert werden wird. Ein etwas unglücklich-gequälter Blick oberhalb der geschniegelten Anzugweste lässt mich Gnade vor Recht gewähren.

Im Flughafen von Los Angeles ist nicht zu übersehen, dass nahezu alle Bediensteten in den Restaurants und Bars übergewichtig sind. Es gibt hier eine enorme Dichte an WCs. Auf dem Flug von Los Angeles nach London werden wieder fast alle Fensterschieber nach unten bewegt. Obwohl es noch hell ist und eine tolle Sicht während der ersten eineinhalb Stunden auf einen Teil der USA mit ihren Naturschönheiten besteht, dösen die Fluggäste vor sich hin oder schauen auf die Glotze. Ich muss mich wieder einmal (s. Hinflug) fragen, ob diese Menschen denn schon so abgestumpft sind, dass ihnen diese sehenswerten und interessanten Landschaften, auf die sie vielleicht das erste Mal und danach nie wieder aus 10.000 Metern Höhe herabschauen können, nichts bedeutet. Air New Zealand startet übrigens mit 40 Minuten Verspätung. Die Boarding Time wird von 16:00 Uhr auf 16:40 Uhr verschoben. Von den 40 Minuten entfallen 20 auf die Start-Warteschlange. Uns Wenig-Fliegern fällt trotzdem auf, dass eine gewisse Unpünktlichkeit zu verzeichnen ist. Der Pilot nimmt eine andere Flugroute als auf dem Hinflug, die südlicher über New Hampshire und Neuschottland verläuft. Über Wyoming sehe ich einen großen Waldbrand und infolge dessen eine gewaltige Wolkenbildung mit orangegrauen Tönen. Über diese CO_2-Schübe redet niemand. In London Heathrow startet unser Flug mit Lufthansa via Frankfurt/Main ebenfalls mit Verspätung – diese Krankheit ist wohl ansteckend. Wir nehmen's mit Gelassenheit, da wir nur unseren zeitlich problemlos verrückbaren Wiedersehens-Termin mit unserem Reihenhäusle haben. Eines aber wissen wir jetzt schon:

Nous reviendrons!!

BILDTEIL:

UNSERE KREUZFAHRT AUF DEM KATAMARAN

Die kleine Kabine bietet genügend Stauraum

Unser „Wohnzimmer"

Bild unten links:

Delphine begleiten uns

Bild unten rechts:

Schmucke Kirche an Taha'as Küste

Sonnenuntergang hinter der DREAM YACHT

Das Riff trennt Meer und Himmel

Bild unten links:

Es wird mal wieder geräuchert

Bild unten rechts:

High Tech-Segler vor dem Otemanu

Blick ins Innere von Huahine

An diesem Traumstrand bin ich hochgewandert

Bild unten links:
Herstellung von Kopra

Bild unten rechts:
Trauminsel Huahine

Hier werden auch Barracudas gefangen

Interessantes Museum auf Huahine

Bild unten links:

Lapita Village – hier werden wir 2019 wohnen

Bild unten rechts:

Stephanes Drohne macht hervorragende Fotos

Ohne Worte

Die Crew im Dingi

Bild unten links:

Wir waren ein tolles Team

Bild unten rechts:

Vielleicht sehen wir uns wieder ...

Unsere Abenteuer auf Moorea

Einzug im „Bungalow au Beauregard“

Die geplegte Anlage vom Les Tipaniers

Bild unten links:

Blick vom Hotelstrand auf die beiden Motus

Bild unten rechts:

Sonnenaufgang am Laufsteg

Stimmungsvolles Farbspektrum

Die Stegmuräne

Bild unten links:

Frontansicht unseres Bungalows

Bild unten rechts:

So lässt es sich aushalten

Unser possierlicher Hüttengecko

Eine von vier alleinerziehenden Mamas

Bild unten links:

Hildas hübsche Tochter

Bild unten rechts:

Essen mit Hildas Familie

Undurchdringlicher Dschungel

Die Hotel-Piroge, noch intakt

Bild unten links:

Das erste von den beiden Motus

Bild unten rechts:

Flussüberquerung im Tal von Papenoo

Blick vom
Relais de Maroto

Teils durchlöcherte
Felszacken auf Moorea

Bild unten links:

Unser Fahrer ist ein
Experte von Tahitis
Flora und Fauna

Bild unten rechts:

Räder nur zum
Einkaufen geeignet

Das Maison Blanche – Haupthaus einer ehemaligen Vanille-plantage

Bild Mitte links:

Sende-Empfangs-masten sind als Palme „getarnt“

Bild Mitte rechts:

Mangroven

Bild unten:

Das wohl beliebteste Fotomotiv der Südsee

Fische kann man nur im ganzen Strang kaufen

Traumhafte Sicht vom Belvédère Ia Ora auf Tahiti

Bild unten links:

Die Overwater-Bungalows des Sofitel

Bild unten rechts:

Akrobatische Einlage

Die Kirche von Papetoai – ältestes Gotteshaus im Pazifik

Besuch der Messe in Papetoai

Bild unten links:

„Maman", Hildas Mutter

Bild unten rechts:

Tribüne im Tiki Village

Beim Tanzkurs geht es lustig zu

Malerischer Sonnenuntergang

Bild unten links:

Rita beim Flechten unseres Abschieds- geschenks

Bild unten rechts:

Wir verabschieden uns von Véronique

Ich wurde oft gefragt, was man auf solch einer Südseeinsel den lieben langen Tag, und das über Wochen, eigentlich treibt. Um falschen Annahmen oder Eindrücken entschieden entgegenzutreten, habe ich viele gute Argumente zusammengetragen, die die Diversität eines Südseeurlaubstages anschaulich unterstreichen.

Harter Südsee-Urlaubsalltag

Persiflage

Es soll tatsächlich Menschen geben, die der Ansicht sind, solch ein Urlaubstag in der Südsee am Strand könnte langweilig sein. Verstehe ich nicht. Also wir stehen des Morgens schon um sieben Uhr am Frühstücksbüfett, da abends die Sonne bereits um sechs Uhr mit atemberaubender Geschwindigkeit untergeht. Innerhalb von zehn Minuten überlässt sie der Finsternis oder dem Mond das Feld. Im Vergleich zu daheim gehen uns somit mindestens drei Stunden verloren. Die gilt es aufzuholen. Frühstück gibt es bereits um halb sieben, aber so verfressen wollen wir nun auch nicht erscheinen. Würde bewahren. Nach dem ausgedehnten Frühstück wird geschrieben beziehungsweise gelesen. Meinen Reisebericht verfasse ich mit gewohnter Akribie und Ritas Ein-Kilo-Roman muss vor unserer Abreise zu Ende gelesen sein. Er bleibt nämlich aus gewichtstechnischen Gründen hier. Ein Geschenk für die Hotelbibliothek hinterlässt außerdem einen bleibenden guten Eindruck. Diese Tätigkeiten erfordern rund zwei Stunden konzentrierter harter Arbeit. Somit ist es zehn Uhr. Danach erfolgt der obligatorische Hotelrundgang. Tiaré- oder Frangipaniblüten werden aufgelesen. Ist vielleicht eine Kokosnuss runtergeplumpst, damit ich am Abend vom heimlichen und aufwändigen Zwei-Minuten-Angst-Abdrehen einer solchen an unserer Hütten-Kokospalme verschont bleibe? Hat sich zu den vier Hennen mit ihren sechzehn niedlichen Küken eine zusätzliche alleinerziehende Mutti gesellt? Wurde das Loch unserer Hütten-Eingangs-Krabbe von ihr wieder freigeschaufelt, nachdem es von uns gestern wie üblich mit Tamanunüssen stets zu ihrem Ärger verstopft wurde? Es folgt der Kontrollgang zum Bootssteg. Wo hat sich heute die Stegmuräne auf die Lauer gelegt? Was treibt der Strandrochen – wo segelt er heute rum? Vielleicht sehe ich wieder eine neue Fischart. Auf dem Weg zurück der allmorgendliche Smalltalk mit unserem Kanu-Vermieter, der kleine jähzornige Franzose directement nebenan. „Bonjour monsieur!" „Bonjour! Ça va?" „Très bien. Et vous?" „Ça va." Klar, wenn ich noch arbeiten müsste, würd's mir auch so „ça-va-en", so là là halt. Aber so geht's mir sehr gut. Übers Wetter reden, mir erzählen, dass die Strömung zwischen dem Strand und den Motus heute wieder „très fort" ist. Heute? Wann war sie denn nicht mal „sehr stark"? Kann mich nicht erinnern. War gestern, vorgestern, eigentlich immer kräftig. Arbeiten? Morgens 30 Kanus 20 Meter zum Strand zerren und abends wieder hochziehen. Den Kunden erzählen, welche Richtung sie paddeln sollen, um den Korallen erfolgreich auszuweichen. Jeder hört mit Denkerstirn und angelegten Ohren angestrengt zu, keiner paddelt die angegebene Route. Außer uns. Deshalb mussten wir auch noch nie aussteigen und das Kanu ziehen. Wenn es ihm zu heiß wird, wirft er sich neben seinen Kanus ins Meer und kühlt die Haut von glühenden 34 auf erträgliche 28 Grad ab. Arbeit – na ja. Wie geht's unseren im Stechmückenkampf so nützlichen wie possierlichen Hütten-Geckos? Danach muss organisiert werden. Was treiben wir heute, die nächsten Tage? Mindestens ein Gang zur Rezeption ist dafür erforderlich. Es ist schon kurz vor zwölf! Wie die Zeit vergeht. Ich mache mich für meinen mindestens einstündigen Schnorchelgang startklar. Derweil erholt sich Schnucki vom anstrengenden Vormittag und legt sich zum Sonnenbad vor der Hütte auf das Strandtuch, während ihre Zehen den pulverigen weißen Sand kraulen. Ich komme zurück, wie immer begeistert. Es sprudelt nur so aus mir heraus, als ich die Neuentdeckungen schildere: Aussehen, Anzahl und Größenangaben. Was? Schon halb zwei? Nun aber ran! Wir müssen uns doch für unseren zweistündigen Kanu-Törn ab zwei Uhr fertigmachen. Ist auch das Bier bei den Utensilien, und der Öffner? Die Strömung ist natürlich wieder sehr stark. Das ist kein Paddeln, das ist Kampf, und meine Frau paddelt wieder rechts, wenn's links sein müsste – und umgekehrt.

„Du musst jetzt aber nach links steuern. Links! Wir laufen da vorne auf!" Wie immer mindestens fünf Paddelschläge zu früh. „Keine Panik, ist ja noch Zeit, das habe ich voll im Griff!" Und leiser: „Nur dich noch nicht, aber da arbeite ich dran." „Wie bitte?" „Nix!" „Hast du was gesagt?" „Nee!" Schulterzucken. „Rechts!!"

Zwischen den Motus lässt die Strömung Gott sei Dank etwas nach. Ich bin regelrecht ausgepumpt, habe reingehauen wie der Ratzeburger Achter. Wir legen an unserem Lieblingsplatz an. Das „Propriété privée" – Privateigentum – lässt uns kalt. Blöde Besitzer-Dekadenz; gestern war da auch keiner. Ob ich den Stachelrochen wieder sehe und die beiden Thuns und den Hai? Oh! Schon kurz nach drei! Wie die Zeit vergeht. Wir wollen doch noch zu dem Platz, wo die Rochen angefüttert werden und die Haie drum herum patrouillieren. Wir müssen wieder über diese Fahrrinne, wenn gerade kein Motorboot heranbraust und hohe Wellen schlägt. Und diese Momente gibt es hier selten. Das sind aber auch, haha, diese wenigen Momente, in denen meiner lieben Frau kein ach so unnötiges Wort über die Lippen kommt und sie wie eine Salzsäule im Boot verharrt. Ist es ruhig, dann aber reinhauen, als ginge es um das Leben. Und später aufpassen, dass uns diese blöde Strömung nicht wieder gegen den Steg treibt.

Nach der kraftraubenden Kanutour erhole ich mich beim Hinano-Spiel. Für Nichteingeweihte: Hinano ist die hiesige, echt wohlschmeckende Biersorte. Wer das Austrinken über eine halbe Stunde hinauszögern kann, hat gewonnen. Ich für meinen Teil behaupte: Man muss auch mal verlieren können; aber meistens gewinne ich.

Rita erscheint auf der Veranda. „Du solltest dich jetzt fertig machen. Es ist schon kurz vor fünf. Ich bin soweit." Ich muss noch duschen, aber bei mir geht das schneller. Schließlich wollen wir den tollen Südsee-Sonnenuntergang erleben. Und das beste Panorama bietet eben die Terrasse der Strandbar – untermalt von einem Cocktail und das zum halben Preis wegen der Happy Hour-Zeit. Welchen nehmen wir denn heute? Gestern war Bora Bora dran, heute vielleicht Chichi? Im Gegensatz zum Hinano- dauert das Cocktailspiel mindestens eine Dreiviertelstunde. Übe dich in Entschleunigung! Dann ist es auch schon Zeit, ins Restaurant zu gehen, das bereits um halb sieben öffnet. Da es bei uns aus Zeit-, Gewichts- und Kostengründen mittags nur Obst zu essen gibt, schieben wir nun richtig Kohldampf. Da ändern auch die Chichis oder Maitais nichts dran. Kurz nach acht betreten wir, rundum zufrieden, unsere Strandhütte und spielen nun das Hinanospiel auf der Veranda zu zweit. Vielleicht noch einen Absacker und dann aber schleunigst in die Koje, damit wir morgen früh wieder um sechs den Sonnenaufgang auf dem Steg erleben können. Ein harter Südsee-Urlaubstag geht zu Ende.

Langeweile – gibt es das Wort überhaupt? Falls ja, nicht in der Südsee.

Die Polynesische Seele

Um in die Seele von Volksgemeinschaften zu schauen, braucht es mehr als nur zwei Monate Aufenthalt, viel mehr. Was macht die deutsche Seele aus? Diese Frage kann auch ich, als jemand, der hier *bewusst* seit knapp 60 Jahren lebt, nicht auf Anhieb gänzlich beantworten und muss nachdenken, zusammenfassen, unterscheiden. Ich kann aber in Bezug auf fremde Gemeinschaften wesentliche Merkmale herausfinden, oder allgemeine Reaktionen zu bestimmten Situationen beobachten, vielleicht auch ein Wertesystem erkennen. Das versuche ich hiermit, indem ich aus selbst Erlebtem, Insider-Informationen und in der einschlägigen Literatur Gelesenem ein Resümee ziehe.

Der Archäologe und Anthropologe Robert C. Suggs schreibt, dass er die Marquesaner bei ihren Familien zuhause, an den Fundstätten, an den Stränden und in den Bergen kennenlernte. Sie aber wirklich zu begreifen, dürfte wohl ein ganzes Leben in Anspruch nehmen. Er hat viele Jahre mit Forschungen auf den Marquesas verbracht und auch über längere Zeit Vorträge auf der Aranui gehalten. Wohlgemerkt: Es handelt sich um Marquesaner, die aufgrund ihrer Abgeschiedenheit meines Erachtens gesondert zu behandeln sind. Es gilt auch, den Umstand zu beachten, dass sie aufgrund der eingeschleppten Pockenepidemie fast ausgestorben wären. So etwas prägt und wird von Generation zu Generation weitergegeben.

Offenbar wollen sie uns ihr Geheimnis nicht preisgeben. Aber was maßen wir uns auch an? Nachdem die Kolonisatoren und mit ihnen die Missionare davon überzeugt waren, diesen Menschen ihre Kultur und Religion aufzwängen zu müssen, hoffen wir heute, von ihnen etwas lernen oder übernehmen zu können. Aber sie lassen uns an ihrem Leben nur bedingt teilhaben und/oder wollen vielleicht ihr Geheimnis nicht preisgeben. Und das ist auch gut so! Jeder muss für sich seinen Weg finden und für uns „Zivilisations-Geschädigte“ wäre es trotzdem nicht einfach, sie zu verstehen, wenn sie manches Verhalten erklären würden.

Den Marquesanern wird der Hang zur Schadenfreude nachgesagt. Mehrfach las ich, dass sie nichts mehr lieben, als über andere zu lachen. Selbst erlebt habe ich dies nicht. Sie sind lebensfroh, singen und musizieren gerne. Sie können einfach jemanden zum Tanzen einladen, während sie ihren Spaß dabei haben.

Unzuverlässigkeit, machohaftes Benehmen werden den Polynesiern nachgesagt. Wo gibt es keine Machos? Es gibt andere Regionen auf der Welt, wo Frauen derart unterdrückt werden, dass die Polynesier dagegen als reinste Engel erscheinen. Die heutigen polynesischen Frauen werden selbstbewusster, was uns auch Marylène bestätigte.

Versprechungen und Verabredungen werden nicht so genau genommen. Heute Feuer und Flamme für eine Aktion, morgen schon vergessen. Wenn das zutrifft, hat es wohl auch mit der leichten Lebensart zu tun, mit dem „Sonnen“-Vitamin D, das jeden Tag mit einer überhöhten Dosis dem polynesischen Körper zugeführt wird. In einem anderen Werk lese ich jedoch, dass es ein Gebot der Höflichkeit ist, zu einer Verabredung früher als vereinbart zu erscheinen; was bei dem von uns Erlebten zutrifft. Verabredungen und Versprechungen wurden uns gegenüber eingehalten. Bis auf eine einzige Ausnahme waren die Angestellten der Tourismusbranche immer zuverlässig.

Sie denken nicht an Morgen, wie Marylène diese Eigenschaft so treffend beschrieb. Hilda sprach vom einfachen Leben. Ist es wirklich erstrebenswert, immer nur vorzusorgen, um zu scheffeln und für alle Eventualitäten gerüstet zu sein? Das erschwert das Leben, macht es sorgenvoller. Was, wenn morgen die Mitteilung erfolgt, an einer todbringenden Krankheit zu leiden, ein Schlaganfall alles zunichtemacht? Dann war all die investierte Energie umsonst. Geld macht nicht glücklich, es beruhigt allenfalls. Ich empfehle dazu Heinrich Bölls „Der kluge Fischer“.

Gutgläubig, etwas naiv sollen sie sein, freizügig in der Liebe und unkompliziert. Mischt da nicht ein wenig Neid mit? Unter dem Motto „Was ich nicht weiß, macht mich nicht heiß“ machen sich Polynesier nicht gerne Probleme. Typisch dafür auch: „Aita pea pea“ – kein Grund zur Sorge. Hinano auf der Dream Yacht brachte uns den Spruch „Aremaru – arepapu“ bei, wobei das „r“ starrrk gerrrrollt wird. Auf gut Schwäbisch: Nur net hudle! Meine Frau ging mit *Aremaru – arepapu* auf den Lippen nach den zwei Monaten Urlaub zu ihrem ersten Arbeitstag, wo Berge an Akten und hunderte Fragen der Kolleginnen auf sie warteten. Sie bekämpfte mit ihm das flaue Gefühl im Magen erfolgreich. „Jamaika no problem“ ist auf jener Karibikinsel ein so starker Slogan, dass er sogar auf T-Shirts gedruckt wird. Auch dort herrscht ein Überangebot an Vitamin D. Jede Antwort eines Jamaikaners auf irgendeine Frage beginnt mit „No problem…“ – habe ich selbst erlebt. Wenn sich jemand Sorgen machen müsste, dann wären es die Menschen dieser auch heute immer noch armen Insel. Dazu zählt auch, dass man mit Mangel an Flexibilität in Polynesien nicht weiterkommt. Vieles läuft einfach anders als ursprünglich geplant. Auch bei uns wird Flexibilität großgeschrieben. Die Pendants dazu heißen Risikomanagement oder „Worst Case“-Strategie (in Unternehmen) und müssen uns im *Studium* nähergebracht werden. Ich glaube, die Polynesier könnten uns Nachhilfe darin geben, weil sie eben prädestiniert dafür sind.

Die Heiterkeit beeindruckt, die gelassene Haltung und Seelenruhe der Menschen faszinieren. Ich denke dabei an allgegenwärtige Ukulelen, an Ritas Tanz auf Ua Pou zu „Chevalier de la table ronde“, an Insulaner, die singend auf Wegen schlendern. Wenn das jemand bei uns tut, tippen sich die meisten Vorbeigehenden an die Stirn.

Dem gegenüber können sie aber schnell aufbrausen und, besonders bei Alkoholkonsum, unkontrolliert reagieren. Die Kriminalität ist dennoch im Verhältnis zu Europa sehr gering – im Schnitt genügt ein Polizist für 1.000 Einwohner. Als Fabian, selbst Polizist, auf der Dream Yacht davon erfuhr, war er fassungslos und fast ein bisschen neidisch.

Sie sollen eifersüchtig und abergläubisch sein. Eifersucht spricht gegen eine ihnen zugesprochene Großzügigkeit und erscheint mir daher nicht logisch – ich habe so etwas nicht erlebt. Im Umgang mit Tieren, besonders mit Hunden, wird ihnen Brutalität nachgesagt. Ich konnte das innerhalb von zwei Monaten nicht feststellen. Ich bin nicht davon überzeugt und wenn ja, denke ich, dass sich in dieser Hinsicht etwas geändert hat, vielleicht deshalb, weil das Aussetzen von Hunden unter Strafe gestellt worden ist. Wer dies kontrolliert, steht auf einem anderen Blatt.

Mangelndes Umweltbewusstsein, zum Beispiel bei der Müllentsorgung, lasse ich nicht gelten. Obwohl dieses Argument oft gebraucht wird. Der einzige Unterschied zu uns besteht darin, dass *wir* eine gut funktionierende Müllentsorgung haben. Unseren Bürgern selber spreche ich Umwelt*bewusst*sein weitestgehend ab. Das fängt bei der Heidelberger Neckarwiese nach Abi-Feiern an, zieht sich über Kühlschränke im Wald dahin und endet bei 7,5 Millionen To Go-Bechern am Tag. Wie viele Pfandflaschen werden von armen Menschen in einem (vermeintlich) sehr reichen Staat aus den Restmülltonnen gefischt, weil ihre Besitzer sich zu fein dazu sind, sie nachhause mitzunehmen und später im Geschäft abzugeben? In den polynesischen Schulen wird den Kindern heute der verantwortungsvolle Umgang mit Müll und Recycling beigebracht. Michel, unser Wanderleiter zu den drei Kokospalmen, beantwortete mir die Frage, warum so viele Autowracks in Gärten und sonstigen Anwesen vor sich hin rosten. Ich sah sogar drei schrottreife Busse am Straßenrand vor sich hingammeln. Alle fünf Jahre kommt ein Riesen-LKW, mit einer hydraulischen Presse versehen, verwandelt die Rostlauben in handliche Formate und fährt sie mit der Fähre zum Hafen von Papeete. Dort warten sie auf den nächsten Frachter, der sie zur Verhüttung nach Neuseeland bringt. Das bildet überhaupt das größte Problem: Dieses flächenmäßig riesige Reich mit seinen 118 Inseln/Atollen hat im Durchschnitt pro Insel/Atoll eine Landfläche von 35 km^2 und 2.373 Einwohnern. Außer auf Tahiti gibt es praktisch keine Industrien, es herrscht auf vielen Inseln Subsistenzwirtschaft, also Selbstversorgung. Es käme einer gigantischen organisatorischen Leistung gleich, wenn alles so funktionierte wie bei uns. Außerdem wäre sie unbezahlbar, weil unökonomisch. Das sollten wir uns immer vor Augen halten, wenn wir selbstgefällig die Nasen darüber rümpfen.

Die Ladenöffnungszeiten werden hier im französischen „Pays d'outre mer“ genauer eingehalten als in den ländlichen Regionen des Mutterlandes, wie zum Beispiel in der Provence.

Gastfreundschaft ist, wie auch bei vielen Naturvölkern, heilig. Davon können wir nur lernen. Der Grundsatz „je ärmer die Menschen, desto freigebiger“ trifft ins Schwarze. Frau Gacek schreibt in ihrem Werk auch davon, dass bei Freunden oder den Familienmitgliedern gemeinsam in einem Raum auf der Erde oder sogar auf zusammengeschobenen Sesseln übernachtet wird. Das ist allerdings rund zwei Jahrzehnte her.

Burgl Lichtenstein berichtet, dass es eine Ehre und der Beweis echter Freundschaft ist, wenn Marquesaner die Namen tauschen, was ebenfalls schon lange her ist.

Die Polynesier haben immer schon gerne und viel gegessen. Das Meer in seiner atemberaubenden Vielfalt, das Land mit den von Früchten überquellenden Bäumen, Wurzeln wie Yams und Taro und die mitgebrachten Tiere boten ihnen Nahrung im Überfluss. Gesunde Nahrung, die aus ihnen hochgewachsene und muskulöse Menschen formte. Die Neuzeit mit ernährungsphysiologisch schlechtem Fastfood, Süßigkeiten und Chips in allen Varianten macht aus ihnen fettleibige, unförmige Menschen. In den Supermärkten auf den Marquesas fiel uns ganz besonders auf, dass sich das Nahrungsangebot fast gänzlich auf diese ungesunden und zur Fettleibigkeit führenden Lebensmittel beschränkt. Früchte und Gemüse fehlen oder werden nur minimal angeboten. Warum auch? Jeder besitzt Haus und Garten, wo alles wächst. Trotzdem erfolgt der Griff ins Chips- und Süßigkeiten-Regal. Pommes Frites kosten weniger als vergleichbare Lebensmittel aus Brotfrucht, die an jeder Straßenecke geerntet werden kann, deren Nutzung aber mit Arbeit verbunden ist. Hier wird wohl auch die Lobby der internationalen Lebensmittelindustrie ganze Arbeit leisten. Alkohol tut das Übrige. Sie lieben Büfetts und füllen gerne ihre eigenen Teller oder die eines Familienmitgliedes. Mütter ziehen sich ins Haus zurück, widmen sich der Erziehung ihrer Kinder und lassen sich das Fastfood schmecken. Die Herren im Haus trinken Hinano, ziehen sich gut belegte Baguettes rein und knabbern ansonsten an Keksen und Süßigkeiten herum. Wieder einmal hat die Kolonialisierung die Polynesier zu ihren Ungunsten verändert. In einer TV-Dokumentation (3SAT) erklärt ein einheimischer Koch auf den Marquesas, dass die Marquesaner Rezept-Experimente nicht mögen und immer dasselbe essen.

Da Gaststätten oder Kneipen fehlen (außer Tahiti/Papeete), ist die Möglichkeit, am Tresen oder Tisch mit Einheimischen in Kontakt zu treten, leider nicht gegeben. Unsere (meist kurzen) Gespräche mit Einheimischen während unserer Unternehmungen auf Tahiti und Moorea stießen nie auf reserviertes Benehmen oder gar Ablehnung. Dafür spricht auch, dass jedermann freundlich grüßt.

Eine Blumenkette heißt Willkommen, die Muschelkette gehört zur Geste des Abschieds und bedeutet dem Beschenkten, dass er wiederkommen soll.

Suche nach der Neuen Heimat

Wie die Besiedelung Französisch-Polynesiens stattgefunden haben könnte.

Kurzgeschichte

Ruhig saß er im Schatten des großen Banyans, unter dem ihre wichtigen Zeremonien abgehalten wurden. Es war sein Lieblingsplatz und nur er als Stammeshäuptling durfte dort sein. Auch die größten Krieger mussten Abstand wahren und durften sich ihm nur auf Erlaubnis nähern. Einzig dem Schamanen war es erlaubt, zu seinen Füßen Platz zu nehmen. Er sah den Frauen bei der Bereitung des Mahles und einigen Kriegern zu, die nach erfolgreicher Jagd zurückkehrten. Die fröhlichen Kinder, die am nahen Strand tobten, erfreuten ihn – dem Nachwuchs sollte es gut gehen. Aber gelassen war er dennoch nicht. Zu viel war in letzter Zeit passiert, zu viele Stammeskämpfe hatten stattgefunden, die ihn an ihrer Zukunft zweifeln ließen.

Er stand auf und betrachtete sein Ebenbild in einer Pfütze, die vom letzten Regen übrig geblieben war. Eine imposante Statur blickte ihm entgegen, mit muskelbepackten Armen und tatauiertem Körper, dem so mancher Feind nicht hatte standhalten können. Die tiefe Wunde am linken Oberarm war dank der heilenden Säfte aus verschiedenen Pflanzen, die ihm der Schamane aufgetragen hatte, bereits verheilt. Die Tatauierung jedoch war an dieser Stelle beschädigt worden – ein schlechtes Omen? Der mächtige Krieger des Stammes im zweiten Flusstal in Richtung der untergehenden Sonne hatte diesen Frevel mit seinem Leben bezahlt. Mit seiner Lieblingswaffe, der mit Ornamenten versehenen, riesigen Keule aus Eisenholz, hatte er ihm den Schädel zerschmettert, in einer heiligen Handlung die besten Stücke seines Fleisches verspeist und sich damit dessen Mana einverleibt. Kraft und Geist des stärksten Kriegers der Kontrahenten waren so in ihn übergegangen.

Er selbst war verwundbar, was er schmerzhaft erfahren hatte. Sein Stamm war nicht klein, aber einige Stämme besaßen eine größere Bevölkerung und damit auch mehr Krieger. Taten sie sich zudem noch mit anderen Stämmen zusammen, war ihre Heeresmacht einfach überbordend und ließ ihnen nur wenige Chancen. Sie wurden beneidet um die höhere Fruchtbarkeit des Flusstales, in welchem sie siedelten. Und es waren viele. Viel zu viele. Aufgrund der mündlichen Überlieferung seiner Vorfahren, die durch ihre hochrangige Stellung und Heldentaten allesamt als Häuptlinge regiert hatten, wusste er, dass die Bevölkerung des Teiles der großen Insel, den er überblicken konnte, seit vielen Generationen stetig gewachsen war und nun die Grenze der Überbevölkerung erreicht hatte.

Er allein war für das Wohlergehen seines Stammes verantwortlich und hatte das einzig Richtige getan, als er vor einiger Zeit den Bau der großen Auslegerkanus anordnete. Sie waren bereits fertiggestellt und in einer der vielen Buchten der Mangroven gut versteckt. Das Verlassen des Landes sah er dabei nicht als ein Eingeständnis von Schwäche, sondern mehr als ein Zeichen der Vernunft an. Er war immer noch der stärkste und geschickteste Kämpfer weit und breit, aber seine besten Jahre waren schon vorüber. Das merkte er intuitiv. Sein Sohn, der mit ihm in allem wetteiferte, hatte sich vor kurzem dem Ritual der Tatauierung unterzogen und war somit zum Manne herangereift. Falls ihm als Häuptling etwas geschehen sollte, würde der Sohn den Stamm zu anderen Inseln führen. Zufrieden sah er durch das Blätterwerk auf das Tintenblau des Meeres am fernen Horizont und wollte sich gerade wieder zu seinem Lieblingsplatz begeben, als ihn vom Strand her Wehklagen und wildes Geschrei aufschreckten.

Die Kinder liefen um ihr Leben, zwischen ihnen Krieger, die sie schützen wollten und von denen bereits einige mit Speeren durchbohrt auf dem Boden lagen und ihr Leben aushauchten. Der Häuptling ergriff seine Streitkeule sowie einen Speer und stürzte mit markerschütterndem Schrei der Hauptmacht der feindlichen Krieger entgegen, die sich zu formieren suchte, jedoch immer wieder von heimischen Kriegern attackiert wurde. Von überall her stürmten die heimischen Krieger an die Seite ihres Häuptlings, der wie ein Wirbelsturm in das Knäuel der Feinde einbrach. Seine furchtbare Keule schlug Breschen in die feindliche Schar, wie eine Sense Gras niedermäht. Dergestalt angefeuert wüteten die eigenen Krieger todesmutig unter den Feinden, deren Reihen ins Wanken gerieten. Einige wandten sich bereits zur Flucht, als plötzlich von der linken Seite eine größere Schar anderer Feinde in die eigenen Reihen einbrach und mehrere Krieger niederstreckte. Der Häuptling sah es mit Grauen – die Feinde hatten sich verbündet. Mit Urgewalt schwang er die grausame Waffe und zerschmetterte dem Anführer dieser Schar, der seiner Statur fast gleichkam, den Schädel. Einem der besten feindlichen Kämpfer hieb er die Schulter in Fetzen, dem nächsten rammte er den Speer in den Bauch. Grauen ergriff die feindlichen Krieger und sie wandten sich laut schreiend zur Flucht. Der Kampf schien bereits gewonnen, als ein Speer von hinten über die Kämpfer hinwegflog und sich in die linke Leiste des Häuptlings bohrte. Dieser ging kurz in die Knie, raffte sich aber im gleichen Augenblick auf und brach den Speer, der tief in seiner Seite stak, mit urtümlicher Kraft der eigenen Hände am Schaft ab. Den gebrochenen Stiel des Speeres stach er dem nächststehenden Feind, der bereits frohlockte, in den Hals. Der Speerwerfer freute sich ebenfalls zu früh, da im nächsten Moment der Speer des Häuptlingssohnes seine Brust durchbohrte. Da war kein Halten mehr und die Feinde suchten ihr Heil in der Flucht.

Mit schmerzverzerrtem Gesicht hielt der Häuptling mit seiner mächtigen Hand die Speerspitze in seiner Seite umklammert. Der Sohn und mehrere Krieger stützten und geleiteten ihn zur Hütte des Schamanen, der den Speer und die Wunde besorgt befühlte. „Wir müssen ihn aus der Seite entfernen“, entschied der Schamane. „Nein“, befahl der Häuptling, „mit seiner Entfernung läuft mein Lebenssaft zu schnell aus mir heraus.“ Er sah sich um und hob die rechte Hand, so dass Stille eintrat. „Wenn alle Krieger von der Verfolgung der Feinde zurückgekehrt sind, verlassen wir unsere Hütten und dieses Tal, das uns über Generationen Heimat war. Wir können uns nicht mehr gegen unsere Feinde behaupten, da sich mindestens drei Stämme aus Neid wegen unseres fruchtbaren Flusstales gegen uns zusammengetan haben. Ich kenne drei von ihnen, denen meine Streitkeule die Schädel zertrümmerte. Sie waren Krieger verschiedener Stämme. Wenn sie davon erfahren, dass ich zu unseren Göttern gegangen bin, werden sie mit mehrfacher Übermacht zurückkommen.“

Er zuckte schmerzhaft zusammen, richtete sich aber wieder zu voller Größe auf und stützte sich auf seines Sohnes Schulter. Vor der Dämmerung verließen alle unter seiner Führung das Dorf und paddelten in kleinen Auslegern in die Mangroven, wo sie die Nacht verbrachten.

Für den Häuptling und viele seiner Krieger wurde es eine schlaflose Nacht, weil er noch vieles zu erklären und erledigen hatte, da er sein Ende nahen fühlte. Alle Versuche des Schamanen, seine Künste in jedweder Art anzuwenden, wies er mit der Autorität des Stammes-Fürsten ab. Die Lanzenspitze steckte zu tief in seiner Leiste und hatte wohl einen Teil seiner Gedärme durchbohrt. Er wollte trotz der Schmerzen keine Schwäche zeigen und sagte humorvoll, eine Ganzkörper-Tatauierung dieser Wunde gegenüber vorzuziehen. Durch solch tapferes Vorbild gewann er wieder einmal den Stolz aller Krieger, einem solchen Häuptling dienen zu dürfen.

Schon oft waren Fischer des Stammes mit ihren außerordentlichen nautischen Kenntnissen viele Tage mit größeren Booten auf dem offenen Meer unterwegs gewesen, um Fischschwärmen hinterher zu jagen und fette Beute zu machen. Sie vermittelten den Umstehenden ihre Kenntnisse in Bezug auf die einzelnen Lichter und Lichterketten am nächtlichen Firmament, die den Weg zur aufgehenden Sonne wiesen. Auch davon, wie sie dabei am weiten Rand des großen Wassers die Säume anderer Eilande festgestellt hatten.

Weitere Krieger sammelten Dank des Mondes, der hell und groß am Firmament leuchtete, während der ganzen Nacht die Verpflegung für eine Reise, von der sie nicht wussten, wie lange sie dauern würde. So stapelten sich Früchte aller Art, auch kleine Baumzöglinge, Haustiere und Gerätschaften, Töpferware und Utensilien zum Fischfang in den großen, 30 Meter langen Schiffen.

Die ersten Strahlen der aufgehenden Sonne beleuchteten sanft das bleiche Antlitz des Häuptlings. Unbehelligt stachen die großen Schiffe in See, noch bevor der gleißende Sonnenwagen seinen höchsten Punkt erreicht hatte. Als ihre alte Heimat nur noch als Strich am Horizont zu erkennen war, schloss der neue Häuptling die Augen seines Vaters. Ein Ruf, mehr Schrei, prallte auf die vollen Segel der Flottille:

„Lasst uns eine neue Heimat suchen!“

Historie und Entdeckung

Beginnt man bei der Besiedelung Französisch-Polynesiens, prallten zuerst verschiedene Meinungen aufeinander. Mehrere Streithähne, von renommierten Wissenschaftlern bis zu Phantasten und Abenteurern, hatten ihre eigenen Theorien entwickelt, hinter denen mehr oder weniger gute Argumente, Denkweisen und Hypothesen steckten.

Als der Archäologe Robert C. Suggs 1957 bei Ha'atuatua auf Nuku Hiva Tonscherben entdeckte, die zweifelsfrei der sogenannten Lapita-Kultur zugeordnet werden konnten, stand eindeutig fest, dass die Besiedelung Polynesiens von Westen her erfolgt sein musste. Diese Kultur hat ihren Ursprung in Ostindonesien um 2.000 v. Chr. Die Besiedelung erfolgte über Neukaledonien, wo Edward W. Gifford schon 1952 bei Ausgrabungen auf Artefakte der Lapita-Kultur gestoßen war. Über Samoa und Tonga wurden die Marquesas um 100 v. Chr. besiedelt, nach neueren Erkenntnissen zwei bis drei Jahrhunderte später. Die Gesellschaftsinseln wurden um 200 v. Chr. besiedelt, die Tuamotus wohl um 700 n. Chr. Die Seefahrer nannten sich „Die Männer" (te énana) und tauften die Inseln „Das Land der Männer" (te henua énana). Sie drangen weiter nach Osten, Norden und Süden vor. Hawaii und die Osterinsel wurden im 6. Jahrhundert n. Chr. besiedelt. Diese Angaben sind vage und werden in wissenschaftlichen Beiträgen immer wieder nach oben oder unten korrigiert. So ist die Diskrepanz zwischen der Entdeckung der Tuamotus und Hawaii beziehungsweise der Osterinsel, die doch beide weiter entfernt liegen, nicht eindeutig erklärbar. Es ist oft nervig, auf Ungereimtheiten und logische Fehler zu stoßen – auch auf Wikipedia. Dieses Gebiet am anderen Ende der Welt genießt eben nicht die Aufmerksamkeit wie unsere kulturelle Wiege in Südeuropa, dem Vorderen Orient oder gar Ägypten mit Nordafrika und wird archäologisch dementsprechend stiefmütterlich behandelt. Als die ersten Europäer die Marquesas entdeckten, stießen sie auf eine Zivilisation, die bereits 1.500 Jahre währte und schätzungsweise 100.000 Menschen zählte.

Die Marquesaner als Nachfolger dieser „Männer" galten als die besten Seefahrer weltweit mit außerordentlichen astronomischen Kenntnissen. Ihr hohes Wissen über die Erscheinungsbilder der Sterne setzten sie in einen Mondkalender um, mit dessen Hilfe die Monate bestimmt werden konnten. Die Sterne und Sternbilder erhielten von ihnen Namen, die die Missionare nicht übernahmen oder zuordneten, wodurch diese Namen für immer verloren gingen. Nicht nur die Namen, sondern auch die ausgezeichneten Navigationskenntnisse wurden den Nachkommen nicht weitergegeben. Heute benutzen die Insulaner keine Segel mehr und bauen ihre Kanus und Auslegerboote nicht mehr aus dem Holz der Tamanubäume. Noch vor mehr als 100 Jahren wiesen die Einbaum-Kanus 18 Meter Länge auf und die für Langstrecken benutzten Doppelkanus maßen 30 Meter Länge.

Auf seiner Weltumsegelung entdeckte der portugiesische Seefahrer in spanischen Diensten, Ferdinand Magellan, 1521 den Tuamotu Archipel, schenkte den Atollen aber keine Beachtung, weil sein Ziel weiter östlich lag und segelte weiter in Richtung Philippinen. Die Gesellschaftsinseln und Marquesas hat er nie entdeckt. Speziell Tahiti, um das Zweieinhalbfache größer als Nuku Hiva, die größte Insel der Marquesas, kann als Siedlungsgebiet eben mehr bieten und als das Kernland Französisch-Polynesiens betrachtet werden.

In den zum Meer hin sich verbreiternden fruchtbaren Flusstälern bildeten sich neun Stammesfürstentümer, die in ihrer Gesellschaftsstruktur pyramidenförmig nach strengem Schema festgelegt waren (s. o.). An der Spitze standen die Adligen (ari'i oder ariki), aus deren Familien die Herrscher stammten, die sowohl die profane als auch klerikale Macht ausübten. An zweiter Stufe fungierten die Freien (raatira), Grundbesitzer wie Handwerker, Künstler oder Tätowierer. Darunter folgten die Hörigen (manahune), abhängig Beschäftigte. Dieses System war unserem mittelalterlichen Feudalsystem vergleichbar, obwohl dort Land verliehen wurde. Der Geheimbund der Arioi, bei dem Männer und Frauen aus allen gesellschaftlichen Schichten vertreten waren, spielte zur politischen und religiösen Unterstützung der Herrschenden eine herausragende Rolle.

Vor der Entdeckung durch die Europäer im 18. Jahrhundert wohnten auf Tahiti schätzungsweise 35.000 Menschen. Damals war Raiatea, wo auch der Großmeister der zwölf Logen der Arioi lebte, das geistige und religiöse Zentrum der Gesellschaftsinseln. Tahiti musste sich den Inseln Raiatea, Taha'a und Bora Bora unterordnen. Die bereits beschriebene größte Kultstätte Marae Taputapuatea im Opoa-Tal auf Raiatea war zuerst dem Gott des Meeres und der Fischerei Ta'aroa geweiht, bevor dessen vorherrschender (friedlicher) Kult auf Betreiben der Arioi vom Kriegsgott Oro verdrängt wurde, was auch zu einer höheren Anzahl an Menschenopfern führte.

Es kann aber bis zur Entdeckung durch die Europäer von ausgewogenen Machtverhältnissen auf den Gesellschaftsinseln ausgegangen werden. Auch auf den Marquesas gab es bis auf eine zeitlich begrenzte Ausnahme (s. Ua Pou, Sohn des Te Atua Heato) keinen übergeordneten Herrscher. Die wichtigsten Stammesfürsten und ihre Clans auf Moorea und Tahiti waren miteinander verbandelt, was sie aber nicht daran hinderte, sich ab und an gegenseitig die Köpfe einzuschlagen.

Entdeckt wurde Tahiti am 21. Juni 1767 von dem Engländer Samuel Wallis auf seiner Weltumsegelung, der auch Moorea einen Besuch abstattete. Nur ein Jahr später erschien der Franzose Louis Antoine de Bougainville und war begeistert von dem freizügigen Liebesleben der Polynesier. Nach den neun Tagen, die er dort verbrachte, bezeichnete er Tahiti als „Das neue Kythera" (Kythera war die Liebesinsel von Aphrodite, der griechischen Liebesgöttin). Wieder ein Jahr später landete der berühmteste Entdecker, James Cook, in der Matavai Bucht (s. unsere Wanderung zur Pointe Venus).

1772 kam der damalige Vizekönig von Peru und Gouverneur von Chile im Auftrag des spanischen Königs Karl III., der mal wieder den Einflussbereich Spaniens vergrößern wollte. 1773 kehrte James Cook zurück und drehte das Blatt wohl wieder um.

Es ist schon erstaunlich und entlockt mir ein süffisantes Grinsen, mit welcher Selbstverständlichkeit diese Weltumsegler die von ihnen angelaufenen Länder in Empfang und Besitz nahmen und den großen Namenstäufer spielten. Einfach den Sand geküsst, irgendeinen Stab in den Boden gerammt oder den Hut graziös geschwungen – und die Einwohner nicht gefragt. Ganz schön überheblich, diese Insel-in-Besitz-Nehmer. Stellen Sie sich doch vor, liebe Leserin, lieber Leser, die Russen würden auf dem Mond landen, diesen in Besitz nehmen und ihm vielleicht noch den Namen „Moskau Zwei" geben. Dann kämen die Amerikaner (Trump würde gleich Handelszölle erheben) und tauften ihn „USA-Moon first", danach die Chinesen (würden ihm irgendein Tier-Jahr als Namensvetter aufdrücken), vielleicht auch noch die Inder – und das in unserer heutigen, aufgeklärten Zeit des *Homo sapiens sapiens* (gleich zweimal *weise*) …

James Cook kartierte 1777 auf seiner dritten Reise in die Südsee die Inseln genau. Er taufte sie bereits 1769, aus Dankbarkeit gegenüber der Akademie der Wissenschaften (Royal Society) des Vereinigten Königreiches, in „Society Islands“. Einer anderen These zufolge entstand der Name aufgrund der Anordnung der Inseln zu einer bestimmten Gesellschaft. Das erscheint mir recht phantasievoll, da viele andere Archipele ebenfalls eine Grundstruktur aufweisen und deshalb auch so heißen müssten. Dieser Name setzte sich durch – auch bei den Franzosen und den anderen Staaten. Die meisten Seeleute ankerten vor Tahiti in der Bucht von Matavai. Der Ariki dieses Distrikts hieß Pomare I., war aber nur einer von acht Stammesfürsten unter vergleichbaren Machtverhältnissen. Fälschlicherweise als König von Tahiti angesehen, unterstützten sie sein Fürstentum, was dieser schamlos ausnutzte und mit den Waffen der Besetzer die Macht an sich reißen konnte. Diese Eroberungskriege und, wie auf den Marquesas von den Europäern eingeschleppte Krankheiten, dezimierten die Bevölkerung in erschreckender Weise. Der Alkohol half kräftig mit. In der Folge weiteten Pomares Nachfolger, bis auf eine kleine Unterbrechung, ihre Macht durch die Unterstützung der Besatzer weiter aus und konnten sich unter den Insulanern als Herrscher des gesamten Archipels erklären. In Zusammenarbeit mit den Kolonisatoren ließen sie sich taufen und drangsalierten ihresgleichen durch die Unterzeichnung missionarischer Manifeste, die ihre eigentliche Lebensart – ihr freizügiges Leben, ihre angestammten Tänze, die Tatauierung und den Glauben an ihre Götter – unter harte Strafen stellten. Ihre Kultorte, die Marae, wurden zerstört. So zerstörten die Pomares sich selbst und mussten trotz ihrer Opportunität 1880 endgültig abdanken.

Louis Antoine de Bougainville gab sich 1786 wieder die Ehre und machte Nägel mit Köpfen, indem er die Gesellschaftsinseln in den Herrschaftsbereich Frankreichs integrierte – Pomare hin, Pomare her. Im Jahre 1804, also 37 Jahre nach ihrer Entdeckung durch Wallis, lebten auf Tahiti nur noch geschätzte 6.000 Menschen – ein Sechstel oder 17 Prozent! Der Teil der von der „London Missionary Society“ 1796 in die Südsee entsandten Missionare, der auf Tahiti (wie auf den Marquesas) seine Arbeit aufnahm, konnte acht Jahre später keine wesentlichen Erfolge melden. Die Insulaner hatten zu viele schlechte Erfahrungen mit diesen Menschen gemacht, die von der anderen Seite der Welt kamen. Wie konnten diese Eroberer von einem Gott der Liebe predigen, wenn sie Tod, Zerstörung der Kultur und Unterdrückung brachten? 1839 schreibt der 1. Offizier einer amerikanischen Expedition an der Pointe Venus folgenden Satz in sein Tagebuch, der das Verhältnis der Einwohner zur christlichen Religion wiedergeben soll: „Der einzige Hinweis auf Religion, den ich bei den Eingeborenen entdecken konnte, war die Beachtung äußerlicher Formen und die Furcht vor den Missionaren.“

Am 9. September 1842 proklamierte Kommandeur Abel Aubert Dupetit-Thouars ganz Französisch-Polynesien als französisches Protektorat (Schutzherrschaft – makaber). Die seinerzeit regierende Königin Pomare Vahine IV. (Frau Pomare) unterzeichnete die Proklamation und Frankreich stimmte der Abmachung 1844 zu. 1880 dankte der letzte König Pomare V. ab und starb 1891 an den Folgen übermäßigen Alkoholkonsums.

Der letzte Stammeshäuptling Teraupo, der weiterhin den Franzosen trotzte, wurde 1897 gefangen gesetzt. Bora Bora wurde während des Zweiten Weltkrieges als Versorgungsbasis der USA im Südpazifik auserkoren. In den Jahren 1966 bis 1996 erfolgten die unseligen französischen Kernwaffentests auf den Atollen Mururoa und Fangataufa des Tuamotu Archipels.

Zurück zu den Marquesas: Am 11. April 1595 startete der spanische Seefahrer *Don Alvaro de Mendaña de Neyra* von Peru aus zu seiner zweiten Reise zu den Salomonen und ging mit seiner Flotte am 18. Juli 1595 in Vaitahu auf Tahuata vor Anker. Er benannte die entdeckten Inseln nach dem Vizekönig von Peru, *Don Andres Garcia de Hurtado de Mendoza, Marqués de Cañete*. Der Zungenbrecher „Las islas marquesas Don Garcia Hurtado de Mendoza y Cañete“ wurde in „Marquesas“ abgekürzt. Auf Fatu Hiva begingen die Inselbewohner nach anfänglicher freundlicher Begrüßung einige Diebstähle, weswegen es zu Streitigkeiten und Kämpfen kam, bei denen einige Marquesaner zu Tode kamen. Auf Hiva Oa, wo sich Mendaña zehn Tage aufhielt, gab es wieder Streit und in der Folge erhebliche Auseinandersetzungen und viele Tote, hauptsächlich auf Seiten der Insulaner. Aufgrund des heftigen Widerstandes sah Mendaña von einer Besetzung der Inseln ab und segelte zu seinem ursprünglichen Ziel, den Salomonen Inseln, weiter.

Nachdem der Pazifik für die Spanier nicht mehr interessant erschien (sie suchten hauptsächlich Gold), gerieten die Inseln in Vergessenheit. Erst 180 Jahre später kamen die nächsten Europäer. *James Cook* blieb während seiner zweiten Südseeexpedition im April 1774 fünf Tage auf den Inseln. Dann ging es Schlag auf Schlag.

In 1791 lief Kapitän *Ingraham* aus Boston die Inseln im Nordwesten an, noch im selben Jahr folgte der Franzose *Marchand* auf Ua Pou. Danach kamen die Walfänger, um das große Geschäft zu machen und dezimierten die Walpopulationen auf kümmerliche Reste. Der deutsch-baltische Admiral der russischen Flotte, *Adam Johann von Krusenstern* (russisch: Iwan Fjodorowitsch), ankerte während seiner Weltumsegelung 1804 zehn Tage vor den Inseln, mit ihm der Wissenschaftler Tilesius von Tilenau und Graf Fedor Tolstoj. Sie studierten den Alltag und die Bräuche der Bewohner, wobei sie auch Anzeichen von Kannibalismus feststellten. 1813 landete *David Porter*, Kapitän der amerikanischen Kriegsmarine, auf Nuku Hiva. Ihm war die Kontrolle des englischen Schiffsverkehrs in der Südsee wichtig, da sich die USA mit den Briten im Krieg befanden.

Von ihm stammt die Schätzung von 100.000 Marquesanern, die er aufgrund einer Volkszählung ermittelte. Deswegen kann davon ausgegangen werden, dass die Inseln an Übervölkerung litten, da nicht alle Teile der Inseln bewohnbar waren. Die Bevölkerung konzentrierte sich auf die fruchtbaren Täler. Ständige kriegerische Auseinandersetzungen waren die Folge und dezimierten die Bevölkerung. Dazu kam der sich ausweitende Kannibalismus. Dabei wurde Menschenfleisch nicht um des Sattwerdens verzehrt. Es ging darum, sich das Mana – die geistige und körperliche Kraft – des Getöteten einzuverleiben. Die blutrünstigsten Kämpfer waren die des Taipi-Stammes von Nuku Hiva, die den ganzen Archipel verunsicherten. Man muss sich also vergegenwärtigen, dass auch die Marquesaner selbst unter ihren eigenen Ethnien wüteten und sich gegenseitig zerfleischten. Grund war zweifelsohne die Überbevölkerung. Matrosen aus Europa desertierten, ließen sich auf den Inseln nieder und verbreiteten Kinder- und Geschlechtskrankheiten, denen gegenüber die marquesanischen Körper keine Abwehrstoffe bereithielten. Damit nicht genug, raffte eine verheerende Pockenepidemie die Insulaner fast völlig dahin. Vorausgegangen war ein Raubzug von Peruanern in 1862, die „Blackbirding“ betrieben, was nichts anderes als Versklavung von pazifischen Insulanern bedeutete. Da zu dieser Zeit der Sklavenhandel schon weitestgehend verboten war und unter Strafe stand, führte eine französische Protestnote zur Rückführung der wenigen noch lebenden Marquesaner, die als tödliches Vermächtnis Pockenerreger mitbrachten.

Von den ehemals 100.000 Einwohnern der Marquesas lebten am Ende des 19. Jahrhunderts noch 3.200 (!) auf den Inseln und man befürchtete das völlige Aussterben der Ureinwohner.

Das ist Gott sei Dank nicht eingetreten und heute leben wieder gut 10.000 Menschen auf den Marquesas.

Die Europäer versorgten die Marquesaner mit ihren überlegenen Waffen und Alkohol, der bis in unsere Tage ein großes Problem darstellt (s. unsere Beobachtungen auf Moorea). Ein Schicksal, das sich fast zur selben Zeit an den Ureinwohnern der USA in gleicher Weise vollzog. Diese „bewährten Mittel" wurden auch auf den Gesellschaftsinseln, wie bereits berichtet, angewandt. 1838 erschien der französische Admiral *Abel Aubert Dupetit-Thouars* mit einem Kriegsschiff. Der Adjutant Dupetit-Thouars, Max Radiguet, verfasste sein Buch „Die letzten Wilden" und Hermann Melville schrieb seinen berühmten Roman „Typee". Letzterer verbrachte tatsächlich einige Zeit im Taipi-Tal, aber keine sechs Monate, wie beschrieben, sondern nur sechs Wochen. Auch die Beschreibungen der Inselteile entsprechen nicht der Realität. Robert Louis Stevenson („Die Schatzinsel") verbrachte 1888 mehrere Monate auf den Marquesas.

Einzelne Stämme widersetzten sich der französischen Okkupation noch mehrere Jahrzehnte und führten einen zähen, letztendlich aussichtslosen Kampf (auf Fatu Hiva bis 1880). Der deutsche Arzt und Ethnologe *Karl von den Steinen* studierte 1897/98 unter anderem die kunstvollen Muster der Tatauierung. Er leistete einen enormen Beitrag in der Erforschung der Sprache und Kultur.

Im Schutze des Militärs trat die Kirche in Aktion und beraubte die angestammten Einwohner durch falsch verstandene Missionierung ihrer Kultur, Religion und Werte. Tänze, Tatauierung und Tapus wurden unter Androhung harter Strafen, auch der Todesstrafe, verboten. Kirchen wurden auf den Grundmauern der Marae errichtet.

Auf Mendañas Schiffen befanden sich auch Geistliche, die aber wohl aufgrund der gereizten Stimmung und Dissonanzen keine Versuche zur Missionierung der Bevölkerung unternahmen. Die ersten Missionare, die über Tahiti die Marquesas 1797 anliefen, *William Pascoe Crook* und *John Harris*, stammten von der London Missionary Society aus England und hatten wenig Erfolg. Nach eigenen Worten wurde Harris nach wenigen Monaten Aufenthalt nackt und ausgeplündert am Strand aufgefunden und „strich die Segel". Crook hielt bis 1799 durch und tat dann dasselbe. Eine amerikanisch-hawaiianische Mission verließ im Jahr 1834 bereits nach wenigen Monaten die Marquesas. 1853 kam es zwischen protestantischen Missionaren, die ebenfalls aus Hawaii mit ihren Familien anreisten, gar zu Auseinandersetzungen mit katholischen Missionaren und sie kehrten, bis auf wenige Ausnahmen, wieder nach Hawaii zurück, da sie auch keinen Erfolg bei der einheimischen Bevölkerung verbuchen konnten.

An Zähigkeit kaum zu überbieten und durch französisches Militär und Verwaltung unterstützt, gelang es den verschiedenen Missionaren letztendlich doch, die Kultur der Einheimischen in Bezug auf Mannbarkeits- und Fruchtbarkeitsriten, das Präparieren von Schädeln, die überlieferten Tänze, die Tatauierung und somit ihre Kultur auszulöschen. Da die Polynesier keine Schriftsprache kannten und ihre Kultur und Werte von einer Generation auf die andere *mündlich* weitergegeben wurden, ging die wesentliche Substanz dieser Informationen für immer verloren. Als positiv kann hervorgehoben werden, dass die Stammeskriege und Menschenopfer unterbunden wurden, obwohl letztere bis zum Beginn des 20. Jahrhunderts noch vereinzelt stattfanden.

Es gab auch gute Vertreter der Kirche. *Monseigneur Hervé-Marie Le Cléach* übersetzte die Bibel zum Ende des letzten Jahrhunderts ins Marquesanische und wurde von den Marquesanern als Heiliger verehrt. Er hob das Verbot der Tatauierung 1985 auf und gab ihnen damit einen Teil ihrer Würde zurück. Dazu gehörten auch die verschiedenen Tänze, die trotz Verbot heimlich weiter aufgeführt wurden.

In 2004 änderte sich der Status Französisch-Polynesiens nach etlichen Unruhen aufgrund von Perspektivlosigkeit unter einer Bewegung zur Selbstständigkeit von einem „Territoire d'outre Mer" (Übersee-Territorium – TOM) in „Pays d'outre mer" (Übersee-Land – POM), was dem Inselreich weitere Selbstständigkeit garantierte.

Französisch-Polynesien ist kein Teil der EU, die Einwohner sind aber französische Staatsbürger, damit Bürger der EU und wahlberechtigt im Europäischen Parlament.

Europäische Entdeckung der Marquesas

Der Bericht eines Matrosen

Erzählung

Bei der heiligen Madonna! Laaaaand voraus! Mann, dass mir das passieren darf, in diesem Moment auf dem Ausguck zu sein. Seit über drei Monaten sind wir mit unseren vier Schiffen unterwegs – und segeln immer noch zusammen. Trotz mancher Stürme haben wir uns nicht verloren; 378 Männer, Frauen und Kinder. Die Zeit wurde uns nicht langweilig, feierten wir doch 15 Hochzeiten an Bord. Ein Fest jagte das andere. Unser Capitán, Don Alvaro de Mendaña de Neyra, ist ein guter Kapitän. Seine Frau, Doña Isabel Barreto, begleitet ihn mit ihren drei Brüdern und einer Schwester auf der San Gerónimo, ein gutes Schiff. Mit uns reisen viele Familien und auch Missionare, da wir auf den Salomoninseln, die unser Capitán 1568 auf seiner ersten Reise durch diesen unendlichen Ozean entdeckte, eine Kolonie gründen wollen. Mit ihm segelte damals mein Vater, Alberto Hernandez, als Navigator. Ihm habe ich, Alonzo, es zu verdanken, dass mich unser Capitán auf seinem Schiff in Sold nahm. Ich hatte schon drei Jahre Erfahrung. Mit fünfzehn heuerte ich durch meines Vaters Unterstützung auf einem großen Handelsschiff an. Lima ist mir zu klein, ich will die Welt sehen. Das verdanke ich meinem Vater, ich liebe ihn, Gott hab‘ ihn selig. Meine Mutter weinte bei unserer Abreise von Callao am 9. April, aber für sie ist gesorgt; Onkel Lope Garcia de Castro breitet seine Fittiche über sie.

Die Planken auf Deck erzittern, das Platschen nackter Füße überall ist nicht zu überhören. Ich bin der Held, nach dem sich alle Hälse recken.

„Hey, da oben! Was siehst du?“, schreit es aus allen Kehlen.

„Eine kleine Insel, mit Hügeln!“, brülle ich nach unten.

„Macht Platz! Jeder auf seinen Posten!“

Aha, der Capitán sorgt für Ordnung und schaut zu mir hinauf, erwartet Beschreibung. Ich kann noch nicht viel berichten, sehe nur das grüngraue Band am Horizont, wellig, also kein plattes Land. Ich berichte ihm alles, was ich sehe.

„Dann haben wir die Salomoninseln schon erreicht.“, höre ich ihn sagen. Das kann doch gar nicht sein, denke ich mir. Dann wären wir zwei Monate schneller als das letzte Mal. Unser Chef-Navigator, Pedro Fernandes de Queirós, ein guter Freund meines Vaters, hat mich in den Karten unterrichtet. Wir haben aber nur solche von Peru und den Salomoninseln. Ich muss ihn unbedingt fragen, auf welcher Position wir uns befinden.

Oh, die Santa Ysabel, die ein gutes Stück südlich von uns segelt, sendet ebenfalls Signale. Unser Capitán wieselt nach backbord. Auch die haben Land gesichtet. Mendaña befiehlt daraufhin, nach backbord zu segeln. Kurz vor Sonnenuntergang, der sich hier in wenigen Minuten vollzieht, darf ich mit Pedro Fernandes sprechen, der wie ein Vater für mich ist. Er erzählte mir einmal, dass er meinem seligen Vater auf dessen Sterbebett versprechen musste, sich um mich zu kümmern, was er bis zum heutigen Tage eingehalten hat. Er ist ein guter Mann, anders als dieser Streithahn Pedro Merino Manrique, der als Lagermeister nur für Unruhe sorgt – von Anfang an. Wenn ich etwas zu sagen hätte: Ich würde ihn so oft kielholen, bis er Ruhe gäbe, dieser alte Sack. Ich bin stolz, da meine Annahme bestätigt wurde und wir die Salomoninseln noch nicht erreicht haben. Wir steuern auf Neuland zu.

Heute schreiben wir den 21. Juli im Jahre des Herrn 1595. Wir liegen vor einer Insel vor Anker, die noch niemand gesichtet hat. Spitze Berge und Felsen, tiefe Schluchten und Spalten wirken bedrohlich, aber die palmenbewachsenen Strände mit sattgrünem, dampfendem Regenwald laden ein. Mein Vater hat mir von den süßen, saftigen Früchten ohne Zahl auf den Inseln dieser tropischen Welt berichtet. Es gibt Flüsse und damit sauberes Trinkwasser. Wie sehne ich mich nach einem Bad, nach abwechslungsreichem Essen. Nicht immer derselbe Fraß wie hier an Bord.

Sie haben drei Musketenschüsse in die Luft gefeuert, um uns anzukündigen. Ich sitze in der Schaluppe, mit der wir mit dem Capitán an den Strand rudern. Die Wellen sind recht hoch, wir müssen achtgeben. Da kommen uns schon Eingeborene auf schnittigen Booten mit Ausleger entgegen. Bei unserer Landung steigt unser Capitán erhobenen Hauptes aus der Schaluppe und rammt einen langen Stab mit unserer Flagge tief in den Sand. Mindestens 40 Eingeborene umringen uns, darunter ein alter Mann, der wohl ihr Häuptling zu sein scheint, da sie seine Autorität anerkennen. Das Übliche folgt: Unser Capitán tauft die Insel – sie soll fortan Santa Magdalena heißen. Die Eingeborenen sind freundlich und neugierig. Sie sind nicht schwarz, sondern gut gebräunt, groß und muskulös und ihr gesamter Körper ist mit komischen Mustern bemalt. Wir tauschen einige Geschenke aus und erhalten Früchte und Fische von ihnen. Deswegen dürfen sie uns zur San Gerónimo mit ihren Booten begleiten. Ungefähr 15 von ihnen kommen an Bord und aus dem Staunen nicht mehr heraus; auch der Alte befindet sich darunter. Die Musketen und unsere Schwerter interessieren sie besonders, aber da sind die Männer eigen und geben nichts aus der Hand. Merino Manrique, dieser Querkopf, stößt sogar einen von ihnen gegen die Reling. Kann der sich denn nicht wenigstens einmal im Zaum halten? Achtern gibt es auch einen kleinen Tumult. Da hat doch tatsächlich einer der Eingeborenen irgendeinen Gegenstand aus der Küche in der Hand und will mit ihm von Bord gehen. Aber was macht der Manrique da? Spinnt der? Legt an und erschießt den Eingeborenen! Zwei seiner Freunde starren völlig entgeistert auf die Wunde in seiner Brust, erheben ein martialisches Geschrei und gehen auf Manrique los. Zwei Schüsse, zwei Tote mehr. Wie die anderen Wilden schauen. Die können das wohl nicht verstehen, wie einer, so mir nichts dir nichts, von einer Kugel umgehauen wird – eine Kugel, die man nicht durch die Luft fliegen sieht. Jetzt geht der alte Häuptling dazwischen, hält seine Männer zurück und ruft irgendwas Manrique zu. Aber was macht nun der? Rammt dem alten Mann das Schwert in den Bauch. Unseliger Alter. Endlich geht der Capitán dazwischen und ermahnt Manrique, der etwas von Notwehr faselt. Es sterben noch drei weitere Eingeborene, die ihren Häuptling beschützen wollten. Das war nun doch zu viel für diese Wilden. In ungeordneter Flucht hechten sie über die Reling, springen in ihre Kanus und suchen das Weite. Wild gestikulierend und schreiend streben sie dem Strand zu, auf dem unter den anderen Unruhe entsteht. Mindestens zwanzig Kanus werden zum Strand gezogen. Die wollen uns wohl mit einer Armada von Booten angreifen. Unser Capitán verfolgt konzentriert das Geschehen. Er ruft einem Kanonier einen Befehl zu und direkt darauf zerreißt ein Kanonenschuss das aufgeregte Geschnatter am Strand. Als die Kugel den Stamm einer Kokospalme zerfetzt und sie in der Mitte fällt, türmen die Wilden schreiend in den Dschungel.

Auch am dritten Tag, nachdem wir uns unter bewaffnetem Schutz mit Wasser und Proviant versorgt haben, lässt sich keiner der Wilden blicken. Aber nachts sehen wir Feuerschein durch den Busch und hören wilde Trommeln und Geschrei. Am fünften Tag lichten wir die Anker und segeln zu der Insel, die ich entdeckt habe. Hinter ihr liegt noch eine größere Insel, die wir am 27. Juli anlaufen und vom Capitán den Namen La Dominica erhält.

Wir sind nun vorsichtiger und lassen nur wenige Neugierige an Bord. Wir müssen ja irgendwie mit ihnen in Kontakt treten, um sie zu kolonisieren, wie es unser Auftrag bei solchen Gelegenheiten ist. Sie sind nicht so freundlich, wie die von Santa Magdalena zu Anfang waren. Vielleicht haben sie vom Geschick der anderen erfahren. Am Strand kommt es wieder zum Streit und nachdem der erste Wilde erschossen in seinem Blut liegt, müssen wir uns auf die Schiffe zurückziehen, wobei wir fünf Matrosen verlieren und um ihre Leichen kämpfen müssen. Das Meer wimmelt von feindlichen Kanus und erst eine Salve von unseren vier Schiffen treibt sie zurück an Land. Ich schätze, dass bei allen Kämpfen mindestens 200 Wilde getötet wurden. Wir verloren acht Mann und dreizehn wurden verwundet.

Der Capitán sieht nacheinander ein, dass wir diese Wilden nicht bekehren und kolonisieren können und wir verlassen am 5. August diesen Archipel. Der Capitán gibt ihm den Namen „Las Islas marquesas Don Garcia Hurtado de Mendoza y Cañete", zu Ehren des Vizekönigs von Peru, Don García Hurtado de Mendoza, Marqués de Cañete, dem wir diese Reise verdanken. Was für ein langer Name!

Kultur

Die Entdecker der Archipele Französisch-Polynesiens sprachen austronesisch, eine Sprache, die sich in ihrer Verbreitung über ein riesiges Gebiet erstreckte. Von Madagaskar bis zur Osterinsel, von Hawaii über Taiwan bis nach Neuseeland war sie präsent.

Die ersten Siedler nisteten sich in höhlenartigen Felsnischen ein und wohnten an den Küsten. Erst nach einem Anstieg der Bevölkerungszahlen wichen die einzelnen Stämme in die Flusstäler aus. Ihre Hütten bestanden aus Holz mit steilen Satteldächern aus Palmblättern, welche im hinteren Teil den Boden berührten und eine offene Front besaßen. Der Boden war gestampft. Die Kultplätze mit ihren rechteckigen Plattformen bestanden aus Vulkangestein.

Dem Ethnologen, Mediziner und Forschungsreisenden Karl von den Steinen (s. Historie), der zwischen 1897 und 1898 anderthalb Jahre auf den Marquesas akribisch forschte, verdanken wir viel über die Holzschnitzereien der Marquesaner, der in dieser Handwerkskunst ungekrönten Meister der Südsee. Er zeichnete etliche Muster und Bedeutungen von Tätowierungen auf, die heute als Vorlagen benutzt werden.

Gotteshäuser

Die protestantische Kirche in Papetoai auf Moorea ist das älteste Gotteshaus im gesamten Pazifik und wurde 1822 auf den Fundamenten eines Marae erbaut. Die älteste Steinkirche der Marquesas auf Ua Pou geht auf das Jahr 1859 zurück. Die älteste Kirche Tahitis ist die Kathedrale „Notre Dame“ aus dem Jahre 1875 in Papeete. Die Steinkirchen wurden oft auf den Grundmauern der Marae aus verschiedenfarbigen Tuff- oder Korallensteinen kunstvoll gemauert. Sie sind des Öfteren mit Doppeltürmen versehen und innen mit wahren Holzschnitz-Kunstwerken ausgestattet. Die meisten Kirchen sind weiß verputzt, andere auch rosa oder für europäischen Geschmack eher mit kitschig erscheinenden Pastelltönen versehen. Dabei steht eine türkisfarbene Decke in marquesanischer Vorstellung für die Jungfrau Maria, die Königin des Himmels (s. Ua Pou). Die Grabumrandungen auf den Friedhöfen sind großenteils in Weiß gehalten, die Gräber selbst mit Plastikblumen geschmückt – für uns ebenfalls gewöhnungsbedürftig.

Ich kann jedem zum Besuch einer Messe raten, nicht nur des Glaubens wegen. Die Gesänge mit Ukulele- und Gitarrenbegleitung sind ergreifend, füllen mit ihrem Schall die Räume, ob groß oder klein, fast zum Bersten aus und erzeugen unwillkürlich eine Gänsehaut. Das ist polynesische Lebensart. Die Geistlichen oder ihre Vertreter stehen am Eingang der Kirchen und begrüßen jeden mit Handschlag, die Atmosphäre ist freundlich und friedvoll. Das ringt mir ein Staunen ab, gerade deshalb, da die Missionierung diese Menschen ihrer Wurzeln beraubte.

Tiki

Auf marquesanisch *Tiki*, auf tahitisch *ti'i*, auf hawaiiisch *ki'i*, bedeutet der jeweilige Begriff Figur oder Statue. Auf den Marquesas steht Tiki auch für einen Gott, der einen Sandhaufen befruchtete, um den ersten Menschen zu erschaffen. Eine weitere Bedeutung hat Tiki als Gott der Holzschnitzer und Steinmetze. Somit bezieht sich Tiki auf Kunst, Gott und Mensch. Tikis stellen demnach Menschen oder Götter dar, oder als Götter verehrte Menschen, zum Beispiel Häuptlinge oder Schamanen mit einem überhöhten Mana, das für überirdische Kräfte steht und sich an überwundenen Gegnern durch deren Fleisch weitere Kraft einverleibt. Die Gesichtszüge der Tiki verstehen nur die Einheimischen. Sie stellen sowohl den Ur-Phallus dar, aber auch geopferte Menschen. Karl von den Steinen beschrieb Letzteres an der aus dem Mund quellenden Zunge, den halb geschlossenen Augen, dem geschwollenen Bauch und den zusammengezogenen Armen und Beinen. Für christliche Figuren wird ebenfalls das Wort Tiki verwendet. Die Tiki waren nicht von Anfang an kultureller Ausdruck; diese Art der Deutung entstand erst recht spät zu Anfang des 17. Jahrhunderts.

Marae

Ursprünglich wurden in Polynesien Versammlungsplätze von Buschwerk und Bäumen befreit und eingeebnet. Der Stammesfürst saß dort vor einer senkrechten, großen Steinplatte, an die er sich wie an einen Thron anlehnen konnte. Für die nächsten Untergebenen wurden niedrigere Sitze eingerichtet. Mit der Zeit wurden die Plätze eingegrenzt und erhöht. So entstanden Plattformen aus kunstvoll geschichteten Steinen in teilweise mehrstufiger Ausführung. Die Sitzlehnen wurden zu menschenähnlichen Figuren weiterentwickelt, die Versammlungsplätze zu teils monumentalen Zeremonial- und Kultstätten. Die Steinfiguren sollten die Stammesfürsten auch bei deren Abwesenheit repräsentieren und als Wächter der Stätten dienen. Der Gemeinschaft dienende Bauten wurden als Versammlungshaus, Haus der Krieger, Altmännerhaus oder Tatauierungshaus konstruiert. Von der Größe dieser Anlagen geben das bereits erwähnte Te I'i pona auf Hiva Oa, der Pa'eke-Tempel in Taipivai auf Nuku Hiva sowie das riesige Marae Taputapuatea auf Raiatea anschaulich Zeugnis. Hinter Te I'i pona erhebt sich ein gewaltiger Fels, in den Löcher geschlagen wurden, die als Begräbnisstätten dienten.

Auf den Kultstätten wurden auserlesene Pflanzen kultiviert, so der Banyan-, der Brotfrucht- und der Papiermaulbeerbaum, aus dessen Rinde Tapas hergestellt werden. Auch Ti-Pflanzen (Cordyline terminalis) wuchsen dort, da sie als Glücksbringer angesehen und ihnen magische Kräfte nachgesagt wurden. Die Kulttempel galten als Symbole spiritueller und politischer Macht, waren unantastbar und mit übernatürlichem Mana versehen. In jedem neuen Marae wurde ein Eckstein eines bereits bestehenden als Grundstein verwendet. Die Polynesier respektieren auch heute noch die transzendente Macht der Kultstätten und führen wieder viele Festivitäten auf ihnen durch.

Tatauierung

Das Wort entspricht unserem Tätowieren, was gerade auch bei uns nachgeahmt wird und hohen Kult besitzt. In Polynesien war der Tatauiermeister eine hochgestellte Persönlichkeit, die ihre Kunst in einer eigens dafür vorgesehenen Hütte anwandte. Als Werkzeuge dienten Nadeln aus Vogelknochen oder Perlmutt, die an einem rechteckigen Griff befestigt waren. Der Meister setzte die Nadeln auf die Haut und klopfte mit einem kleinen Hammer aus Eisenholz das Muster ein. Danach schloss er die Wunden mit einer Mixtur aus Kokosöl und gebrannten Kerzennüssen (Aleurites moluccana). Helfer hielten dabei Arme und Beine des Mannes fest. Die sehr schmerzhafte Behandlung war obendrein kostspielig, da der Meister mitsamt Helfern während der Behandlung und Tapuzeit, die sich über einen längeren Zeitraum hinwegzog, verköstigt werden musste. In der Tapuzeit waren Geschlechtsverkehr verboten und nur bestimmte Lebensmittel erlaubt.

Museen

Einige Inseln bieten Informationen über das Leben vor der Kolonialisierung Französisch-Polynesiens. Tahiti offeriert einige Möglichkeiten, besonders das auf unserer Rundtour erwähnte „Musée de Tahiti et des Îles" beinhaltet interessante Informationen zu Geschichte, Kultur und Natur. Huahine besitzt ein interessantes Museum. Auf Ua Huka besichtigten wir in Hokatu das Petroglyphen Museum und in Hane das bestbestückte und informativste Meereskundemuseum aller Marquesas-Inseln.

Auf den *Schwulen- und Lesbenstrich* in Papeete wird in allen Reiseführern hingewiesen. Diese Personen werden Rae Rae genannt. Im Gegensatz dazu stehen die *Maohi*, Männer, die sich familiär und in der Öffentlichkeit als Transfrau bewegen. Sie fühlen sich nicht als Mann, geben sich betont weiblich – und werden von der Öffentlichkeit und auch innerhalb der Familie toleriert und sogar unterstützt. In Französisch-Polynesien hat also das Verständnis Transgendern gegenüber bereits Tradition, während bei uns gesellschaftliche Akzeptanz und rechtliche Sicherheit für diese Menschen erst in den Startlöchern stehen. Ein weiterer Beweis für sexuelle Freizügigkeit innerhalb der polynesischen Gesellschaft. Manche Maohi lassen sich Brüste implantieren. Unser Aranui-Reiseleiter Jörg sieht eine mögliche Erklärung in der tieferen Vergangenheit der Maohi, wo ein Überhang an Männern unweigerlich zu Rivalenkämpfen führte, die im Zeitalter des Kannibalismus mit hoher Wahrscheinlichkeit tödlich endeten. Um dem aus dem Wege zu gehen, wählten manche Männer die feminine Art und fielen somit als Rivalen aus. Die Mütter hatten nichts dagegen, da sie dadurch einen Mann im Hause hatten, der bei der Hausarbeit half. Außerdem wurden die Eltern von ihnen auch im Alter versorgt, da dies Frauenarbeit war.

Die *Religionen* werden von Protestanten (54 %) und Katholiken (30 %) dominiert. Unter den restlichen Konfessionen treten verstärkt Mormonen auf, die Zeugen Jehovas haben einen Anteil von 1 %. Keiner Glaubensgemeinschaft zugehörig sind 6 %.

Polynesier stellen 78 % der *Bevölkerung*, danach sind 12 % Chinesen, welche auf Handel und Wirtschaft starken Einfluss nehmen. Der Anteil an früher eingewanderten französischen Siedlern beträgt 6 %, der in Frankreich geborenen Franzosen 4 %.

Flora

Da Französisch-Polynesien nicht dem Urkontinent angehörte, der später auseinanderbrach, entwickelte sich die Flora durch Ausbreitung hauptsächlich aus dem indo-asiatischen Raum. Bevor der Mensch seinen Fuß auf die Inseln setzte, waren diese mit dichtem Regenwald bewachsen. Die windabgewandten (Luv) und damit regenarmen Flächen bestanden jedoch aus Savannen mit Gras- und Buschland. Die tropische Vegetation teilte sich nach der Höhe ü. NN auf. Als der Mensch die Küsten und später Flusstäler besiedelte, erfuhr die Vegetation grundlegende Veränderungen durch dessen Vorlieben und agrarische Tätigkeiten. Endemische Pflanzen, von denen einige bereits ausgestorben sind, sieht man auf den bewohnten Flächen nur noch selten. An der Gesamtheit decken die einheimischen Pflanzen an der Artenanzahl knapp die Hälfte ab. Die Kulturpflanzen wurden sowohl bei der Erstbesiedelung als auch von den Kolonisatoren eingeführt.

Von den Früchten ...

Das wichtigste Nahrungsmittel ist die *Brotfrucht*, die nicht nach Brot, sondern Kartoffeln schmeckt. Sie muss erhitzt werden, damit das weiße Fleisch essbar wird. Über Feuer wird die grüne Schale nach circa 15 Minuten braun und platzt. Sodann wird das Fruchtfleisch entnommen und mit Poistößeln zu einem Brei, dem Popoi, gestoßen. Der Brei kann auch in Hibiskusblätter gewickelt, geschnürt und in Hohlräumen unter der Erde über enorme Zeiträume gelagert werden. Aus Popoi wird dadurch Ma. Das diente früher als Versorgung bei eventuellen Ernährungsengpässen (Unwetter). Wird frischer Popoi mit Ma gemischt, heißt der Brei Poi. Mit Kokosmilch vermengt wird daraus Koka'a. Der Baum produziert nicht ganzjährig, der Reifeprozess verschiebt sich aber aufgrund des Mikroklimas der einzelnen Inseln oder auch Archipele um Wochen oder Monate. Auf Nuku Hiva kann die Brotfrucht bereits reif sein, während sie auf Moorea noch auf sich warten lässt.

Die unermüdlich produzierende *Kokospalme* prägt die Inseln auch und vor allem landschaftlich. Ohne ihre wie Windmühlenflügel angeordneten gerippten Blätter wäre das Südseeinsel-Flair eigentlich nicht vorstellbar. Sie bestimmt nicht nur das Aussehen, sondern auch den Haushalt der Inseln. Ihre Früchte liefern Saft, Milch, Fleisch und Öl, der Saft der Blütenstände Wein, Zucker und Essig. Ihre Blätter decken Dächer, verwandeln sich in Hüte, Körbe und sonstiges Flechtwerk, an ihren Fasern treten wir uns die Schuhe ab, das Holz wird zur Hüttenkonstruktion verwendet. Der größte Landkrebs, der *Palmendieb oder Kokoskrebs*, geht ihr an die Nüsse. Mit 40 Zentimetern Länge und bis zu einem Meter Spannweite knackt er die Nüsse an den Keimlöchern. Dabei ist das Wort Nuss eigentlich nicht korrekt, da sie zu den Steinfrüchten gehört. Vor allem im karibischen Raum wird seit den 1980er Jahren ein Absterben der Kokospalmen durch von Insekten übertragene Mikroben beobachtet. Es käme einer Apokalypse gleich, wenn sie nicht mehr an den Stränden stünde.

Was bei uns die Kartoffel, sind hier *Yams* und *Taro*, die durch ihre riesigen Blätter imponieren.

Alle tropischen Früchte sind geschmacklich den in Europa angelieferten Exemplaren hoch überlegen, da sie reif und frisch geerntet werden. Die *Ananas* „super sweet“ ist lediglich ein Abklatsch der auf Moorea gekauften, die *Sternfrucht* und *Guave* sind überhaupt nicht vergleichbar. Die Kastanien des *Mapebaumes* könnten aufgrund seiner Größe und Häufigkeit halb Europa ernähren, die *marquesanischen Pampelmusen* sind die reinsten Handbälle und schmecken richtig gut. Hier sei darauf hingewiesen, dass die Orange eine Kreuzung aus Pampelmuse und Mandarine ist, die *Grapefruit* eine Rückkreuzung von Orange und Pampelmuse.

Die *Nonifrucht* sorgt in der alternativen Heilkunde – hauptsächlich in den USA – für kräftige Umsätze. Sie ist in der EU zwar als „Novel Food“ zugelassen, auf den Produkten (Saft, Konzentrat, Püree) dürfen aber keine Heilwirkungen oder gesundheitsfördernden Eigenschaften erwähnt werden, da solche bei keinem ihrer Produkte von staatlichen Institutionen je festgestellt werden konnten. Die Frucht selbst sieht wie eine überdimensionierte weißgrüne Maulbeere aus und stinkt reif bestialisch. Im Gegensatz dazu gilt das *Tamanuöl* als Allrounder, wenn es um irgendwelche Hautverletzungen geht. Es ist nachgewiesen, dass Tamanuöl bereits beschädigtes Gewebe wieder reparieren kann. Einmalig ist auch, dass das Öl erst während der circa achtwöchigen Trocknung der Nüsse entsteht.

Maracuja und *Passionsfrucht* sind unterschiedliche Früchte. Die Maracuja, gelb bis hellgrün mit glatter Schale, wird fast doppelt so groß wie die angebotenen Passionsfrüchte mit ihrer dunklen, runzeligen, fast auberginen Schale. Die Maracujas schmecken etwas süßer als die zuhause angebotenen und sind sehr preiswert.

Die mächtigen, oft vorkommenden *Mangobäume* hängen zur Ernte voll mit hunderten von Früchten, *Papayabäume* sieht man überall. *Pistazienbäume* wurden von den Europäern eingeführt. *Rambutan* (Seifenbaumgewächs) ist mit der *Litschi* verwandt. Das Wort ist vom Malaiischen „rambat“ für Haar abgeleitet, da die karmesinrote Frucht mit weichen Borsten übersät ist. Geschmacklich gibt es zwischen ihr und der Litschi keinen Unterschied. Der weit ausladende Baum erreicht zehn Meter Höhe, während der Litschibaum bis 15 Meter hoch wachsen kann und einen kräftigen Stamm besitzt.

Es gibt 17 verschiedene Sorten von *Bananen,* wobei die kleinsten die feinsten sind. Fragen Sie immer nach, ob es sich nicht um *Kochbananen* handelt, die erst in vollreifem Zustand, wenn ihre Schalen fast schwarz und das Fruchtfleisch weich, roh genießbar sind. Auch einen *Kirschenbaum* gibt es in Polynesien. Die Größe der Früchte liegt zwischen Wild- und Süßkirschen, ihre Haut ist zartrosa und ihr Geschmack ist süßlich und recht gut. Sie haben keinen harten Kern, dafür viele winzige weiche Kerne.

... über die Blumen und Blüten ...

Die *Tiaréblüte* gehört zu den Gardenien und gilt als die Nationalblüte Französisch-Polynesiens. Sie gehört einfach dazu, wird als Willkommenskette um den Hals gelegt, riecht unheimlich intensiv und süß und dient der Parfümherstellung. Sie wird in Kokosöl gelegt und erzeugt so das wohlriechende Monoï-Öl. Die *Tiaré apetahi* wird als heilig verehrt und wächst ausschließlich auf dem Gipfel des Temehani auf Raiatea. Sie konnte noch nie woanders angesiedelt werden. Im Gegensatz zur Tiaré hat sie nicht acht, sondern nur fünf Blütenblätter, die auch nicht von der

Mitte auseinanderdriften, sondern sich alle derselben Stelle zuneigen. Dem Duft der Tiaré vergleichbar ist die *Frangipani*. Ihre Blüten gleichen ihr ebenfalls, haben aber wie die „heilige Tiaré" fünf Blütenblätter. Die relativ großen, elliptischen Blätter wirft der Baum für ein halbes Jahr (November bis April) ab. An den kahlen Ästen hängen dann noch die betörend duftenden Blüten.

Ist mal keine Tiaré zur Hand, hilft *Hibiskus* in allen Farben und Größen aus. Es gibt Blüten, die so groß wie ein Handteller sind, zartrot bis braungolden. Die sehr strapazierfähige Hibiskusrinde dient als Seil, zum Beispiel zum Festzurren der Takelage. Die *Bougainvillea* verschönt überall das Landschafts- und Ortsbild in allen möglichen Farben. Dazu die roten *Ingwer*blüten und weißgrünen Blüten der *Kurkuma*, das gesündeste Gewürz überhaupt. Mit vier Euro für ein Pfund ist sie vor Ort fast geschenkt. Die oft roten Blätter der *Keulenlilien* (Ti-Pflanzen – Cordyline) verschönern den Wegesrand und fallen besonders auf Raiatea auf. Dazu gehören auch *Wunderstrauch* oder *Kroton*. Die Ringstraße auf Raiatea weist die größte Fülle an verschiedenfarbigen Blumen und Blättern der gesamten Inselwelt auf.

Der *Pfauenstrauch*, auch *Stolz von Barbados* genannt, bildet ebenfalls wunderschöne rot-gelbe Blüten, auf 30 bis 40 Zentimeter langen Blütenständen. Dasselbe tut der *Feuerbusch*, dessen Name keiner Beschreibung bedarf. Als weiterer Lieferant von knallig roten Tupfern im grünen Meer des Tropenwaldes tut sich der *Tulipier du Gabon* hervor, der aber als invasive Pflanze durch seine enorme Fähigkeit zur Fortpflanzung eine Bedrohung für die einheimische Flora darstellt. Man merke: Nicht alles, was schön ist, ist auch gut. Der *lindenblättrige Eibisch*, ein kräftiger Baum, kommt fast überall vor und bereichert mit seinen gelben Blüten das Farbenspiel der Landschaften.

... zu den Bäumen ...

Was klein mit einer epiphytischen Feige (Samen auch in Tierkot) beginnt, endet in einem vielstämmigen XXXL-Urwaldriesen namens *Banyan*. Er ist wahrlich der Gigant unter den Bäumen (nicht nur) Französisch-Polynesiens und kann ein ganzes Fußballfeld bedecken, da er sich über seine Luftwurzeln permanent ausbreitet.

Mächtige Stämme, Kronen und Wuchshöhen machen den *Regenbaum* zu einer gewaltigen Solitärpflanze. Anhand seiner quastenartigen Blüten, die wie eine Krone aus wunderschön rosafarbenen Nesseln erscheinen, kann er leicht mit dem *Seiden- oder Schlafbaum* verwechselt werden.

Die *Pandanus-Palme* oder auch *Schraubenbaum* ist überall zu sehen. Pandanus tectorius bildet runde Stelzwurzeln, die bei größeren Exemplaren den Stamm erst in einem oder zwei Metern Höhe trichterförmig erreichen und ihn stabilisieren. Sie kann bis zu 10 Meter hoch werden und in der Breite 10-12 Meter messen. Ihre wohlriechenden Blüten namens Hinano bedeuten nicht nur einen Frauennamen, sondern auch den des „National"-Bieres. Die Blätter dienen dem Dachbau oder sonstigen Flechtwerken. Sie sind scharfrandig und teilweise mit Dornen besetzt. An den weiblichen Bäumen hängen die ananasähnlichen, großen Früchte, die vielfach genutzt werden und auf einigen Inseln oder Ländern als Volksnahrung dienen. Solitärpflanzen können enorme Ausmaße erreichen. So sahen wir auf Guadeloupe ein Exemplar, das in der Breite mindestens 20 Meter maß.

Die zu den Landschaftsbildern einfach dazu gehörende schachtelhalmblättrige *Kasuarine* bildet ebenfalls mächtige Bäume, die bis zu 60 Meter hoch werden können. Sie wächst an Stränden und auf sandigen Böden, befestigt Dünen, dient als Windschutz und belebt so das Bild auf Motus und Sandstränden. Sie ist salzresistent und schnellwachsend. Ihr Stamm ist gräulich-braun, das zu den Eisenhölzern gehörende Holz extrem hart. Die gräulich-grünen Zweige hängen herab, die Blätter sind winzig und zu spitzen Schuppen zurückgebildet. Aufgrund seiner Härte wird das Holz zum Bau von Kanus und Waffen wie zum Beispiel Streitkolben verwendet. Ihre große Verbreitung verdankt sie der Schwimmfähigkeit ihrer Früchte.

Zu den Giganten zählt auch der *Mahagonibaum*, der riesige Brettwurzeln bildet und zu den Edelhölzern gehört.

Der *Katappenbaum* bringt ebenfalls riesige Exemplare hervor, sein Holz ist leicht zu bearbeiten und wird beim Schiff- und Hausbau verwendet. Die ovalen Blätter werden bis zu 30 Zentimeter lang, die Früchte sind essbar, ihre Hülle ist jedoch sehr zäh und muss entfernt werden.

Eisenhölzer wachsen als Baum, Strauch oder Liane und sind extrem hart. Viele weisen knallig rote Blüten auf. Wird ein Eisenholzbaum gefällt, sollte er sofort bearbeitet werden, da er nach einigen Tagen so hart wird, dass sein Holz fast nicht mehr mit herkömmlichen Werkzeugen bearbeitbar ist. Es brennt extrem lange und wird zu Waffen oder Schlaggegenständen (zum Beispiel bei der Tapa-Herstellung) verarbeitet.

Die Früchte des *Lichtnuss-* oder *Kerzennussbaumes* werden nach ihrer Röstung halbiert und als Kerzen gebraucht.

Ein sehr hoher und großer Baum mit silbriger Rinde ist der *Tahitische Goldapfel*, auch *Tahiti-Pflaume* genannt. Die Frucht ist reif sehr faserig und wird daher eher unreif gegessen. Geschmacklich ist sie dann einer Birne vergleichbar.

Der *Teakbaum* erreicht Wuchshöhen bis zu 40 Metern und besitzt riesige Blätter, die bis zu 60 Zentimeter lang und 35 Zentimeter breit werden können. Dadurch wird der Baum extrem schattenspendend. Die Krone setzt erst sehr hoch an, wodurch astfreie Stammlängen von 20 oder 25 Metern mit einem Meter Durchmesser in Brusthöhe erreicht werden.

Die Früchte des *Barringtoniabaumes* enthalten Saponine, die giftig auf Fische wirken und diese betäuben, was die Insulaner beim Fischfang ausnutzten. Warum nur die Fische dafür anfällig sind, ist noch nicht erforscht.

... und zuletzt den „Nichtsnutzen“

Der irgendwie eingeführte *Mikoniabaum* (Miconia calvescens) ist auf Tahiti und Moorea zu einer Plage geworden. Die bis zu 15 Meter hohen Bäume blühen mehrfach im Jahr und locken mit ihren süßen Früchten, die eine große Anzahl von Samen enthalten, Vögel an, die für eine schnelle Ausbreitung sorgen. Die großen Blätter werfen Schatten und verhindern dadurch das Nachwachsen anderer Pflanzen. Das nicht tief in den Boden dringende Wurzelgeflecht gibt der Erde keinen Halt, wodurch bereits ganze Berghänge abrutschten. Aufforstung oder der Einsatz von Herbiziden hält mit der enormen Ausbreitungsgeschwindigkeit dieses Schädlings nicht Schritt. Marylène berichtete während unserer Wanderung, dass sogar Schulen mit den Kindern in den Wald gehen, um Rodungsaktionen an kleinen Pflanzen durchzuführen. Mittlerweile haben

Naturwissenschaftler einen Feind entdeckt: Eine Pilzart, die nur die Mikonia befällt und in der jüngsten Vergangenheit dazu in der Lage war, die Mikonia zu dezimieren.

Ein anderer Schädling ist die *Singapur-Daisy*, die wir verstärkt auf unserer langen Wanderung auf Fatu Hiva in dem traumhaften Tal von Hanavave sahen. So schön sie auch mit ihrem satten Grün und den gelben Blüten aussieht, bedeckt sie als invasive Pflanze den Boden wie eine meterhohe Schneewalze und lässt den anderen Pflanzen keine Chance zum Nachwachsen.

Fauna

Alle Säuger wurden von den Seefahrern mitgebracht. *Hunde* und *Katzen* bevölkern die Haushalte, die Nutztiere wie *Hühner, Schweine, Ziegen, Rinder, Kühe* und *Pferde* sind teils ausgewildert – besonders auf den Marquesas die Ziegen, Schweine und Pferde. Ratten kamen unfreiwillig mit den Austronesiern als lebende Notration, als blinde Passagiere inklusive Mäusen mit den Europäern.

Die vier *Gecko*arten waren wohl schon auf den Inseln, wie die drei *Eidechsen*arten. *Karett-, Meeres-* und *Lederschildkröten* besuchten die polynesischen Inseln wie die übrigen weltweit als Eierablagestätte.

Landkrabben bevölkern alle Inseln in großer Zahl – ihre Löcher im Sand sind nicht zu übersehen und manche Motus scheinen von ihnen regelrecht unterhöhlt zu sein.

Ein gefährliches Landtier gibt es dennoch: Einen bis zehn Zentimeter langen *Hundertfüßer*, der im Wald unter Laub steckt, aber auch in Häusern vorkommen kann. Marylène berichtete uns, wie sie beim Anziehen eines Kleidungsstückes, in das sich ein Vertreter dieser Spezies verkrochen hatte, von ihm in den Nacken gebissen wurde. Der Biss ist äußerst schmerzhaft und wirkt lange nach, ist aber nicht so hochgiftig, wie oft geschildert. Es war am Wochenende und sie konnte erst montags den Arzt aufsuchen, der sie erfolgreich behandelte.

Insekten besiedelten ebenfalls seit Beginn die Inseln, von denen die *Moskitos* und insbesondere die *Nonos*, die Sandfliegen, diese Ausgeburten an Plagegeistern, das Paradies-Feeling nachhaltig torpedieren.

Auch von den gefiederten Freunden hat es nur wenige Arten nach Französisch-Polynesien verschlagen. Einige Taubenarten kommen hier vor, von denen die Besucher als erste wohl die kleine *Zebrataube* sehen werden, da sie in den Hotelanlagen auf Brosamen am Frühstückstisch wartet oder auf dem Sand läuft und fleißig herumpickt. Ihr Gefieder ist bräunlich-grau mit schwarzen Querstreifen. Des Weiteren sind die *Marquesastaube* und *Marquesasfruchttaube* zu nennen.

Die kecke *Hirtenmaina*, auch Hirtenstar genannt, da sie zu der Familie der Stare gehört, hilft beim Frühstück kräftig mit und kennt keine Zurückhaltung. Sie ist ein Kulturfolger, stammt aus Südasien und hat sich an die menschliche Gesellschaft optimal angepasst. Durch ihre krächzenden, durchdringenden Schreie dient sie als ungewollter Wecker vor der Zeit. Dieser Star genießt keinen guten Ruf, da er mit den einheimischen Vögeln konkurriert und diese leider erfolgreich verdrängt. Sein Gefieder ist großenteils braun gefärbt und wird um Kopf und Brust dunkelgrau, an den Flügeln und am Schwanz stechen einige weiße Federn hervor. Der Schnabel und die Haut um die Augen sind gelb.

Zwei *Finkenarten* sind mir auf Moorea aufgefallen, eine graubraun mit roten Flecken, die andere mit braunem Hals bis zur Brust, schwarzen Streifen und hellgrauem Bauch. Der schwarze *Iphis-Fliegenschnäpper* kommt nur auf Ua Huka vor, der *Fatu-Hiva-Monarch* lebt ebenfalls endemisch auf Fatu Hiva. Sie und nur noch wenige andere Vogelarten leben meist in den Regenwäldern und sind daher selten, hauptsächlich auf Wanderungen, zu sehen.

An den Küsten tummeln sich *Fregattvögel*, die Piraten der Meere, weil sie anderen Vögeln nachstellen, bis die ihre gefangenen Fische ausspeien. Sie sind majestätische Vögel und wahre Kunstflieger. Für *Seeschwalben, Blaufußtölpel* und einige andere Meeresvögel bieten Felsenmotus vor den marquesanischen Küsten ideale Rückzugs- und Brutgebiete.

Auch die Polynesier lebten nicht im Einklang mit der Natur. Anhand archäologischer Studien konnte nachgewiesen werden, dass etliche Vogelarten von ihnen ausgerottet wurden, sei es aufgrund kultureller Begebenheiten (Federschmuck) oder einfach aus Ernährungsgründen.

Es ist mir immer unverständlich, warum eine Tierart ausgerottet wird, wenn genau das, was unbedingt von diesen Tieren erbeutet werden muss und daher zu einem „lebensnotwendigen“ Kult gehört, nach Ausrottung dieser Spezies auf einmal nicht mehr zur Verfügung steht und das Leben trotzdem weitergeht. Warum gibt es keine Einschränkung, die diese Tierarten unter teilweisem Verzicht erhalten würde und dem Volk auch weiterhin zur Verfügung stünde?

Im Gegensatz dazu weist die ***Meereswelt*** eine schier unglaubliche Fülle an Formen, Farben, Größen und Arten auf. Den reinsten Tummelplatz für hunderte von Fischarten bilden dabei die Korallen. *Haien, Barrakudas, Rochen* und *Muränen* zollt man grundsätzlich Respekt, aber einer der gefährlichsten ist der *Steinfisch*, eher unauffällig und meistens nicht zu sehen, da er sich im Sand des Meeresbodens vergräbt. Bei Fußkontakt stellt er zur Abwehr seine Rückenstacheln auf, die ein sehr starkes Nervengift enthalten, welches zu Nervenlähmungen mit Wasserbildung bis hin zum Herzstillstand führen kann. Der Stachel sollte sofort entfernt, die Wunde gesäubert und in heißes Wasser getaucht werden – unter dem Motto: lieber lokal verbrennen als sterben. Danach sollte direkt ärztliche Behandlung erfolgen. Ich kann nur raten, bei jedem Gang ins Meer Badeschuhe/Füßlinge zu tragen.

Die Fischvielfalt kennt keine Grenzen. Jeder Schnorchel- oder Tauchgang offenbart immer wieder neue, bis dato nicht gesehene Fische. Hier hat sich die Schöpfung ausgetobt. Kein Maler, Designer oder Modelleur auf dieser Welt, noch ausufernde Phantasie, kommen dem gleich, was sie hier geschaffen hat. Ein wahres Feuerwerk an Farbkonstellationen wirkt auf den Betrachter ein.

Da schwimmen *Engel-, Clown-, Napoleon-, Doktor-* und *Papageienfische*, schwirren unförmig wirkende *Kofferfische* mit ihren kleinen, an den Seiten befindlichen, mit kolibriähnlicher Geschwindigkeit rotierenden Flossen pfeilschnell durch das Wasser. *Drücker-* und *Skorpionfische, Nadelfische, Barsche* und viele andere bewegen sich zwischen Korallen und Anemonen. Fette *Seegurken* bevölkern den Boden und überall wird geknabbert, gezupft und gepickt.

Delphine teilen mit ihren Rückenflossen die Meeresoberfläche, springen wie Kängurus heraus, drehen Pirouetten; *Mantas* gleiten wie Segelflugzeuge dahin und *fliegende Fische* erheben sich aus ihrem Element und überwinden Strecken von mehreren hundert Metern (bis zu 400 Meter !) in der Luft, einen bis anderthalb Meter über dem Wasser. *Buckelwale*, Giganten der Meere, können von August bis Oktober beobachtet werden. Wir hatten das Glück, im Mai drei *Zwergwale* zwischen den Gesellschaftsinseln sehen zu dürfen.

Korallenriffe

Korallenriffe bedecken lediglich ein Prozent aller Ozeane, weisen aber mit einem Viertel aller bekannten Arten die höchste Biodiversität auf. Korallen zählen zu den Tieren und gehören zum Stamm der *Nesseltiere* mit nur einer Körperöffnung, durch die sowohl Nahrung aufgenommen wird als auch die Exkremente ausgeschieden werden. Mit den Nesseln erbeuten die Korallen *Mikroplankton*, was nur eine Art der Ernährung ist. Nur wenige Arten, wie zum Beispiel die *Feuerkoralle*, können die menschliche Haut mit ihren Nesselzellen durchschlagen und dem Menschen dadurch gefährlich werden. Eine Berührung mit Feuerkorallen sollte also tunlichst vermieden werden.

Korallen benötigen klares, lichtdurchflutetes, nährstoff- und sedimentarmes Wasser, dessen Temperatur zwischen 20° und 30° C liegen muss. Des Weiteren sollte der durchschnittliche Salzgehalt von 3,5 % keinen größeren Schwankungen unterliegen, wie es aufgrund größerer Regengüsse auf seichten Meeresflächen vorkommen kann. Eine Erhöhung der Wassertemperatur auf mehr als 30° C und/oder höhere sintflutartige Niederschläge, wie sie durch den Klimawandel schon vorkommen, haben daher fatale Folgen – nicht nur für das Leben im Meer, sondern für die gesamte Menschheit auf unserem Planeten. Wir steuern unter vollen Segeln auf dieses Armageddon zu, wenn die neoliberalistisch orientierte Denkweise keine Änderung erfährt.

Als Baumeister stellen Korallenriffe alle menschlichen Rekorde in den Schatten. Das Atoll Eniwetok, auf dem die USA einen Teil ihrer Atomtests durchführten, ist in 60 Millionen Jahren auf einer Breite von 37 km 1.300 Meter hoch gewachsen. Dagegen nimmt sich der welthöchste Wolkenkratzer Burj Khalifa mit seinen stolzen 828 m regelrecht mickrig aus. Das Volumen dieses Riffkörpers entspricht circa 75 km^3 oder 100 Milliarden Tonnen Kalk.

Unterschieden wird in vier ***Rifftypen***: *Saum-, Plattform-, Barriereriffe* und *Atolle*. Die im Schnitt bis 100 m breiten Saumriffe wachsen vom seichten Strand seewärts unmittelbar unter der Wasseroberfläche. An Stellen, wo der Meeresboden fern der Küsten durch geringe Tiefe vom Licht erreicht wird, wachsen Korallen bis zur Meeresoberfläche und bilden Plattformen, während Barriereriffe durch Senkung des Meeresspiegels oder Hebung des Untergrundes zwar weit draußen wachsen, sich aber entlang der Küstenlinie orientieren und zum offenen Ozean hin wachsen. Atolle umschließen als ringförmiges Riff die Lagune und sind in den meisten Fällen durch eine Passage mit dem offenen Meer verbunden, was auch sehr wichtig für den Wasseraustausch ist.

Wie ***wachsen*** nun Korallen? Indem der Korallenpolyp an seiner Unterseite Kalk (chemisch Kalziumkarbonat) abscheidet und sein Kalkskelett vergrößert. Das Meerwasser liefert die Ausgangsstoffe Kalzium- und Karbonationen. Der *Polyp* bildet eine Symbiose mit mikroskopischen Algen, den *Zooxanthellen*, die durch Photosynthese Zucker und Stärke liefern. Damit die Photosynthese funktioniert, muss Licht vorhanden und das Wasser, auch deshalb, klar sein und keine Sedimenteinträge enthalten. Die Photosynthese verbraucht Kohlenstoffdioxid (CO2), wodurch sich das Kohlensäuregleichgewicht zwischen Karbonat und CO2 zugunsten des Karbonats verändert, das, um das Gleichgewicht wiederherzustellen, als zusätzlicher Kalk dem Skelett zugeführt wird. Durch den höheren CO2-Gehalt der Luft versauern die Ozeane zunehmend, was wiederum eine Gefahr für die Korallenriffe darstellt. Je größer der Appetit der Zooxanthellen, desto schneller das Wachstum, wobei der höchste Wert bei einer Wassertemperatur um die 26° C liegt. Steigt die Temperatur über 30° C, gerät der Polyp in Stress und stößt die Mikrolebewesen ab. Es kommt zur sogenannten *Korallenbleiche*, da die Mikrolebewesen den Korallen ihre Farbe geben und der weiße Kalkmantel übrigbleibt. Das erdgrößte Korallenriff, das Great Barrier Reef vor der australischen Ostküste, macht in letzter Zeit durch einen größeren Umfang an Korallenbleiche in alarmierender Weise auf sich aufmerksam.

Besonderheiten

Jeder Korallenstock oder jede Korallenkolonie stellt aufgrund der Vielzahl von Höhlen, Spalten und Überhängen, der Belichtung, dem Strömungsverhalten und der Plankton-Verfügbarkeit bereits einen Mikrokosmos dar. Darin tummeln sich Jäger und Gejagte sowie symbiotische Gemeinschaften. Lebensformen werden geboren und vergehen; dabei sollte sich der Mensch nicht als Schöpfer verstehen, sondern durch gemäßigtes Verhalten und verantwortungsvolles Tun den Lebensraum erhalten.

In der Folge erfahren Sie Wissenswertes unter dem Slogan
„Wussten Sie schon, dass …“

Eine Gattung der *Doktorfische* (Ctenochaetus) ernährt sich auf nicht mit Korallen bestandenen Freiflächen im Riff von Algen, die an Steinen wachsen. Dabei kratzen sie an den Steinen die obersten Substratschichten ab und scheiden den unverdaulichen Kalk als sehr feines Material wieder aus. Das geschieht aber nicht über den Weidegründen, da diese davon bedeckt würden. Sie schwimmen zu ihrer eigenen „Toilette“ und verrichten ihre Notdurft als gut sichtbare weiße Wolken über freien Sandflächen und machen uns eine Freude über den hier sehr feinen Sand (s. Peeling Bora Bora).

Papageifische erhielten ihren Namen nicht wegen der Farbenpracht – die bieten die meisten hier vorkommenden Fischarten auch. Ihre kräftigen Kiefer mit den verhornten Leisten gleichen einem Papageienschnabel.

Ein erhöhter Eintrag von mineralischem Dünger, zum Beispiel aus der Landwirtschaft, führt zu höheren Bestandsdichten von Grün- und Blaualgen (Cyanobakterien). Dadurch erhöhen sich die Populationen ihrer Fressfeinde wie Papagei- und Doktorfische, die sich wiederum von Korallen ernähren und damit für eine erhöhte Dezimierung sorgen. Dieses Problem wurde zum Beispiel in Australien in Bezug auf das Great Barrier Reef vor nicht allzu langer Zeit festgestellt.

Der *Dornenkronenseestern* ist der bekannteste Korallenfeind. Werden durch Überfischung Fischarten dezimiert, die sich von den Larven dieser Seesterne ernähren, kommt es zu Massenentwicklungen und tausende Seesterne grasen in einer Phalanx ein ganzes Riff ab, wobei bis zu 90 % aller Korallen als blankes Skelett übrigbleiben. Fatal ist dabei, dass Dornenkronen verletztes Korallengewebe riechen können und zusätzliche Artgenossen sich auf den Weg machen. Erwachsene Dornenkronen haben nur einen Feind, der gegen das in ihren Stacheln hochwirksame Gift immun ist – das *Tritonshorn*, eine räuberische Schnecke. Deren Anzahl reicht aber nicht aus, die Fraßfront einzudämmen.

Im Gegensatz zur Wettererosion durch Regen und Wind geschieht die Bioerosion durch Lebewesen. In Bezug auf die Korallen ist einer der größten Fraßfeinde der *Büffelkopfpapageifisch*, ein wahrer Herkules mit maximal 1,30 Meter Länge und bis zu 60 Kilogramm Gewicht, der in Schulen bis zu 50 Exemplaren die Korallenbestände aufsucht. Die namengebende gewölbte Stirn benutzt er dabei als Rammbock und zertrümmert ganze Kalkstrukturen, deren Teile er im Ganzen frisst. Der geringe Nährwert lässt die Mengen an Korallen ermessen, welche gebraucht werden, um 50 dieser Kolosse satt zu kriegen. Der ausgeschiedene Kalk sorgt für Mengen von feinem weißem Sand, den wir so lieben (s. Peeling Bora Bora).

Von den 160 *Zackenbarsch*arten, die in der Regel zwischen 20 und 80 Zentimetern Länge messen, stellt der *Dunkle Riesenzackenbarsch* mit seinen über zwei Metern Länge und bis 300 Kilogramm Gewicht das Maß aller Dinge dar. Man kann sich vorstellen, welche Mengen an bunten, schönen, kleinen Fischen, Muscheln und Schalentieren diese Kolosse benötigen, um ihren Motor am Laufen zu halten. So putzig-schön die kleinen Fische sind, sollte die Tatsache nicht vergessen werden, dass sich die meisten unablässig an den Korallen gütlich tun. So grausam die Natur diesbezüglich auf uns Menschen wirken mag – die Barsche sorgen für das notwendige Gleichgewicht zwischen Zerstörung und Wachstum der Korallen. Landen zu viele Zackenbarsche in den Küchen von Touri-Nobel-Restaurants an diesem wunderschönen Riff (oder auch bei unseren Fisch-Anbietern), ist es um das Gleichgewicht geschehen und der Exitus durch Überweidung eingeleitet.

Im Roten Meer wurde eine Zusammenarbeit zwischen großen Jägern festgestellt: dem gut einen Meter Länge messenden *Forellenzackenbarsch* und Muränen. Der Zackenbarsch durchstreift das Revier und hält nach reicher Beute Ausschau. Wird er fündig, bewohnt die Beute oft Höhlen und Spalten, die für den großen Kerl zu eng sind. Die schlangengleiche Muräne fände darin Platz, kennt aber diese reichen Jagdgründe nicht, da sie in ihren wenigen Verstecken bleibt. Zur Jagdzeit stattet der Barsch der Muräne einen Besuch ab, verharrt vor deren Loch und beginnt mit auffälligem Zittern. Wenn die Muräne Kohldampf schiebt, folgt sie dem Barsch und schießt sofort in die Löcher oder Spalten. Wenn es sich um eine Sackgasse handelt, wird die Muräne satt, kann das Opfer entfleuchen, genießt der Barsch den feinen Happen.

Meeresschnecken gibt es in allen Formen und Farben, sowohl friedliche als auch räuberische, wobei man sich Letzteres in Bezug auf ihre Land-Artgenossen, wie die schleimigen Gemüsefresser oder Weinbergschnecken, nur schlecht vorstellen kann. Dass die räuberischen Meeresarten auch noch auf die Jagd gehen (Jagd und Schnecken – allein schon wegen der Geschwindigkeit ein Paradoxon) noch weniger. Ich denke dabei an den Witz, wo der Beamte seinem Chef beibringen will, er hätte sich das Bein gebrochen, weil er auf einer Schnecke ausgerutscht wäre, die sich *von hinten angeschlichen* habe. Die Unterwasserräuber schleichen sich tatsächlich an. Mit dem Atemwasser können sie Beutetiere sehr genau lokalisieren. Sie wühlen sich durch den Untergrund, tauchen urplötzlich vor der Beute auf und ziehen sie mit ihrem Fuß ins Reich des Todes hinab. Schnecken aus der Gattung *Conus* (Kegelschnecken) besitzen Conotoxine, die zu den wirksamsten Giften im Tierreich gehören und auch Menschen töten können. Das Mundwerkzeug der Conusschnecken hat sich zu einem Giftzahn umgebildet, der wie eine Spritze genutzt wird. Daher sollten vermeintlich leere Schneckengehäuse nie in Badebekleidung gesteckt und darin transportiert werden.

Den Spitznamen „chicken fish“ verdanken die *Rotfeuerfische* mit den bizarr verlängerten Brustflossen ihrer Fangmethode. Als schlechte Schwimmer scheuchen sie langsam ihre Beute, kleine Fische und Garnelen, wie eine Hühnerschar vor sich her und treiben sie in die Enge, um sie dann blitzschnell einzusaugen. Wie alle Skorpionsfische enthalten ihre Rückenstacheln ein starkes Gift, welches sie aber nur zur Abwehr einsetzen.

Das verschwenderische Kaleidoskop der Fischarten an Farben erklärt sich vielleicht durch die Begriffe *„Warnen und Tarnen“*. Als Erkennungsmerkmale der eigenen Art können winzige Farbnuancen pointiert werden. Fische mit festem Standort (territorial), wie zum Beispiel *Kaiserfische*, bekriegen Artgenossen, sogar die Jungbrut. Ändern diese ihr Aussehen, können sie passieren. Besonders grelle Farbmuster zeigen an: Vorsicht, ich bin giftig oder ungenießbar! In Regenwäldern wird dies von hochtoxischen Fröschen propagiert. Im Korallenriff findet die *Mimikry* genannte Nachahmung der Warntracht regen Anteil. Der völlig harmlose *Ringelschlangenaal* ahmt das schwarz-weiße Muster der sehr giftigen *Seeschlange* nach. Die kleinen *Mirakelbarsche* verschwinden bei brenzligen Situationen in der nächsten Höhle – und schwimmen rückwärts wieder heraus, wobei Rückenflosse und Schwanz dem Kopf einer Muräne ähneln. Das Zusammenleben im Riff gleicht dabei durch permanente Änderungen und Verbesserungen einem *Wettrüsten.*

Die mit ihren weißen Bändern um Hals, Schwanz und Körpermitte zwischen knallig-oranger Farbe bekannten *Clown-* beziehungsweise *Anemonenfische* ziehen sich in die schützenden Nesselarme der Anemonen zurück. Sie sind aber nicht immun gegen das Nesselgift, sondern benetzen sich anfangs in einem langsamen Gewöhnungsprozess mit dem Schleim der Nesseltiere, bis sie von den Anemonen als körpereigen erkannt werden. Daher verteidigen die kleinen Fische todesmutig ihren Wirt und schwimmen auch Attacken gegen Taucher. Entfernt man einem Clownfisch künstlich diese „Schleim-Tarnkappe", wird er von der Anemone genesselt und verschlungen. *Boxerkrabben* strecken potenziellen Angreifern ihre mit Anemonen besetzten Scheren entgegen. Die Anemonen profitieren wiederum von den Krabben-Mahlzeiten, mit denen die Wirte großzügig umgehen.

Der Befall von *Parasiten* ist in tropischen Riffen recht hoch, was *Putzerfische* sowie *Putzergarnelen* ausnutzen. Ihre Dienste bieten sie mit auffällig tänzelnden Schwimmbewegungen an. So wagt sich die Putzergarnele zwar nicht in die sprichwörtliche Höhle des Löwen, aber als Zahntechniker in das Maul einer Muräne; oder der *Putzerlippfisch* in die Kiemen eines Kaiserfisches. Es gibt sogar Putzerstationen mit Warteschlangen davor. Fiese Ausnutzer dieser Vertrauensbasis gibt es auch hier – der *Säbelzahnschleimfisch* imitiert einen Putzer sehr geschickt und beißt letztendlich blitzschnell Stücke aus Haut und Flossen des Kunden. Diese Betrügereien halten sich aber in Grenzen, da ansonsten bei Wegbleiben der Kundschaft ihr Geschäft bald Konkurs anmelden müsste.

Nachtrag Urlaubsphilosophie

Lassen Sie mich ein wenig philosophieren. Die Frage, warum Urlaub in anderen Ländern unternommen wird, generiert meistens Antworten des Kennenlernens anderer Menschen, Kulturen und Landschaften. Bei der Schilderung der Eindrücke treten dann aber auch unterschwellig Vergleiche zu daheim auf. Hygiene, Sauberkeit, Organisation, Geschwindigkeit, Fleiß, Preise – um nur die wesentlichen Attribute zu nennen, die bei uns Deutschen in der Beurteilung der Urlaubsqualität eine hohe Priorität besitzen. Die meisten, hauptsächlich außereuropäischen, Länder haben dabei nur geringe oder gar keine Chancen, in diesem herbeigeredeten Wettbewerb bestehen zu können. Das ist menschlich. Aber gerade diese dekadente Zurschautragung unserer Werte gilt es zu unterbinden. Wir sind nicht im Fußballstadion, um über die anderen Wadenknicker zu lachen und wir sind auch nicht die Größten.

Unseren Hang zur Hygiene haben wir schon zum Wahn gesteigert, subtil unterstützt durch die Industrie, soweit, dass er uns krank macht. Die Sauberkeit bildet eine Unterordnung. Nicht nur Fleiß, Ordnung, Pünktlichkeit und gute Organisation haben uns den hohen Lebensstandard gebracht, sondern wir bedienen uns bis zum heutigen Tage sehr gut an den Entwicklungs- und Schwellenländern. Die Sklaverei ist zwar Gott sei Dank seit rund eineinhalb Jahrhunderten abgeschafft und unter Strafe gestellt, aber ausgerottet ist sie noch nicht. Sie verbirgt sich nun hinter Begriffen wie Billiglohn, Handelsbeziehungen, Freihandelszonen oder Entwicklungshilfe, die es uns ermöglichen, unsere Handelsmacht mit massenproduzierten, konkurrenzlos billigen Waren auszunutzen. Unser ausgefeiltes technisches Know How hilft dabei noch kräftig mit.

Das Zauberwort, um besagte Vergleiche aufzuheben, heißt *relativieren*.

Wir lächeln ein wenig überheblich über das ausgelassene und fröhliche Verhalten der Insulaner und wollen daher genau wissen, warum die hier „zu nichts kommen“; zum Beispiel, weil nicht alles so durchorganisiert ist wie bei uns. Auf der anderen Seite freuen wir uns natürlich, wenn der Stress und Druck von oben fehlen und die Angestellten uns deshalb wie Freunde behandeln können. Sie haben eben noch die Zeit, irgendwo herumzusitzen, die Füße baumeln zu lassen und ein Schwätzchen zu halten, ohne dass im Hintergrund ein Zeitnehmer mit zusammengekniffenen Augenbrauen auf die Uhr schaut. Genau diese Lebensart oder Arbeitsweise geht uns ab und macht aus uns die zwar monetär reicheren, aber psychisch ärmeren und gerade deswegen nie zufriedenen Menschen. Je besser es uns geht, desto mehr wollen wir haben. Wir sind nicht in der Lage, bei einem erreichten, sehr hohen Lebensstandard, einen Schlussstrich zu ziehen und auf diesem Niveau zu verharren. Ein Ausdruck dieser eigentlich unsinnigen Lebensweise sind hohle Redewendungen wie zum Beispiel „Stillstand ist Rückschritt". Aufgrund dieses nimmersatten Verhaltens beuten wir die Erde weiter aus, vergrößern weiterhin unseren *ökologischen Fußabdruck.*

Wer sich über den mancherorts vorkommenden Müll am Straßenrand echauffiert, sollte zuhause mal die Augen offenhalten und an Autobahnauf- und -ausfahrten den Wagen langsamer steuern. Ich erinnere mich an drei große, mit Müll prallgefüllte Drahtcontainer an einer AB-Ausfahrt, vor denen das Schild „Bürger, Dein Müll" prangte. Wenn die Insulaner aus den Autos steigen und den Motor nicht abstellen – was übrigens typisch französisch ist und natürlich auch mich erzürnt –, denke ich an eine Mitteilung in unserer Presse, dass aufgrund der gesunkenen Spritpreise wieder mehr Auto gefahren wird. Man muss es ihnen noch beibringen – wir wissen es längst, machen es aber auch nicht besser.

Wir sollten auch nicht in Urlaub fahren, nur um unserem „Volkssport Nummer eins" – Schnäppchen machen – zu frönen. Wer für 249 Euro die Woche im „Vier-Sterne-Hotel All Inclusive" in den Südländern den Urlaub genießt, sollte eigentlich wissen, dass er damit keine einheimischen Geschäfte oder Händler unterstützt. Die werden nämlich ausgeklammert, da das Urlaubsgeschehen ausschließlich in der Hotelanlage eines Großkonzerns stattfindet und damit das Säckel dieses internationalen Hotelriesen füllt. Wie soll das auch finanziell funktionieren, wenn nicht auf dem Rücken und aus dem Geldbeutel der Angestellten? Verhinderung des Leerstandes spielt dabei nicht die übergeordnete Rolle. Jeder Urlauber möchte privat doch auch fair entlohnt werden und wir gehen dafür, in letzter Zeit verstärkt, auf die Barrikaden. Deshalb sollten wir genau dasselbe den anderen auch zugestehen.

Urlaub dient demgemäß nicht in erster Linie dem Geld sparen – Geld sparen ist nur ein Aspekt. Französisch-Polynesien eine superteure Urlaubs-Destination? Vielleicht im Vergleich mit Samoa oder Fidschi. Aber jedes Inselreich hat seine Besonderheiten, eben das, was es auszeichnet. Die Prioritäten sollten nach dem gesetzt werden, was man erleben und sehen will. Die Preise sind hier mit den unsrigen durchaus vergleichbar. Manches teurer, manches günstiger. Obwohl die Karibik bereits 40 Prozent der Flugstrecke zu Französisch-Polynesien beträgt, ist sie im Verhältnis günstiger. Wer die supergünstigen Preise während der Monate August bis November wählt, sollte wissen, dass sich zu dieser Zeit dort die Hurrikans bilden. Es ist eben doch besser, sich anhand eines guten Reiseführers über die angestrebte Urlaubsregion zu informieren, auch wenn dieser knapp 30 Euro kostet. Manchmal ist Geiz eben nicht geil.

Nur wer anderen Ländern und deren Bewohnern Interesse und ein gerechtes Maß an Verständnis der Lebensumstände entgegenbringt, kann die Situationen wertneutral beurteilen. Wenn die Kinder in Französisch-Polynesien bei den Temperaturen hitzefrei bekämen, die für Deutschland gelten, bräuchten sie nur selten zur Schule zu gehen. Wer in Deutschland bei Temperaturen um die 35° C bei der Arbeit stöhnt und sich über mangelnde Konzentrationsfähigkeit beklagt, sollte sich vergegenwärtigen, dass in den Ländern um den Äquator solche Temperaturen fast immer herrschen. Natürlich sind deren Körper besser darauf eingestellt, aber die Leistungsfähigkeit ist trotzdem geringer.

Wer all dies berücksichtigt, sieht die Menschen in allen Regionen der Welt mit anderen, toleranteren Augen.

Draupadi Verlag
Dossenheimer Landstr. 103
69121 Heidelberg

Telefon 06221 / 412 990 info@draupadi-verlag.de
Telefax 0322 2372 2343 www.draupadi-verlag.de

Im Draupadi Verlag bisher erschienen:

Gerhard Drokur
Drachen über Heidelberg
Kriminalroman

Rein zufällig erfahren die Germanistik-Studentin Lucie und der selbstständige Controller Gerald von der Existenz eines Geheimbundes. Der „Club of Dragon" versetzt die Metropolregion Rhein-Neckar durch ausgeklügelte und perfekt organisierte Überfälle in Angst und Schrecken und will auch auf den Austragungsort der Fußball-WM 2026 Einfluss nehmen.

Lucie und Gerald werden in den Strudel dieser Umtriebe hineingezogen. Sie fühlen sich verpflichtet, die Kriminalisten der SOKO-Einheit bei der Aufklärung des Falles zu unterstützen. Als der Geheimbund sich ein todbringendes Virus verschafft hat, spitzt sich die Lage zu und Lucie gerät dabei in tödliche Gefahr.

Gerhard Drokur
Drachen über Heidelberg
Kriminalroman
Draupadi Verlag 2016
ISBN 978-3-945191-16-3
Englisch Broschur
278 Seiten, 19,80 Euro
